アジア環太平洋研究叢書
第1巻

「ポピュリズム」の政治学

深まる政治社会の亀裂と権威主義化

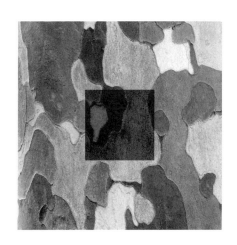

村上勇介 編

国際書院

Series Asia Pacific Studies　1

Political Dynamics of "Populism":
Deepening Social Cleavages and Authoritarianization
by
Yusuke Murakami
Copyright © 2018
ISBN978-4-87791-287-1 C3031 Printed in Japan

アジア環太平洋研究叢書シリーズの刊行にあたって

　ベルリンの壁の崩壊から30年になろうとしている今日、世界全体としても、またその様々な地域においても、20世紀後半に形成された秩序や状態は激しく動揺している。

　現時点において、世界レベルで覇を競い合えるアメリカ合衆国と中国との間に、大国間の戦争を回避するという世界秩序にとって最低限の了解が成立しているか否かについて、我々は確証を持てない。また、国家と社会のレベルでも、前世紀の間に追求され限界に達した福祉国家型の社会経済発展モデルに代わる新たなモデルや理念を構想することに成功していない。福祉国家型のモデルの代替として、市場経済原理を徹底させる新自由主義（ネオリベラリズム）の導入が世界各地に広まった。しかし、市場原理の貫徹のみを追求すれば、一握りの「勝者」と多数の「敗者」が生まれ、格差や貧困層の拡大と中間層の凋落といった事態が引き起こされることが明らかとなった。

　そうした中で、20世紀の終わりに世界の隅々にまで行き渡るかに見えた自由民主主義的な政治の枠組みをめぐって、第二次世界大戦後にそれが定着した西ヨーロッパやアメリカ合衆国など先進諸国を含め、そのあり方が問われる現象が発生している。その枠組み自体が毀損する例も観察される。こうして、世界と地域、国家と社会、いずれのレベルでも縦、横に入った亀裂が深まり、既存の秩序やあり方が融解する現象が共時的かつ共振的に起きている。しかもそれは、政治、経済、社会の位相に跨って進行している。

　我が国が位置する東アジアは、そうした世界の状況が最も先鋭的に現れている地域であり、中東などとならんで、いまや「世界の火薬庫」と化しつつある。アジアはもともと、国際秩序の制度化の面でヨーロッパのレベルには

達しなかった。ヨーロッパでは、大国を中心とする階層構造が現実政治の世界では形成されたものの、17世紀以降、平等な主権を規範とする諸国の間での対等な関係が原則とされ、水平的な関係性に基盤をおく慣行を蓄積するという意味での制度化が進んだ。これに対し、アジアでは、大国中国を頂点とする垂直的な朝貢関係が19世紀まで存続したが、19世紀の帝国主義時代に、ヨーロッパやアメリカ合衆国の列強の介入により崩壊した。その後は、二つの世界大戦をへて、20世紀後半に、東西冷戦の下での暫定的な均衡状態が生まれ、維持された。東西冷戦の終焉とその後の展開は、その暫定的な均衡状態を形成、維持した条件に大幅な変更を加えることになり、情勢があらためて加速的に流動化した。

前世紀に展開した世界は、ヨーロッパに起源を持ち、その後アメリカ合衆国を含む世界大へと拡大した近代化の過程で構築された。その世界では、ヨーロッパやアメリカ合衆国が「文明圏」を形成し、その領域以外は混沌とした「野蛮な領域」として認識された。そして、前者を頂点とする一元的な原理に基づく秩序化が志向されてきた。20世紀の最後には、アメリカ合衆国による「一極支配」の下で、市場経済と自由民主主義が支配的となる世界の方向性が演出された。中長期的な傾向にはならなかったそうした状況は、近代以降のヨーロッパを発信源とする歴史動態の究極的な現れだった。

そして、それが潰えた現在、一元的近代化の過程は終結し、一定の領域に影響力を有する複数の権威の中心が併存する世界へと再編される可能性が出てきている。それは世界が多元・多層を基本的な特徴とする柔構造を備えた共存空間となる可能性である。国家や社会についても、20世紀までのような一元性ではなく、多元と多層が基本となる。統治や資源配分、社会、帰属意識など人間による諸活動がゆるやかに全体を構成しつつも中心となる機能は分節的な形で実効性が確保され、同時に機能の範囲に応じて多層的な構造を形作るといったイメージである。世界、国家、社会の各レベルにおいて、多元・多層を基本とする複合的な磁場が形成されることが考えられる。

いずれにしても、現時点では、今後の世界秩序の具体的な方向性やあり方

について、何らかの確信に基づいて多くを語ることは困難である。拙速に陥ることなく、しかし悠長な時間の余裕はないことも念頭に置きつつ、我々は学問的探究を進める中で、21世紀世界の新秩序を構想していかなければならない。構想にむけては、世界レベルで覇権をめぐって争う能力を持つ大国の関係ならびにそれ以外の国々の発展と国際舞台での行動のあり方という二つの次元が複雑に絡み合って織り成される実践現場での多様な日常的営為を、注意深く、いわば鳥の目・人の目・虫の目をもって多角的に観察する必要があろう。そして、そこで紡ぎ出される制度——ある社会の成員によって、ある目的を達成するために正統と認められている了解・合意事項、行動定型、規範・ルール、慣習——を見出し、あるいは制度構築のための環境整備に貢献し、それらを丁寧に繋ぎ合わせて地域大、世界大の秩序形成へと発展、展開させなければならないだろう。それは、環大西洋世界で発展した既知のパラダイムを代替する「アジア環太平洋パラダイム」となるのではなかろうか。

　本シリーズは、以上のような展望の下に展開する学問的営為の軌跡を記し、21世紀世界の新秩序を構想することに少しでも寄与することを目指すものである。

2018年3月31日

村上勇介・三重野文晴

「ポピュリズム」の政治学：
深まる政治社会の亀裂と権威主義化

目　次

序章　「ポピュリズム」の現代的位相 ……………………… 村上勇介　11

第1部　ラテンアメリカの急進的ポピュリズム

第1章　ボリビア・モラレス政権の「ポピュリズム」：
　　　インフォーマルな支持基盤の隆盛……………………… 岡田　勇　47

第2章　エクアドル：
　　　コレア政権と市民革命…………………………………… 新木秀和　73

第3章　21世紀ラテンアメリカにおける「ポピュリズム」の典型：
　　　ベネズエラのチャベス政権とその後…………………… 村上勇介　103

第2部　米国と東欧のポピュリズム

第4章　21世紀のアメリカのポピュリズム………大津留（北川）智恵子　133

第5章　東欧におけるポピュリズムとネオリベラリズム：
　　　ヴィシェグラード諸国の事例から……………………… 仙石　学　171

第3部　アジア・ユーラシアの事例

第6章　タイにおけるポピュリズムと脱民主化………………… 玉田芳史　201

第7章　「ピープル」の敵は誰か？
　　　フィリピンにおける腐敗、貧困、犯罪の敵対化……… 日下　渉　231

第8章　トルコ：
　　　エルドアンのネオポピュリズム………………………… 間　　寧　259

Political Dynamics of "Populism": Deepening Social Cleavages and Authoritarianization

Introduction: Contemporary Phase of "Populism"　　Yusuke Murakami
Introduction
1　Latin America's "Classical Populism": Effects and Limits of its "Social Democratization"
2　Appearance of "Neopopulism" and Controversy over its Concept
3　"Rebirth" and "Retreat" of Populism in Latin America, and its Worldwide Synchronicity
4　Structure of the Book
Final Remarks: What Kind of Politics Do We Need to Prevent and Control the Emergence of Populism?

　　　　Part I Radical Populism in Latin America

Chapter 1　Should Evo Morales Be Called a Populist?: The Rise of Informal Electoral Support in Bolivia　　Isamu Okada
Introduction
1　The Consolidation of Evo Morales Government
2　The Reelections and Symptoms of Changing Electoral Support
3　Who Has Supported Evo Morales?: An Empirical Analysis
4　Discussion
Conclusions

Chapter 2　Correa Government and Citizen's Revolution in Ecuador
　　　　　　　　　　　　　　　　　　　　　　　　Hidekazu Araki
Introduction
  1　Populist Tradition and Backgrounds before Correa

2　Why Correa Government Has Prolonged?: Focusing on Its Characteristics
3　Populism and Authoritarianism in Correa Government
4　Achievements and Problems of the Citizen's Revolution
5　Correa Government as Leftist Populism
Final Remarks: Moreno Government and Its Future Challenges

Chapter 3　Typical "Populism" in the Twenty-First Latin America: Venezuela's Chávez Administration and After　　　　Yusuke Murakami
Introduction: Chávez Administration as Populism
1　Why Did Chávez Come to Power?
2　Establishment of Chávez Administration and His Internal Hegemony
3　Full-scale Development and Destabilization of Chávez Regime
Conclusions: Deepening Internal Cleavages and Damaged Democracy

Part II　Populism in the United States and Eastern Europe

Chapter 4　American Populism in the 21st Century
　　　　　　　　　　　　　　　　　　Chieko Kitagawa Otsuru
Introduction: Contextualizing the Trump Phenomena
1　American Affinity for Populism
2　Characteristics of the 21st-century Populism
3　Politics above Populist Appeals
Conclusions: American Party Politics in the Coming Years

Chapter 5　Populism and Neoliberalism in Visegrad Countries
　　　　　　　　　　　　　　　　　　Manabu Sengoku
Introduction: Populism and Neoliberalism in Eastern Europe
1　From State Socialism to Neoliberalism
2　Populism and Neoliberalism in Visegrad Countries

Conclusions: Can Populism Control Neoliberalism?

Part III Cases of Asia-Eurasia

Chapter 6 Populism and De-democratization in Thailand
Yoshifumi Tamada

Introduction
1 Populism Deriving from Democratization
2 Populism Fighting against Democratization
Conclusions

Chapter 7 Who is the Enemy of the "People": Antagonization of Corruption, Poverty, and Crimes in the Philippines
Wataru Kusaka

Introduction
1 Discourse and Typological Approach to Populism
2 Populisms in the Philippines
3 Politicizing and De-politicizing of Class Conflict
4 Disputes of "Good Citizens" and "Bandit"
Conclusions

Chapter 8 Erdogan's Neopopulism in Turkey
Yasushi Hazama

Introduction
1 The Concept of Populism and Erdogan's Neo-populism
2 Erdogan's Anti-elitism and Majoritarianism
3 The Justice and Development Party as a Mass Party
4 Modified-neoliberal Reform
Conclusions

序章

「ポピュリズム」の現代的位相

村 上 勇 介

はじめに

　今日、「ポピュリズム」と呼ばれる現象が起きていることが、世界各地の政治において指摘されている。とりわけ、民主主義が定着していると考えられてきた西・北欧や米国など先進諸国における現代政治の分析課題として提起されている点については、「ポピュリズム」が歴史的な政治社会現象やラテンアメリカ（本章以外では、中南米と記す場合もある）を中心とする発展途上地域での政治過程を分析する際に用いられてきた概念であった前世紀までの状況からすれば、隔世の感すらある[1]。後述するように、2010年代後半に入った現在の世界的共時性、とりわけ前世紀終わりからの新自由主義（ネオリベラリズム）の世界的な拡散の影響が、先進諸国においてもそれだけ如実となってきていることの現れといえよう。

　ポピュリズムという用語は、様々な意味で使われ、指導者個人とそのカリスマ性、運動形態、政党、支持基盤、包摂対象、政治文化、イデオロギー、経済政策、外交政策などの観点から定義される。こうした観点のうち、単独ないしすべてを含む使用例はほとんどなく、複数の観点から定義されるのが通常である。だが、論者の関心や分析対象、また政治的な立場により、同様

の観点から定義される場合でも、意味内容に微妙な違いが生じることも少なくない。政治経済社会面での帰結を基にした価値判断を伴っている場合も多く、肯定、否定、まったく正反対の意味で使われることもある。さらに、そのあり方の分類も多様な形で行われている。

　本章ではポピュリズムを、とりあえず現代において頻繁に使われる用法——つまり「少数のエリート（特権層）に対するそれ以外の大衆（民衆）という認識のもとで後者を代表する、あるいはその要求を実現することを主張し目指す政治家や政治勢力、政治社会運動、またそうした政治のあり方」とする。そうしたポピュリズムは、「大衆（民衆）に敵対するエリート」という対立の構図から、結果的に、「敵対する側の勢力や人々」を排除し、多元的な政治のあり方を否定することに帰結しうるものである[2]。

　本章では、まずポピュリズム（現象）とされる事例について、その発生原因や現代的位相を分析する。そこでは、発生の背景にある経済社会変動——とりわけそれによって引き起こされた格差の拡大や貧困化という経済社会の構造的課題、そのような構造的課題に十分に対処できない既存の政党や政治勢力といった共通の事象が存在することを再確認する。そして、今日の世界各地で共時的に似た現象が発生している原因——とくに過去30年ほどのあいだに世界各地に拡散した新自由主義的経済路線の影響——を指摘する。

　ポピュリズムについては、今世紀に入って日本でも関心が高まり、いくつかの研究が公にされてきた。取り上げられる対象事例も、ヨーロッパをはじめとして日本を含む先進諸国から、アジアやラテンアメリカなど発展途上地域までと広がってきている。これらの研究においてポピュリズムが拡散した原因として指摘されるのは、第一に、1970年代以降の新自由主義経済路線の拡大による経済社会変動、とりわけ欧米における単純労働を担う外国人移民の増加、あるいは同路線にそった経済改革による格差や貧困の拡大と深化である。第二に、そうした経済社会変動に対して十分に対処できない既存の政党や政治勢力の存在である。そして第三に、状況に対処できない既存の政党や政治勢力を批判する言説を携えて台頭する政治指導者の登場である。こ

うした指導者は、カリスマ性を備えている場合が多い［島田・木村 2009; 高橋・石田 2013; 中谷他 2017; 水島 2016; 吉田 2011］。

　本書の視点は基本的に上述の分析を共有するものであるが、原因を並列的に指摘する先行研究に対して、「経済社会変動を背景とする社会的な亀裂の激化に、既存の政党や政治勢力が十分に対処できない状況が重なる」というタイミングの問題を強調する。こうした分析視角は、ラテンアメリカにおけるポピュリズムの事例と論争を、先行研究のように断片的ではなく、一連の流れとして眺めることで浮かび上がってくるものである。

　ラテンアメリカ研究については、いわゆる「古典的ポピュリズム」や近年の左派と呼ばれる勢力、とくにそのなかでも急進左派とされる勢力の動向に注目が集まる傾向がある。だが、「古典的ポピュリズム」と「ネオポピュリズム」として定義された事象について立場の間で論争があったことや、近年台頭した左派勢力のすべてがポピュリズムとして分析の対象となっているわけではないことに、関心が向けられることはあまりない。以下では、ラテンアメリカに関する議論を紹介し、先行研究が関心を向けなかった点を補った上で、「タイミング」に着目する視点を提起する。

　以上の基本的視角の提示の後、ラテンアメリカ、米国と東欧、アジア・ユーラシアの事例について、とくに近年の動向と現在の状況を中心に分析する。ラテンアメリカについては、ポピュリズムの典型とされるベネズエラのウゴ・チャベス政権、ボリビアのエボ・モラレス政権、エクアドルのラファエル・コレア政権を取り上げる。米国については、ドナルド・トランプ政権の登場の背景と現状について分析する。東欧については、ナショナリストかつ保守的である西欧的なポピュリズムのハンガリーと、一方で EU に親和的な姿勢をみせるポーランドなど、相違が観察される背景を探る。さらにアジア・ユーラシアの事例として、タックシン・チナワット政権とその後のタイ、ロドリゴ・ドゥテルテ政権にいたるフィリピン、レジェップ・エルドアン政権のトルコを分析し、構造的な原因の存在を確認する[3]。

　そして最後に、ポピュリズムが登場する政治状況を打開する道はあるのか

について検討する。この点についても、ラテンアメリカにおける近年の政治動向が示唆する方向性を提起する。

　大別すると、ポピュリズムへのアプローチには「現象」からと「意味」からの二つの方向があり［吉田 2011: 15］[4]、いずれかの側面に重きを置きつつ両者に目配りしながら分析や考察を行うのが通常である。本章は「現象」に重心を置いた接近である。

1　ラテンアメリカの「古典的ポピュリズム」：
「社会的な民主化」をもたらす効能と限界

　ポピュリズムという言葉は初め、急速な経済社会変動を経験した19世紀後半の米国、とくに同世紀末に産業社会化が進むなかで取り残され東部エスタブリッシュメントによる政治（の支配ないし独占）に不満を抱いた農民を母体とする人民党（People's Party）の政策や主張を指して使われた。以後、同国のみならずロシアや東欧、カナダなどでの工業化過程において農民層を基盤とする運動や政治勢力について使われる［古矢 2002: 53; 中谷 2017: 3］。

　ポピュリズムという言葉が人口に膾炙することに大きく寄与したのが、20世紀前半、とりわけ1930年前後以降のラテンアメリカであった。元来、起点となった米国の人民党についても、「自分たちこそアメリカ民主主義のにない手であるという彼らの強烈な自負」と「相対的な衰退産業に身をおく農民たちのやるかたない憤懣」が内に併存していて、「民主的な改革運動の先駆者」と同時に「右翼的な反動政治の原型」という両義性を有しており［古矢 2002: 55］、ヤヌス的な様相を呈していた。このような曖昧ないし矛盾するポピュリズムの複数のイメージが定着するのに、当時のラテンアメリカは多くの材料を提供した。

　この頃のラテンアメリカにおけるポピュリズムの台頭については、(a) 寡頭支配（oligarquía）と呼ばれる少数の白人支配層による政治経済社会の排他的独占状況、(b) 植民地時代からの負の遺産である経済社会面での大き

な格差・不平等の構造、(c) 19世紀終わりから進んだ近代化の過程で台頭してきた中間層や下層——つまりそれまでの政治経済社会過程から排除されていた人々の存在の拡大といった状況を背景としていたことや、(d) 1929年の世界恐慌でそれまでの寡頭支配が大きく動揺し始めたことが直接的な契機となったことなどが先行研究において指摘されている。

また、後に「古典的ポピュリズム」と称されるようになる当時のラテンアメリカにおけるポピュリズムについて、(a) 通信・交通手段の駆使、(b) カリスマ的リーダーの存在、(c) 中間層、労働者、農民など様々な社会部門からなる「階級間連合」、(d) 輸入代替工業化や保護主義の推進、(e) ナショナリズムの高揚、(f) 民衆の政治参加と社会的包摂の拡大といった点を特徴としていたことも述べられている[5]。

先行研究で示されたこれらの点自体は間違っているわけではないが、本章の視点との関連で強調されるべきは、社会経済的な亀裂の「激化」という構造的な背景の存在である。16世紀から19世紀初めまでの植民地時代に、後のラテンアメリカとなる地域では、先住民社会にそれまで存在していたピラミッド型の階層社会の頂点にいた王族に代わり、少数の白人層が支配勢力として君臨し、格差、不平等の構造が固定化した。19世紀初めの各国の独立は、宗主国の白人から区別、差別され、また利害対立による不満に堪えきれなくなった従属国生まれの白人層が主導した。メキシコの歴史研究者ビクトル・アルバが喝破したように、これは「ナショナリズムなき独立」であった。

独立後も少数の白人層による排他的な寡頭支配が続き、格差と不平等に特徴づけられる経済社会構造が存続した。独立後の19世紀には大英帝国の覇権の下で世界資本主義経済が拡大し、その主要な原材料供給地の一つとしてラテンアメリカは経済社会発展——「従属的発展」——を経験する。自らをヨーロッパ人と認識していた寡頭支配層は不平等な格差社会を変えようとはせず、むしろ19世紀末から20世紀初めにかけて、少数の支配層と大多数の被支配層(中間層と下層)との間の亀裂は一層深くなった。

こうした状況の下で、不満を抱いた中間層や下層が格差や不平等の解消を

求めて政治活動を活発化し、それは 1929 年の世界恐慌を契機に顕著となった。これは別の観点からみれば「国民国家」建設への動きであり、政治参加の拡大と民主主義政治の確立、輸入代替工業化を国家が主導して「国民経済」を発展させる国家主導型発展の推進、「国民」と「国民文化」の形成を目標とした[6]。このような中間層や下層に基盤を置く政治社会勢力の有力な一潮流がポピュリズムであった。「国民国家」形成への動きは、その後、約半世紀にわたり続き、1960 年代から 70 年代に多くのラテンアメリカ諸国で成立した軍事政権でも、政治参加を除き、基本的に推進された[7]。しかし、結局のところ、それらの目標を達成できた国は実質的に皆無で、大きな格差・不平等社会の構造は根本的には変わらなかった。

　「国民国家」形成の目標不達成について、本章の主張との関連で重視すべきは、民主主義の確立に失敗したケースが多かったことである。具体的には、民主主義的な政治が制度として十分に機能し安定すること、つまり民主主義体制の定着がほとんどの国で観察されなかった[8]。ラテンアメリカでポピュリズムの典型として挙げられるのは、ブラジルのジェトリオ・ヴァルガス（大統領在任 1930 〜 45 年、51 〜 54 年。以下同様）、アルゼンチンのフアン・ペロン（1946 〜 52 年、52 〜 55 年、73 〜 74 年）、メキシコのラサロ・カルデナス（1934 〜 40 年）、エクアドルのホセ・マリア・ベラスコ・イバラ（1934 〜 35 年、44 〜 47 年、52 〜 56 年、60 〜 61 年、68 〜 72 年）などであるが、そのいずれの国でも民主主義的な政治が安定しなかった[9]。とくにブラジル、アルゼンチン、エクアドルでは、他の多くの国と同様に、軍のクーデタなどにより民主主義的な政治が何度も断絶した。

　不安定な民主主義どころか、ポピュリスト政権による政治では、自由な政治参加を制限する権威主義化が進んだケースも多かった。ヴァルガスはその典型であるし、メキシコでは、限定的多元性（limited pluralism）を特徴とする権威主義体制がカルデナス期を含めて 1929 年から 2000 年まで存続した[10]。

　ただし、そのような限界があったにせよ、それまでの寡頭支配の時代と比

較すれば、人々の政治参加の機会と空間が大幅に拡大したことは確かであった。このことを指して「社会的な民主化（democratización social）」と呼ばれることがある。この点については、ポピュリズムをめぐる新たな議論と関連することなので記憶されておいてよい。問題は、その政治参加において発揮される人々の活発な活動を政治的な意思決定に収斂させる民主主義的な手続や過程の定着に繋がらなかった、つまり民主主義の制度化を促すことがなかった例が多かったことである[11]。

　政治面に加えて経済面でもポピュリズムの否定的な帰結が生じ、その負のイメージの拡散に寄与した。ポピュリズム政権による財政赤字の拡大である。イベリア半島経由の人頭税を基盤とするローマ的な伝統に少数の白人層による寡頭支配とその影響の残存が加わり、また他地域に比べて工業化、産業化が進まなかったこともあり、ラテンアメリカ諸国の国家財源は極めて限られてきた。20世紀に入りポピュリズムの高まりから、財政支出の拡大による工業化政策や社会福祉の向上、インフラ整備などが図られたが、その財源は対外債務によって賄われ、その返済ができないことからさらに債務が膨らむという悪循環が起きた。こうして財政赤字が拡大するとともに経済が低迷してハイパー（超高率）インフレが起き、経済社会に混乱が広まる[12]。最終的には、それが大きな原因の一つとなって、国家主導による「国民国家」形成の路線は1970年代には破綻を迎える[13]。こうした財政面での無責任さから経済社会の混乱が起こった経験を背景に、「大衆迎合主義的」としてポピュリズムを否定的に捉える考え方が広まった。

2　「ネオポピュリズム」の登場とその定義をめぐる論争

　前節で示したように、後にポピュリズムと称されるようになる政治社会現象がラテンアメリカにおいて最初に起こった背景には、世界資本主義経済の拡大に伴う19世紀後半の経済発展を契機とする近代化の過程で進んだ政治経済社会変動の下で生じた格差の一層の拡大があった。それを契機として、

独立以降の寡頭支配という政治経済社会状況を変革する動きが顕著となり、1930年前後から半世紀にわたり、それまでの構造を「国民国家」に転換する方向性が追求されたのである。

数多の歴史現象のなかで、その後の政治経済社会のあり方や方向性に大きな、そして中長期的な影響を及ぼす出来事が見出される場合、これを「決定的契機」(critical junctures) と呼ぶ [Collier and Collier 1991]。ラテンアメリカの「古典的ポピュリズム」は、同地域での「決定的契機」を経て始まった「国民国家」形成の動きのなかで発生したのだった。

20世紀前半の「決定的契機」を経て「古典的ポピュリズム」が現れたように、次にラテンアメリカでポピュリズム(「古典的ポピュリズム」と区別して「ネオポピュリズム」(neopopulism))と呼ばれる現象が指摘されるには、20世紀後半の、ラテンアメリカにとっては第二の「決定的契機」が起こる必要があった。それには「国民国家」を形成する方向性の喪失、とくに国家主導による経済社会発展を目指した「国家主導型発展モデル」の限界が大きく作用した。その限界は、前述したように、ハイパーインフレやマイナス成長など経済面での行き詰まりと不安定化が端的に象徴していた。

国家主導型発展モデルに代わる方向性として1980年前後からラテンアメリカで導入されたのが、市場中心型発展モデルである新自由主義である。新自由主義は、それまでの経済社会発展において国家が担っていた多くの役割を縮小させ、市場経済原理を徹底させる。それまでの経済の方向性とは正反対のあり方である。構造改革による経済調整と市場志向の経済運営が求められ、歳出と歳入を均衡させるため、下層の人々の生活を支える目的の補助金を含む歳出が削られた。また、国家による経済や市場の規制は緩和ないし撤廃され、国営企業の民営化や国営サービスの民間委託、外国資本や民間資本による投資などが促進された。

新自由主義の導入は、軍政から民政に権力が移管され成立した民主主義的な政治の枠組みの下で進められた[14]。上述のように、ラテンアメリカの多くの国で、「国民国家」形成を最後の段階で担ったのは軍事政権であった。そ

序章 「ポピュリズム」の現代的位相　19

の路線の破綻とともに軍事政権への批判が高まり、1970年代末から民政移管が進む。こうしてラテンアメリカ諸国は、新自由主義改革路線の推進と同時に、民主主義的な政治の定着という二重の課題を背負ったのである。

　1970年代までの国家の役割には、生活必需品を安価に抑えるための補助金の交付のほか、社会福祉や住環境などのインフラを向上するため、あるいは地域振興などを目的とする公共投資など、一般の人々の生活と密接に関わるものも含まれていた。民主主義的な政治の枠組みのなかで、各国はその縮小や撤廃をどのように実施したのか。これについて、強い指導力を持った──別の観点からすれば独善的な志向の強い大統領が、国会や政党、労働組合等による社会運動など、大統領と一般の人々を媒介する役割を担う機構や組織を介さずに、個々の人々と直接に感情的・心情的な繋がりを構築し、支持を調達しながら実施したとする分析が、米国や英国の研究者を中心に提起された。そして、それを「ネオポピュリズム」(neopopulism) と呼んだ[Knight 1998; Wayland 1996, 2001, 2002]。

　より具体的に大統領は、ハイパーインフレに象徴される経済社会の極度の不安定化に対処できなかった、あるいは腐敗の問題を取り上げて、既存政党や既得権益を批判する。また、国際金融機関や外国からの経済支援に加え、経済回復や民営化などにより増加した国庫歳入を資金とする下層などに対する貧困対策や便宜提供を行う。これらによって比較的高い支持を得て、新自由主義改革を進めたと米英を中心とする研究者が指摘した。その典型として挙げられたのは、アルゼンチンのカルロス・メネム（1989〜95年、95〜99年）、ブラジルのフェルナンド・コロル（1990〜92年）、ペルーのアルベルト・フジモリ（1990〜95年、1995〜2000年）である。

　「ネオポピュリズム」の視点は、政治家が一般の人々と直接的な繋がりを形成する政治スタイルを強調することについては、今日のポピュリズムの捉え方と共通する。一方で経済社会的な変動や構造については、分析視角として前面に打ち出さなかった。また民主主義の定着との関連では、議会や政治社会組織を軽視するなど、それへの寄与は限られ、憲法停止措置をとったフ

ジモリのように、その手法は一方的で、次第に権威主義的性格を強めた場合もあった。

　こうした相違点があるにもかかわらず（ネオ）ポピュリズムと命名したことについて、ラテンアメリカの研究者、とくに「古典的ポピュリズム」の歴史的文脈を重視する、あるいは「社会的な民主化」の点からその民主主義的な性格を高く評価する研究者が、ポピュリズムの概念を歪めるないし矮小化するものとして手厳しく批判した。彼らはフジモリのような政治指導者がこの頃に出現した原因として、「国民国家」形成の推進過程で政治社会的に重要だった労働組合などの社会運動や社会組織が、同形成路線が限界に達したことで弱体化し、そこに新自由主義改革が導入され、その解体が加速化することで「社会の原子化（atomización）」が進んだことを指摘した。1930年前後以降のラテンアメリカの政治社会の基調であったコーポラティズム的性格が薄れる一方、社会ではインフォーマルセクターが拡大していたのであった[15]。

　ただし、「ネオポピュリズム」をめぐる論争は、第一ラウンドの「立場表明」に留まり、その後、深まることはなかった。その理由は判然としないが、論争が起こったのが1990年代末から今世紀初めの間だったことからすれば、ラテンアメリカ政治が、新自由主義に対する批判や見直しを求める声が高まり、そしてその主張を体現した「左派」勢力が台頭する別の段階に入っていたことがあったと考えられる。論戦が本格化する前に、大方の研究者の関心が「ラテンアメリカの左旋回」に向いたのであろう。

　また、典型的とされた事例が10年以上の持続しなかったことも、議論が深化しなかった理由の一つと考えられる。コロールは汚職により弾劾される直前に辞任し、短命に終わった。メネムとフジモリは10年間在任したが、任期の後半は経済成長の鈍化のなか支持の低下に苦しみ、政権の汚職に対する批判が強まった。フジモリの場合は権威主義化も顕著となり、最後は政権を追われた。他方、メネムについては2000年以降に、既得権益に配慮し、新自由主義改革を実現するための連合政治を展開したことなどを実証した研

究が提出され、ネオポピュリズムとする解釈に修正が加えられた［出岡 2002: 69-71］。そのため時代を経るにつれ、ネオポピュリズムの典型とされるのはフジモリのみとなった[16]。

「ネオポピュリズム」と新自由主義（ネオリベラリズム）をめぐって本章の論点との関連で言及しなければならないのは、フジモリの場合にみられるように、一般の人々にとって「身を切る」改革の新自由主義路線が、限定された間であったにせよ、支持を得た理由である。この点について「ネオポピュリズム」的解釈では、極度の不安定化に陥った社会経済に対して有効な政策を何ら打ち出すことができなかった既存政党や既得権益に対する強烈な批判をマスメディアなどをつうじて展開したことや、下層などに対する貧困対策や便宜提供などクライエンテリズム的な「ばら撒き」の有効性を指摘する。

下層などに対する貧困対策や便宜供与が一定の時期から——具体的にはハイパーインフレが終息して経済社会が安定してから効果を持ったことは事実である。しかし、それまでの間、既存勢力や既得権益に対する批判のディスコースとその操作で支持を得ていたとする「ネオポピュリズム」の解釈［Roberts 1995: 96-103］は、表面的と言わざるを得ない。それはハイパーインフレに象徴される経済社会の不安定化が及ぼす効果を考慮していないからである。ハイパーインフレなどの経済社会不安は、中間から下の階層の生活により強度に影響する。上層は海外資産などインフレに対する備えを有しているので影響は相対的に小さい。経済社会の激しい不安定化に脆いのは、国内に日々の生活の基盤を据えざるを得ない中間層や下層である。つまり、経済社会不安の高まりによって社会的な亀裂が深まっていたのである[17]。フジモリがこうした経済社会不安をまず沈静化したことで、多くのペルー人が安堵し、フジモリを評価した[18]。

ただし、新自由主義に親和的な状態は長くは続かなかった。経済社会の不安定化が沈静化して人々が安堵して一段落すると、別の経済社会の課題に関心が移ったのである。最初は新鮮に感じて高い価値を見出すことであっても

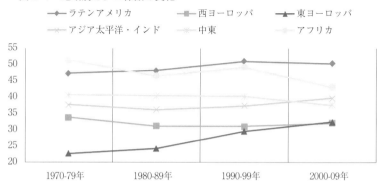

図 O-1　地域別のジニ係数の変化

出典：UNU-WIDER［2015］を基に筆者作成
注：　数字は 0 が最も平等、100 が最も不平等。

慣れて当たり前になるとその評価が下がってしまう「カリスマの日常化」（マックス・ウェーバー）である。経済社会の安定化に安堵した人々は、4〜5 年してあらためて身の回りをみて、新自由主義による経済格差の拡大のほか、貧困、失業、低賃金、福祉や教育、医療などの社会的サービスの不足といった経済社会のあり方を改めて問うようになった。

　格差については、新自由主義の拡散が本格化した 1980 年代以降に拡大し、今世紀初めにはラテンアメリカ各国の社会は世界でもっとも格差の大きい社会となっていた（図 O-1）。こうした状況に十分に対処できなかったのがフジモリをはじめとする新自由主義推進勢力であった。成功した後にはその「成功神話」に囚われて、状況の変化への対応に遅れたり失敗したりする「成功のパラドックス」に陥ったわけである。こうして有権者の支持は新自由主義に批判的な勢力へと向かったのであった[19]。

3　ラテンアメリカでのポピュリズムの「復活」と「後退」、そしてその世界的共時性

　1998 年にベネズエラでウゴ・チャベス（1999〜2000 年、2000〜07 年、

2007〜13年）が大統領に当選して以降、新自由主義に批判的な勢力が政権に就く例が増えた。ラテンアメリカ20か国のうち、いまだにこうした勢力が選挙により政権に就いていないのは、メキシコ、グアテマラ、ホンジュラス、コロンビア、ハイチの5か国だけである[20]。一般的に、新自由主義を批判しその見直しを求める勢力は、左派と形容されてきた[21]。

　左派といっても、その傾向や具体的なあり方については多様性が観察される。通常、新自由主義を根本的に批判し、その全面的な見直しを求める「急進左派」と、ハイパーインフレの苦い経験からマクロ経済レベルでの財政均衡は維持しつつも、社会福祉・サービスの向上を重視する「穏健左派（中道左派）」の二つに大別する。前者としては、「21世紀の社会主義」を唱えたチャベスのベネズエラのほか、ボリビア、エクアドル、ニカラグアが例として挙げられる。後者の中道左派は、ブラジル、チリ、ウルグアイ、パラグアイなどである。アルゼンチンは急進派と穏健派の中間に位置するとされる［遅野井・宇佐見 2008］。

　また、実態においては言説どおりになっていないことが多いことも知られている。ベネズエラのように、石油収入が豊富で国庫が豊かである場合は問題ないが、そこまでの自由度を確保できないボリビアやエクアドルでは、左派政権が長期化してその実績が国民から問われる段階になると、経済発展のために外資導入の必要に迫られ、一定のレベルで市場経済原理にそった政策や措置をとるようになった［村上 2015］。

　そして、2014年から世界経済が低成長の段階に入ると、左派政権は財政支出の拡大による社会政策の実施を抑制せざるを得なくなる一方、汚職疑惑が浮上し、苦境に直面した。アルゼンチンやブラジルなどでは、選挙での敗北や汚職をめぐる弾劾で、左派政権は退陣を余儀なくされた。ベネズエラ、エクアドル、ボリビアなどでの急進左派政権も、2010年代初めまでと比べると、国民の支持は低下している［村上 2015］。

　左派とされたうち、ポピュリズムの「復活」だとして分類されるのは急進左派のみである。しかも、そう捉え直されるのは、ヨーロッパを中心に興っ

たポピュリズム論を受けての 2010 年代以降のことである点に注意を喚起しておきたい。おそらく、急進左派が政権に就いた国で民主主義体制の毀損が進んだことを背景としていると考えられる。それは、ポピュリズム概念の曖昧さを反映しているといえよう[22]。

　また、急進左派が政権に就いた国では、自由な参加という手続的な意味での民主主義が後退している点に注意する必要がある。急進左派の政権は、国内のヘゲモニーを確立することに心血を注ぎ、批判的な野党勢力やマスメディアとの対立を先鋭化させ、統制と抑圧を強めた。同時に、急進的な理念とともに、それまでは禁止されていた大統領の連続再選を盛り込んだ新憲法の制定を進め、その下で改めて大統領・国会議員選挙を実施し、左派政権が長期化した。その過程で、民主主義の政治的な枠組みの毀損が進んだ［村上 2015; 2017a］。

　後出の議論との関係で重要なのは、急進派と穏健派の台頭を分けた原因である。特定の国で急進派が台頭した原因は何か。それは直接的には、各国の政党システムのあり方に左右されていた［村上 2013; 2015］。具体的には、新自由主義に対する批判が高まった 1990 年代末において、その批判の受け皿となる中道左派勢力が議会に存在していたか否かが関係する。存在した国では、新自由主義に対する批判の高まりを受けて中道左派勢力が支持を伸ばし、政権を獲得した。こうした中道左派勢力は民政移管の過程で軍政に反対する運動を展開した経験を持ち、移管後に地歩を固めていた。

　逆に存在しない国では、新自由主義に対する批判を急進派勢力が吸収し、その政治力を急速に伸ばした。中道左派勢力が存在しなかったのは、新自由主義推進派勢力の存在が圧倒的であったためである。その背景には、既存の中道左派勢力が前世紀の国家主導型路線に固執して新自由主義期の前や最中に力を失うか、あるいは新自由主義推進派の一部となったために、その後は有権者の信頼を得られなかったなどの事情があった。

　いずれにせよ、ラテンアメリカでは、国家主導型発展モデルの崩壊を受けて 1990 年代に全盛となった新自由主義の展開において「ネオポピュリズム」

が観察された後、新自由主義による格差と亀裂が政治アジェンダとなった今世紀にはそれに批判的な左派が台頭し、穏健左派（穏健左派）のほか、後にポピュリズムの典型とされる急進左派が政権に就いた。

　今世紀、大西洋の対岸の西ヨーロッパでは、排外主義や反EUを掲げる保守的な傾向のポピュリズムの勢力が伸長した。こうした動きは米国にも達し、二大政党制が崩れたわけではないものの、現代のポピュリストの代表的一例とされるドナルド・トランプが2016年の大統領選を制した。背景には、グローバル化の下で拡散した新自由主義による経済社会変動、とりわけその帰結としての少数の「勝者」と大多数の「敗者」との間の格差拡大があった〔高橋・石田 2013; 中谷他 2017; 水島 2016; 吉田 2011〕。

　今世紀における欧米でのポピュリズム現象の具体的な現れ方は、ラテンアメリカとは違いがある。一つには、「福祉国家化が進み、かつ対外関係の面で社会の自立性が高い欧米」と「大きな格差構造の根本的転換には至っていないと同時に、欧米との関係で経済社会の自立性が低いラテンアメリカ」という社会のあり方の相違がある。こうした構造的な条件の違いに加え、半世紀にわたり進められた「国民国家」形成の下で一貫して探求された国家主導型経済社会開発モデルの地域大での破綻によって新自由主義の急速な導入が起こったラテンアメリカと、福祉国家型路線が限界を呈しつつも、新自由主義の導入と効果の発現がラテンアメリカに比較すれば時間がかかった欧米という政治経済社会変動の過程の違いもあった。

　相違があるとはいえ、今世紀に共時的な現象が観察されたことは、前世紀終わりからの新自由主義の拡散後、我々が社会包摂的な発展のための「20世紀モデル」に代わる「21世紀モデル」を未だ見出していないことを示している。国家が一定の役割を果たす「20世紀モデル」が限界に達して以降、グローバル化が進む世界における国家と市場、国家と社会との関係の「最適解」を探し求める試みが続けられてきたが、いまだ発見できておらず、「21世紀モデル」は暗中模索の段階である。

4　本書の構成

　本書は、ラテンアメリカの事例を示した第1部、米国と東欧の場合を分析した第2部、アジア・ユーラシアの事例を対象とした第3部からなる。

　第1部のラテンアメリカに関して最初に取り上げるのは、21世紀のラテンアメリカにおける急進的ポピュリズムのなかで、推進の中心となった人物が現在進行形で政権の座にあるボリビアである。立役者のエボ・モラレスは、先住民の血をひくコカ栽培農民のカリスマ的な指導者で、2005年12月の選挙で大衆の支持を得て大統領に選出された。大統領に就任してからは、天然ガス・電力・通信・鉱業・年金部門の国営化、母子家庭や就学児童への直接現金給付、国際社会での自国の権利主張などの政策を実行した。2009年と2014年の選挙にも大勝し、10年以上の長期政権を樹立してきた。

　第1章「ボリビア・モラレス政権の『ポピュリズム』：インフォーマルな支持基盤の隆盛」（岡田勇）は、モラレスの支持基盤を分析し、モラレス政権の長期化の原因を探る。先行研究では、先住民としての象徴的代表、貧困層を中心とした大衆層の利益代表、街頭での抗議デモを動員し利益を供与された社会組織、天然ガスと鉱物資源からの潤沢な財源に支えられた経済運営の被益部門などが指摘されてきた。岡田は、経時的なサーベイ・データを用いて検証し、先住民層や貧困層からの支持といった従来の仮説を追検証するとともに、政権からの利益供与を得てきたインフォーマルな自己雇用就業者層が新たな政権支持層になってきたことを明らかにする。状況の変化に対応して支持基盤を変化させる指導者像が浮かび上がり、第8章のトルコの事例と通底する側面を照射している。

　次の第2章「エクアドル：コレア政権と市民革命」（新木秀和）は、2017年に10年間にわたった任期を終えたラファエル・コレア政権の特徴を分析する。先のボリビアのモラレスと同様に、新自由主義路線を推進した既存政党勢力の連合政治が国民の支持と信頼を失い、その後の政治的な混乱過程の

中から、コレアは新自由主義を大きく転換する方向を旗頭に支持を集めて大統領に当選する。政権就任後は、「市民革命」の実現を標榜しつつ、国家機構の再編や一定の社会政策を強力に推進した。だが、その過程では、大統領権限の拡大や国家組織基盤の強化が進み、その分、民主主義の政治的枠組みが毀損してきた。政府や与党による抱き込みや懐柔を通じて左派や中道左派の政治勢力が与党に結集する現象も起き、権威主義的な性格を一層強めた。

そうしたコレア政権に転機が訪れるのは、2010年代に入ってからの世界経済の成長の鈍化である。エクアドルは、前章のボリビアならびに次章のベネズエラと同様に、自然資源輸出（ボリビアは天然ガス、エクアドルとベネズエラは石油）の拡大が、急進的ポピュリズムの命脈を保った。その「打ち出の小槌」が大きな影響を受け、貧困対策や社会支援政策を十分に実施できなくなり、また肥大化した国家が経済の重荷になった。こうしてコレア政権に対する支持は低下し、コレアの後継候補となったレニン・モレノは2017年の大統領選挙で苦戦した。モレノ政権は、前政権の諸課題をすべて背負う前途多難のスタートを切った。

ラテンアメリカの3つ目の事例を対象とする第3章「21世紀ラテンアメリカにおける『ポピュリズム』の典型：ベネズエラのチャベス政権とその後」（村上勇介）は、同地域の現代ポピュリズムの典型とされ、第1章と第2章で分析したボリビアとエクアドルの先行モデルともなったベネズエラのウゴ・チャベス政権を取り上げる。ベネズエラでは、新自由主義が本格的に導入された後で急進左派が台頭したボリビアやエクアドルとは異なり、「国民国家」形成の下での国家主導型発展モデルが限界に達したことから生じた政治社会の混乱の中から急進左派が誕生した。他のラテンアメリカの国にはない石油というドル箱によって、他のほとんどのラテンアメリカの国と比較すると一周遅れで1980年代になって国家主導型発展モデルの限界が顕著となったのである。

そうした中から誕生したチャベス政権は、当初は既存政党勢力との対立構造を作り出して国内の統治機構を手中に収め、続いて貧困大衆と寡頭支配勢

力という対立構造から国内の政治的覇権を確立することに成功した。そして、コモディティ輸出ブームの波に乗って、貧困対策や社会救済政策を進め、その支配を長期化させた。その一方では、反対派に対する弾圧を強め、当初は支持を得ていた中間層からの支持も失い、権威主義化が進んだ。しかし、世界経済の変調を機にその歯車が狂い始め、世界経済の低成長基調となってからは、経済社会での不安定化が加速的に進んできた。チャベスが病死したものの、チャベス派と反チャベス派の国論を二分する対立の構図は、下層と上中層の間の構造的な対立を背景として、克服の糸口を見出せないまま、泥沼化の様相を呈している。都市と農村という背景は異なるものの、構造的な社会的亀裂を背景とした国論を二分する対立という構図は、第6章のタイの状況と共通している。

　第2部は、米国と東欧の状況に焦点を合わせる。第4章「21世紀のアメリカのポピュリズム」（大津留［北川］智恵子）は、米国のトランプ政権の動向も踏まえつつ、そのポピュリズムの意味について検討する。トランプ大統領の選出の経緯とその後の政権運営の特異さのため、トランプ現象は世界的な現象としてのポピュリズムの一例として語られている。しかし、米国で見られるポピュリズムは、それを生み出す条件や、それが果たしてきた政治的な役割は同一ではない。それは、建国期より二大政党制が確固たる枠組みを作ってきたアメリカ政治の中で、既存政治に異議申し立てをしながらも、その枠組みの中で弱者の利害を反映していく手段であった。そして、二大政党の方も、そうした動きに対して柔軟に対応し、また相互に協力すべき争点については協力する姿勢を1980年代までは有してきた。

　だが、1980年代以降のグローバル化の進展の中で、米国社会に底流として流れる人種差別、そして9.11以降強く意識されるようになった宗教的な排外意識も加わる状況の中で、二大政党の前述のような柔軟な姿勢や各党の立場を超えた国家的争点をめぐる協力の地場がなくなり、それぞれの利害を誇示し拡大することを志向するだけの状態に陥っている。そうした足場が弱くなった二大政党の枠組みのなかに、トランプならびにヒラリー・クリント

ンの対抗馬となったバーニー・サンダースは巧みに入り込み、トランプ当選という結果をもたらした。ただ、トランプ政権発足後も、トランプがどこまでポピュリズムを体現しようとしているのか、見通せないことが、問題を複雑にしている。共和党内でポピュリズムの代表を自任してきた連邦議員との間でも、政策の方向性において食い違いが見られ、非難ばかりで政策的な具体性に欠けたり、理念を離れて民主党と得意とする取引を試みたりしている。トランプにとっては、ポピュリズムとは集票のための便宜的な手段にすぎなかったのではないかとの疑問すら生ずる状態である。

続く第5章「東欧におけるポピュリズムとネオリベラリズム：ヴィシェグラード諸国の事例から」（仙石学）は、東欧の「ヴィシェグラード4ヶ国」つまりハンガリー、ポーランド、チェコ、スロヴァキアに注目する。2010年代に入り、ハンガリーとポーランドにおいて、保守ナショナリズム政党が政権を握り、政府に対するチェック機能を弱体化させたり外資への規制や民間年金の国有化などの政策を進めている。両国は、冷戦の終焉後には、社会主義体制からの転換の成功例とみなされていた。そうした両国で、前述のような「逆行」が起きたのはなぜか。

原因となるのは、ネオリベラリズムの受容の仕方の違いである。ハンガリーとポーランドは、社会主義期からネオリベラリズム的な政策を取り込んでいて、体制転換後に、それを推進する勢力と反対する保守ナショナリスト勢力という対抗の構図が明確に形成された。それが今世紀に入り、ネオリベラリズムの負の帰結がより鮮明となったことを受け、ネオリベラリズム推進勢力へ批判を強めた保守ナショナリスト勢力が支持を得た。これに対し、ネオリベラリズムの受容が遅くなったチェコとスロヴァキアでは、体制転換の中で初めて両者の対抗関係が形成され、それゆえに両国ではリベラル政党と社会民主主義政党がいずれも「既存の政治」の代表となり、それに対抗するポピュリズムがイデオロギー性の弱い「反現状」、「反政党政治」的な形で表出した。

最後の第3部では、アジア・ユーラシア、特に東南アジアとトルコに目を

向ける。第6章「タイにおけるポピュリズムと脱民主化」(玉田芳史) は、タックシン・チンナワット政権 (2001～2006年) 以降のタイを分析し、ポピュリズムという言葉が政争の具として使われる今日の事例を提供する。ポピュリズムのタイ語訳「プラチャーニヨム (prachaniyom)」は、大衆迎合主義という意味に限定して用いられ、もっぱらタックシン政権を批判する具となってきた。そして、タックシン政権批判は、代議制民主主義を否定するために展開されてきている。タイにおいてみられるそうした批判の最大の論拠は財政破綻の弊害に置かれている。だが、タックシン政権時代には財政は破綻するどころか好転していたのが事実である。

　タックシン政権の登場は、1990年代の民主化ならびに経済発展を背景とする経済社会変動、そしてその中でタイの有権者の意識が「臣民から市民へ」と変化したことを反映していた。とくに農村部などの下層の人々の強い支持を受けていたのがタックシンであった。そうした新たな変動に脅かされることになった都市の高学歴上層を中心とする守旧派が、王室を祀り上げつつタックシン派をポピュリズムとして糾弾したのであった。タックシン派は、デモ隊、司法機関、軍隊の結束によって、2006年、2008年、2014年の3度にわたって非民主的な方法で政権から遠ざけられてきた。代わって登場した守旧派勢力の政権は、公には批判しているばら撒き政策を「上からの施し」という姿勢から実施してきた。また、タックシン派を反道徳の観点から敵視し、多元的な政治のあり方を狭め、代議制民主主義を否定している。そうした点からすれば、現在のタイには「王党派ポピュリズム」と形容しても差し支えない状況が現れている。

　第7章「『ピープル』の敵は誰か？：フィリピンにおける腐敗、貧困、犯罪の敵対化」(日下渉) は、第1部のラテンアメリカと同様に、歴史的に莫大な貧富の差や不平等を抱え、フェルナンド・マルコス政権後の民主主義においてもその社会経済的課題を克服しえなかった現在のフィリピンにおいて、善き「我々」の政治と悪しき「彼ら」の排除という敵対関係の構図が作り上げられてきたことを言説分析によって指摘する。1986年の民主化以降、

フィリピン政治はマルコス時代までの二大政党制から多党制へと変化する一方、一部のエリートが政治権力と富を独占する「エリート民主主義」が続いた。そうしたなかで、経済の好転やマスメディアの浸透などの社会経済変動が起き、伝統的な支配層に対する対抗エリートが登場する。

　対抗エリートが駆使する言説には、(a) 腐敗し権力を濫用する大統領という「国民の敵」に対して貧富の差を超えて共に戦う「国民の道徳的連帯」、(b) 貧困と不平等を争点化し、善き「貧者」と悪しき「金持ち」との対決を貧困層にアピールする「貧者に優しい政治」、(c) 悪しき政治腐敗に対抗するために、貧困層を道徳的に教育して「善き市民」へと包摂していく「道徳的市民の政治」の言説、(d) 家父長的なリーダーが国家の法的枠組みの外側から暴力と温情によって彼に忠誠を誓う者を「悪しき犯罪者」から救い出すことを正当化する「義賊の家父長政治」の4つがある。民主化以降、(a) が (b) にとって代わられ、そのもとで (c) がまず力を持ったが、それに対する幻想から現在のロドリゴ・ドゥテルテが (d) によって登場した。ただ、常に排除される者を生み出す、こうしたポピュリズム政治は、社会経済の貧富の差や格差構造を克服する方向には進んでおらず、むしろ社会の亀裂を深め、錯綜させてきている。

　最後の「トルコ：エルドアンのネオポピュリズム」（間寧）は、トルコのポピュリストであるレジェップ・エルドアンを取り上げ、ネオリベラリズム改革を引きついだエルドアン政権が15年の長きにわたり政権を維持できた原因を分析する。トルコでは、1920年代に共和制となって以降、世俗主義を標榜する勢力が軍などとともに政治の動向を大きく左右してきたが、前世紀の終わりに近づくにつれてイスラム派系勢力が台頭し、2002年から今日まで、同系統の公正発展党（AKP）を率いるレジェップ・エルドアンが政権を握っている。

　エルドアン政権が長期化した背景には、その独特のポピュリズム的な政治手法がある。第一に、「エリート対大衆」言説で社会的亀裂の対抗軸として、まず宗教的価値観、次に所得格差に焦点を合わせたことがある。大衆向けの

社会支出が限定的ながら、公的な場での宗教活動や表現が自由化されたことから、「大衆」はエルドアンを強く支持する要因となった。第二に、他のポピュリスト指導者とは異なり、与党公正発展党（AKP）を最も組織的な政党に作り上げたことがある。公正発展党が大衆への奉仕活動を日常的に行うマシーンとなることで信頼を獲得し、一党優位制の長期安定化に繋がった。そして第三に、新自由主義的改革に反対するのではなくそれに修正を加えつつ前政権から継承したことである。同改革初期の国民的犠牲の責任を前政権に負わせ、改革進行期の果実をエルドアン政権の成果と主張することを可能にした。また社会保護制度が全体的拡充ではなく格差是正と貧困層支援を重点に置いたことは総支出を抑制し政策の持続を可能にした。そうした中で2017年4月に集権的大統領制のための憲法改正を成立させたエルドアンが、与党を大衆奉仕のための公器よりは自分への従属機関にさせつつあることから、権威主義化が進む可能性が高まっている。

　「現象」からか、「意味」からか、という分析のアプローチ（本章冒頭参照）としては、ほとんどの章は「現象」からのアプローチをとっている。第7章は唯一、「意味」からのアプローチをとっており、第8章は「現象」と「意味」の両者から分析を行っている。

おわりに：
ポピュリズムを抑える政治のあり方

　以上の分析から、新自由主義による社会経済変動の帰結としてポピュリズムの共時性があらためて指摘できる。格差の拡大や貧困の増大が深める社会的な亀裂によって惹起される不安定化と対立や紛争である。そうした状況に既存の政党勢力が十分に対処できない場合、ポピュリズムが力を得る可能性が出てくる。

　ただ、ポピュリズム勢力の現れ方は、新自由主義の受容のされ方、とくに新自由主義が導入されるタイミングやどのような形で政党勢力地図に反映す

るか、そしてどのような争点が政治的に設定されるかに依存している。ラテンアメリカについては、新自由主義を推進した中道左派を含む勢力が既存政党として批判され、とくに中道左派が不在となる状況で、格差や貧困など経済社会アジェンダが浮上し、その中から急進左派勢力が台頭した（本章、第1章～第3章）。東欧では、体制転換以前から新自由主義的な政策がとられていたケースで、体制転換後から新自由主義推進派の旧体制派勢力と保守ナショナリスト勢力との対立構造が明確に形成され、それが今世紀に入って新自由主義に対する批判が強まる文脈の中で後者が力を得て政権に就くこととなった（第5章）。

本書が取り上げた他の米国、タイ、フィリピン、トルコの場合では、ラテンアメリカでの過程と同様に、新自由主義的な経済路線を推進した政党勢力が既存政党として多くの国民の支持や信頼を失ったか、あるいは従来のような高い集票能力を維持できなくなったことからポピュリズム勢力の台頭を許した（第4章、第6章～第8章）。ただ、争点の設定は、米国は保守ナショナリズム、フィリピンの社会安定化、トルコの宗教的価値観など異なっている。

タイは、王制という他の国とは異なる政治体制の下で、中央地方格差を含む経済社会の亀裂を起点としつつも財政規律は守った改革派勢力が、王制を盾とする既得権益勢力からポピュリズム（大衆迎合主義的）として批判されるという構図となっている（第6章）。また、トルコでは、世俗主義的な勢力が進めてきた新自由主義改革を批判することで、新自由主義は前政権の責任に帰したうえで、宗教的価値観から所得格差へと争点を巧みに移す、自らの政党を大衆へ奉仕するマシーンと転換させるなど、他のポピュリズム勢力とは異なる展開を経て、長期に安定した政権の維持にこれまでのところ成功している（第8章）。

本書が取り上げた事例では、いずれも多元主義的な政治のあり方が制限させる傾向がみられ、既に権威主義化しているとみなすことができる事例も現れている。本書の論考の中で、唯一、明示的に「意味」の観点からポピュリ

ズムを捉え、「民主主義の刷新」の契機となりうるとする肯定的な側面を分析の出発点に置いた第7章の分析でも、現在のドゥテルテ政権では、「国民の間の不平等を改善する再配分も、意見の対立を調停する討議も促進しない」状況となっていることを批判している。

　それでは、そうした状況を打破するにはどうしたらよいのだろうか。まずは、即効性のある万能薬は存在しないことを前提とする必要があることを認めなければならない。そのうえで、改めて新自由主義期以降のラテンアメリカの経験に戻って、一つの方向性——何の変哲もないものであるが——を提起してみたい。

　ラテンアメリカに関するポピュリズムの議論のなかで、ポピュリズムは「社会的な民主化」に貢献する——つまりそれまでの閉鎖的な政治社会を打ち破り、多様な勢力が自由に参加できる政治空間を切り開くとして肯定的に評価する立場があることを紹介した。また近年のポピュリズムをめぐる議論でも、ポピュリズムは既存の民主主義のあり方を刷新する契機となりうるとする見方も提起されている。しかし、本章は同時に、1930年以降のラテンアメリカの経験からすれば、民主主義を制度的に安定化させてその定着に至った例は極めて限定的で、しかもラテンアメリカにおける今世紀のポピュリズムの例からも、多元的な政治のあり方に制限が加えられてきたことを指摘した。

　民主主義の安定を毀損するこうしたポピュリズム勢力の台頭を抑えるには、どうしたらよいのであろうか。市民社会や社会運動による監視や対抗の重要性が説かれるが、中長期的には、政党政治が——最善のレベルでなくとも、一定のレベルでの——機能を果たすようにしてゆく必要がある。

　ここで注目するのは、急進左派ではなく、穏健左派（中道左派）が政権に就いた例である。穏健左派が力を伸ばし、急進左派が伸長しなかった国のほとんどは、新自由主義期前にも、主要な政治勢力による安定的な政党政治を展開できた国であった。こうしたなかで注意を引くのがブラジルである。同国は20世紀における政治の展開過程で不安定な状態を繰り返してきたにも

かかわらず、1990年代から今世紀の初めにかけて、歴史的に抱えてきた政治の不安定性を克服できた唯一の例である［村上 2013; 2015］。

　ブラジルは、少なくとも1980年代末までは、政治的有力者を中心とした個人主義的な性格の政党による対立を基調とした小党分裂の傾向に悩まされる国で、同様の問題を抱えるペルーと並んで、その政党政治の将来は悲観されていた［Mainwaring and Scully 1995: 19-20］。ところが、それ以降2010年ごろまでは、政治が不安定化し憲法停止措置という民主主義体制の一時的な断絶を経験することもあったペルーとは対照的に、民主主義体制下のブラジル政治は安定した軌跡を辿った。

　1985年の軍政から民政移管後の1990年代初めまでは不安定な伝統政治が続き、インフレが続くなど経済情勢も好転しなかった。そこで議会を舞台にインフレ収束と経済自由化を推進するため、経済大臣を経て大統領（1995〜2002年在任、以下同様）となるエンリケ・カルドーゾを旗振り役として中道から右派勢力が連合する一方、労働組合を基盤として軍政期から民主化運動を進め労働者党という政党を率いるルイス・イグナシオ・ルーラを主軸に新自由主義路線に批判的な軸が形成される。つまり、少数の諸政党に分かれていた状態から、新自由主義を対立軸としてカルドーゾとルーラが中心となる二極に収斂するという政治的ダイナミズムが現れたのである。自由と平等をめぐる政党政治が展開することで、ブラジル政治の不安定性は大きく軽減した。

　こうした政治展開の下で、まずカルドーゾ政権が新自由主義路線を推進し、インフレを抑えるとともに経済を回復基調に戻すことに成功する。その後、新自由主義路線に対する不満を背景にルーラ政権が誕生し（2003〜10年）、貧困や格差の問題に取り組んだ。このような政党政治の力学を反映した社会経済政策のスムーズな転換により、ブラジルの民主主義体制は歴史的に経験したことのないレベルの安定性を記録した。

　ブラジルの近年の政治展開は、中長期的な経済社会アジェンダを争点とする政党政治のダイナミズムを作り出すことが民主主義体制を安定に導くとい

う一つのあり方を示している。そして、このような政党政治の力学を創造することが、民主主義体制を持続的に維持し発展させ、さらにはポピュリズム勢力の台頭を抑制する道を拓くことに繋がるのである。

注

1 例えば、日本比較政治学会の 2003 年度研究大会では「途上国における新しいポピュリズム」という分科会が行われ、マレーシア、ベラルーシ、ペルーが取り上げられた［日本比較政治学会 2003: 4］。なお、本書の標題ならびに本章の初めの節で、ポピュリズムに鍵括弧をつけているのは、注 10 で指摘するような、編者が持つ同概念に対する違和感に由来する。以下では、煩雑さを避けるため、また一般の用法に従って鍵括弧はつけない。

2 ポピュリズムについて、邦語では、島田・木村［2009］、高橋・石田［2013］、中谷他［2017］、水島［2016］、吉田［2011］などを参照。外国語文献は膨大な数になるが、英文の近年の業績としては、編者が専門とするラテンアメリカを中心に、Barr［2017］、Conniff［2012］、De la Torre［2015］、De la Torre and Arson［2013］、Mudde and Rovira Kaltwasser［2012; 2017］、Panizza［2005］、Taggart［2000］など。分類について、例えば De la Torre and Arson［2013］はラテンアメリカに関して、古典的、新自由主義的、急進的に分けている。また、多元的な政治のあり方を否定するポピュリズムの帰結については、本章におけるラテンアメリカの事例のほか、ミューラー［2017］を参照。

3 本章で、「構造的背景」や「構造的な原因」などという場合の「構造」は、階級構造の意味ではなく、アクター（行為主体）と対比させての構造で、社会システムの相対的に安定した部分という広義に用いている。より具体的に、本章で注目するのは、社会経済変動に伴って形成される亀裂のあり方という側面である。

4 「現象」には、政治運動や政治勢力、政治的リーダーシップなどポピュリズム政治のあり方が、また「意味」には、政治思想や言説・ディスコースに焦点を合わせた分析が含まれる。

5 本節の諸点については、高橋［2013: i-ii］、水島［2016: 34-41］を参照。ラテンアメリカ研究者による説明は、恒川［2008: 43-54］、松下［2003］、松下［1987］などを参照。

6 ここで「国民国家」など国民に関連した用語に鍵括弧がついているのは、この時の「国民」が意識的であったか無意識であったかを問わず、欧米社会のあり方

を前提とした一元的な社会のあり方を上位に置き、それへの収斂を前提としており、後の 1970 年代以降、多文化・多民族、価値の多様性といった観点から見直しや批判がなされるようになるためである。

7　ペルー、ボリビア、エクアドル、パナマでは改革主義的な軍事政権が誕生し、その下で初期に政治参加が推進される場合もあったが、政治社会勢力が軍事政権による統制から外れようとするや抑圧の対象となった。

8　本章では、民主主義や権威主義を、ファン・リンツの体制分類に基づいて定義している。民主主義は、自由な政治参加に制限が加えられていないあるいは加えられないことが原則となっている完全な多元性を特徴とする政治体制で、権威主義は、自由な政治参加に制限が国家から加えられている限定的多元性の政治体制である［Linz 1970］。

9　スペイン語、ポルトガル語、フランス語などラテン系の言語を標準語とするラテンアメリカ 20 か国のうち、1930 年前後から 1970 年代までの間に、30 年以上にわたり民主主義的な政治の継続が観察されたのは、コロンビア（1958 ～現在）、コスタリカ（1948 ～現在）、チリ（1932 ～ 73 年）、ウルグアイ（1943 ～ 73 年）、ベネズエラ（1958 ～ 98 年）の 5 か国のみである。このうちコスタリカやウルグアイなどでは寡頭支配に抗した民主主義定着の立役者がいたが、ポピュリズムの議論ではこうした政治や政権が分析対象となることはない。

10　民主主義を標榜する政治家や勢力による政治が、ラテンアメリカにおける経済社会の厳しい状況や構造を前に権威主義化することは 20 世紀に限ったことではなく、アンデス 5 か国を独立に導いた英雄のシモン・ボリバルもすでに直面し、陥った陥穽であった。編者がポピュリズムを分析概念として積極的に用いることに躊躇を覚える理由の一つが、権威主義的な政治状況に帰結する例が多いという事実である。関連するもう一つの大きな理由は、概念自体の曖昧さである。ポピュリズムは民主主義と同程度に曖昧な概念との意見がある［吉田 2011: 64］が、編者の印象は、民主主義以上に曖昧で、その定義をめぐる議論が収斂して大方の研究者の受け入れる方向には動いていないというものである。民主主義をめぐっては、形式・手続的か、それとも自由、平等、福祉など理念や目的の実質的な側面や達成度の観点から捉えるかについて、20 世紀前半に論争が存在した。その論争は、比較分析射程の飛躍的拡大を可能にする学術的な便宜性の観点から、前者の形式・手続的定義を採用することが研究者の間に受け入れられていった［Huntington 1991: 5-13］ため、収まっていった。しかしポピュリズムに

関しては、いまだ収束する様相はみえない。もちろん、現時点で比較的頻繁に使われるようになっている定義を使って、新自由主義の拡散を背景とする民主主義政治の揺らぎという共時的現象を見出して、その対処法を考えることは可能であるし、本書はその試みの一つである。ただし、それはより明確に定義できる権威主義という枠組みからの分析でも可能であることには留意が必要だと考える［村上 2015; 2017b］。「ネオポピュリズム」に関する本章第2節も参照。

11　定着とは「民主主義の定着」（democratic consolidation）の議論の意味で、民主主義が「街で唯一のゲーム」となった状態である［Linz and Stepan 1996: 5-6］。また制度化は、ある社会の成員の間で、成文化されているか否かを問わず、非公式な場合も含め、正統と了解・承認ないし黙認されている行動定型、ルール・規範、了解・合意事項（広義の制度）が形成されることである［村上 2004: 28-30］。

12　「ポピュリズムの経済学」として経済的な側面を分析したのがドーンブッシュである［Dornbush and Edwards 1991］。ドーンブッシュらによれば、「成長と所得再分配を重視し、インフレや赤字財政の危険、対外経済面での制約、ならびに積極的な非市場的政策に対する経済主体の反応を軽視する」のがポピュリズムの特徴だという［Dornbush and Edwards 1991: 9］。

13　既に述べたように、多くの国で「国民国家」形成期の最後を担ったのは、1959年のキューバ革命以降、長期的に政治介入をするようになった軍事政権であった。そのため、ここで述べたような経済面での内的な原因のほか、1970年代後半に米国のカーター政権が展開した人権外交の影響が、軍政から民政への移管を促す要因となった。

14　ただし、チリやメキシコのように民政移管する前の非民主主義的な政権の下で新自由主義改革の主要な部分が実施された国があり、民主主義への移行後に成立した文民政権が直面した新自由主義改革の必要性の程度には強弱がある［村上 2013; 2015］。

15　Lynch［1999］、Vilas［1995］など参照。「ネオポピュリズム」をめぐる議論については、階級分析的な視点から出岡［2002］が分析しており、本章は同分析に大きく依存している。ネオポピュリズムの議論に対しては、それが政治指導者による「上からの政治戦略」に重きを置きすぎていて、既存勢力から排除されてきた人々による「下からの」動態を軽視しているとの批判もなされた［松下 2004］。今日振り返ってみると、「ネオポピュリズム」に対する批判には、研究者

の世代の問題もあった可能性がある。1970年代までラテンアメリカでも強かったマルクス主義の影響を受けた世代の研究者から、この批判が発せられていたからである。現在、米国で教育を受けたり研鑽を積んだりしたより若い世代のラテンアメリカ研究者には、政治スタイルを軸とするポピュリズムの捉え方を批判する傾向はみられない。2017年1月に開催されたある国際会議で、アルゼンチン人の碩学が、若い研究者から「昨今、指摘の多いポピュリズム」についてどう考えたらよいかと質問された際、「ポピュリズムは歴史的に一定期間に限定して使用すべき」旨回答していた。また、「ネオポピュリズム」の典型とされたアルゼンチンのメネムやペルーのフジモリなどについて、碩学のギジェルモ・オドネルは「委任型民主主義」(delegative democracy) と形容したことも付け加えることができる。

16　エクアドルのアブダラ・ブカラム（1996〜97年）も後に「ネオポピュリズム」の典型に加えられたが、経済面での失策や縁故登用に対する批判などから罷免され、短命だった。

17　ペルー固有の問題として、反政府武装集団によるテロの拡大もあった。ペルーでは、1980年の民政移管と同時に革命を目指す反政府武装集団が武装闘争を開始した。首都リマから離れたアンデス高地の貧困地域で開始されたその活動は、リマを中心とする地域の白人系の政治家が主導していた既存政党（右派・左派のいずれも含む）が過小評価したことから1980年代をつうじて拡大し、テロ活動を活発化させていた。フジモリは、ハイパーインフレとともにテロ対策にも取り組み、反政府武装集団の活動を封じ込め、状況を劇的に改善することに成功した。

18　主要な「ネオポピュリズム」論者の一人であるカート・ウィランドは、フジモリが始めた構造調整をペルーの人々の多くが受け入れたことについて、失うべきものがない、追い詰められた心理状況を理由として挙げる［Weyland 2002］。しかし、人々はもっとしたたかで、構造調整の実施によってハイパーインフレの増加率が低下し始めたことを実感してから構造調整に対する支持を示すようになり、インフレが終息していったことから、その支持を確固たるものにしたという経緯を辿った。ここで述べたペルーの状況について詳しくは、村上［2004: 187-209、255-256］を参照。

19　まだ数が限られる数量分析からすれば、政治腐敗や政治の正統性への疑念による「政治経済の停滞」、「政治的空白」、「社会的閉塞感」が有意であり、「社会的

原子化」や新自由主義など他の要因は有意でないという［上谷 2011: 70-73］。ただし、そうした数量分析では、ラテンアメリカに関しては中道左派に分類される政権もポピュリズムに入れられているなど、対象事例が本書を含む「記述的な分析」の場合とは異なっている。
20　ただし、ペルーでは中道左派と急進左派を出身とする政党が選挙を経て政権に就いたが、実施した政策は新自由主義路線であった。ペルーは個人主義的な支配の強い小政党に分裂する傾向が強く、前出の二つの左派政党も少数与党で、財界、金融界、経済省や中央銀行など政府機関の経済テクノクラートといった新自由主義派からの拒否権的な圧力（新自由主義路線の転換への反対）に抗することができなかったことが背景にある［村上 2017b］。
21　こうした左派、そしてそれに対する右派という分類について、ラテンアメリカ研究者のなかには疑問を呈する向きもあった。社会学的な観点からの分析で著名なフランスのアラン・トゥレーヌは、ヨーロッパと比較し、ラテンアメリカでは、チリを例外として、労働者の権利を真に保障する社会民主主義が民主主義の制度的枠組みのなかで発展するということがなく、また今世紀に入って左派とされる政権が不平等という根本問題を本格的に克服するための改革に乗り出してもいないとして、「ラテンアメリカに左派は存在するのか」と問うた［Tourain 2005］。いわば実態面から「真の左派か」と疑義を投げかけたのだが、ここでは新自由主義に対する距離と姿勢から、立場の違いとして右派と左派を捉えている。
22　こうした事例の限定性から、今日のラテンアメリカではポピュリズムとして捉える傾向が弱いと考えることもできる。つまり、今日の事例は数件にとどまるのに対し、1930年前後からの場合は、既に指摘したように、ラテンアメリカ諸国全体で観察された現象であると同時に、半世紀にわたり続くことになる経済社会発展モデルの方向性と軌を一にしていたという地域大での共通性があった。そのために何らかの命名が必要とされたと考えられる。同様に、今日の先進諸国で保守的なナショナリズムを背景とする共時的な現象がみられることから、一つの名称で捉える必要性が生じたのであろう。

参考文献

出岡直也［2002］「ラテンアメリカ、特にアルゼンチンにおける『ネオポピュリズム』に関する一考察——同地域の『民主主義の時代』の性格解明の一助として」『国際政治』No. 131: 64-79。

上谷直克［2011］「『民主政治の試金石』としてのポピュリズム——ラテンアメリカの場合」『ラテンアメリカ・レポート』28（2）: 68-81。

遅野井茂雄・宇佐見耕一編［2008］『21世紀ラテンアメリカの左派政権——虚像と実像』日本貿易振興機構アジア経済研究所。

島田幸典・木村幹編［2009］『ポピュリズム・民主主義・政治指導』ミネルヴァ書房。

高橋進［2013］「はしがき」高橋進・石田徹編『ポピュリズム時代のデモクラシー——ヨーロッパからの考察』法律文化社、pp. i-iii.

高橋進・石田徹編［2013］『ポピュリズム時代のデモクラシー——ヨーロッパからの考察』法律文化社。

恒川惠市［2008］『比較政治——中南米』放送大学教育振興会。

中谷義和［2017］「ポピュリズムの政治空間」中谷義和・川村仁子・高橋進・松下冽編『ポピュリズムのグローバル化を問う——揺らぐ民主主義のゆくえ』法律文化社、pp. 3-26。

中谷義和・川村仁子・高橋進・松下冽編［2017］『ポピュリズムのグローバル化を問う——揺らぐ民主主義のゆくえ』法律文化社。

日本比較政治学会［2003］『日本比較政治学会ニューズレター』No.11、p. 4。

古矢旬［2002］『アメリカニズム——「普通国家」のナショナリズム』東京大学出版会。

松下冽［2003］「ラテンアメリカの政治文化——ポピュリズムと民衆」歴史学研究会編『国家像・社会像の変貌——現代歴史学の成果と課題 1980-2000年 Ⅱ』青木書店、pp. 312-326。

松下洋［1987］『ペロニズム・権威主義と従属——ラテンアメリカ政治外交研究』有信堂。

松下洋［2004］「ラテンアメリカにおける古典的ポピュリズムとネオ・ポピュリズム——分析枠組みの変化をめぐって」南山大学ラテンアメリカ研究センター編『ラテンアメリカの諸相と展望』行路社、pp. 272-299。

水島治郎［2016］『ポピュリズムとは何か——民主主義の敵か、改革の希望か』中央公論新社。

ミューラー、ヤン＝ヴェルナー［2017］『ポピュリズムとは何か』岩波書店。

村上勇介［2004］『フジモリ時代のペルー——救世主を求める人々、制度化しない政治』平凡社。

村上勇介［2013］「ネオリベラリズムと政党——ラテンアメリカの政治変動」村上

勇介・仙石学編『ネオリベラリズムの実践現場——中東欧・ロシアとラテンアメリカ』京都大学学術出版会、pp. 199-231。

村上勇介編［2015］『21世紀ラテンアメリカの挑戦——ネオリベラリズムによる亀裂を超えて』京都大学学術出版会。

村上勇介［2017a］「民主主義の揺らぎとその含意——今世紀のラテンアメリカの状況から」村上勇介・帯谷知可編『秩序の砂塵化を超えて——環太平洋パラダイムの可能性』京都大学学術出版会、pp. 57-80。

村上勇介［2017b］「ポスト新自由主義期ラテンアメリカの『右旋回』——ペルーとホンジュラスの事例から」仙石学編『脱新自由主義の時代？——新しい政治経済秩序の模索』京都大学学術出版会、pp. 169-193。

吉田徹［2011］『ポピュリズムを考える——民主主義への再入門』NHK出版。

Barr, Robert R. [2017] *The Resurgence of Populism in Latin America*. Boulder, Colorado: Lynne Rienner Publishers.

Collier, Ruth Berins, and David Collier [1991] *Shaping the Political Arena : Critical Junctures, the Labor Movement, and Regime Dynamics in Latin America*. Princeton: Princeton University Press.

Conniff, Michael L., ed. [2012] Populism in Latin America. 2nd. Edition, Tuscaloosa: The University of Alabama Press.

De la Torre, Carlos, ed. [2015] *The Promise and Perils of Populism: Global Perspectives*. Lexington: University of Kentucky Press.

De la Torre, Carlos, and Cynthia J. Arnson, eds. [2013] *Latin American Populism in the Twenty-First Century*. Washington, D.C. : Woodrow Wilson Center Press.

Dornbush, Rudiger, and Sebastian Edwards [1991] "The Macroeconomics of Populism". In Rudiger Dornbush and Sebastian Edwards, eds., *The Macroeconomics of Populism in Latin America*. Chicago: The University of Chicago Press, pp. 7-13.

Huntington, Samuel P. [1991] *The Third Wave: Democratization in the Late Twentieth Century*. Oklahoma: University of Oklahoma Press.

Knight, Alan [1998] "Populism and Neo-Populism in Latin America, Especially Mexico", *Journal of Latin American Studies*, 30 (2): 223-248.

Linz, Juan J. [1970] "An Authoritarian Regime: Spain". In Erik Allardt and Stein

Rokkan, eds. *Mass Politics: Studies in Political Sociology*. New York: The Free Press, pp. 251-283.

Linz, Juan J. and Alfred Stepan [1996] *Problems of Democratic Transition and Consolidation: Southern Europe, South America, and Post-Communist Europe*. Boltimore: The Johns Hopkins University Press.

Lynch, Nicolás [1999] "Neopopulismo: un conepto vacío", Socialismo y participación, No. 86: 63-80.

Mainwaring, Scott, and Timothy R. Scully [1995] "Introduction: Party System in Latin America". In Scott Mainwaring and Timothy R. Scully, eds., *Building Democratic Institutions: Party Systems in Latin America*. Stanford: Stanford University Press, pp. 1-34.

Mudde, Cas, and Cristóbal Rovira Kaltwasser, [2017] *Populism: A Very Short Introduction*. New York: Oxford University Press.

Mudde, Cas, and Cristóbal Rovira Kaltwasser eds. [2012] *Populism in Europe and the Americas: Threat or Corrective for Democracy?* Cambridge, United Kingdom: Cambridge University Press.

Panizza, Francisco, ed. [2005] *Populism and the Mirror of Democracy*. London: Verso.

Roberts, Kenneth M. [1995] "Neoliberalism and the Transformation of Populism in Latin America: The Peruvian Case", *World Politics* No. 48: 82-116.

Taggart, Paul [2000] *Populism*. Backingham, United Kingdom: Open University Press.

Tourain, Alan [2005] "Entre Bachelet y Morales: ¿existe una izquierda en Ameérica Latina?" *Nueva sociedad* No. 205: 46-55.

UNU-WIDER (United Nations University World Institute for Development Economics Research) [2015] "World Income Inequality Database (WIID3c)" <https://www.wider.unu.edu/project/wiid-world-income-inequality-database> (2015年10月28日アクセス)

Vilas, Carlos M. [1995] "Entre la democracia y el neoliberalismo: los caudillos electorales de la posmodernidad", *Socialismo y participación* No. 69: 31-43.

Weyland, Kurt [1996] "Neopopulism and Neoliberalism in Latin America: Unexpected Affinities", *Studies in Comparative International Development* 31

(3): 3-31.

Weyland, Kurt [2001] "Clarifying a Contested Concept: 'Populism' in the Study of Latin American Politics", *Comparative Politics* 34 (1): 1-22.

Weyland, Kurt [2002] *The Politics of Market Reform in Fragile Democracies: Argentina, Brazil, Peru, and Venezuela*. Princeton: Princeton University Press.

第 1 部　ラテンアメリカの急進的ポピュリズム

第1章

ボリビア・モラレス政権の「ポピュリズム」：
インフォーマルな支持基盤の隆盛

岡 田　勇

はじめに

　エボ・モラレスは、2005年12月の選挙で大統領に選出された。彼はアイマラ系先住民の血を引き、コカ栽培農民のカリスマ的なリーダーという出自から、大衆層の支持を集めて大統領になった。従来の伝統政党と新自由主義政策を徹底的に批判し、国家の再構築を訴えた。実際に2006年の就任直後から、天然ガス・電力・通信・鉱業・年金部門の国営化、母子家庭や就学児童への直接現金給付、国際社会での自国の権利主張など、その期待を反映した政策を打ち出してきた。2009年には憲法改正を実現し、独立来の「ボリビア共和国」から「ボリビア多民族国」へと名称を変えるなど、重要な制度変革を行った。モラレスは2009年と2014年の選挙にも大勝し、10年以上にわたる長期政権を樹立した。

　このようなストーリーはポピュリストのイメージに合致しそうだが、モラレスをそのように形容することは一般的ではない。ポピュリズムという概念がボリビアで用いられなかったわけではなく、2006年の政権発足当初はエスノポピュリズム（ethnopopulism）と言われることもあったし［Madrid

2008］、1990年代に登場した新しい政治リーダーはネオポピュリズムと呼ばれた［F. Mayorga 2002; R.A. Mayorga 1995］。しかし、今日のモラレス政権を深く知る研究者は、ポピュリズムという概念を用いようとはせず、異なった視点からこの政権の性格をとらえようとしている［F. Mayorga 2007; 遅野井 2008; Madrid 2011; 2012; 岡田 2013a］[1]。

　他方で、モラレス政権に対する評価は、政権発足当初から11年経つ中で変わってきた。政権発足からの数年間については、既存の政治に対する憲法改正など大規模な変革が注目され、ある程度評価もされた［Dunkerley 2007; Farthing and Kohl 2014］。それに対して2010年以降は、長期政権化する中での問題点が指摘されるようにもなった［岡田 2012; 2013a］。こうした中でモラレス政権を改めて評価するには、同政権への政治支持の変遷を検証することが有効であると考える。

　モラレス政権が何によって長期政権を確立しえたかについては、これまで様々な仮説が与えられてきた。例えば、(1)先住民の大統領としての象徴的代表、(2)貧困層を中心とした大衆層の利益代表、(3)街頭での抗議デモを動員する社会組織との特別な関係、(4)天然ガスと鉱物資源からの潤沢な財源に支えられた経済運営と好景気の達成といったものが挙げられる。しかし、これらは仮説にとどまるもので厳密に検証されてこなかったうえに、必ずしもこれらの仮説と整合的ではないエピソードも見られた。

　本章では、モラレス政権をいったい誰が支持してきたかについて、経時的なサーベイ・データを用いて検証する。先住民層や貧困層からの支持といった従来の仮説を追検証するにとどまらず、支持基盤は変化してきたとの想定に立ち、政権からの利益供与を得てきたインフォーマルな自己雇用就業者層が新たな政権支持層になってきたことを明らかにする。そのうえで、このような支持基盤の変化をポピュリズム論[2]に照らして議論することにしたい。

　1節ではモラレス政権の成立について簡潔にまとめる。2節では長期政権化と市民の政権支持の揺らぎに触れる。3節では誰が政権を支持してきたかについて仮説を整理し、サーベイ・データをもとに検証を行う。4節では分

析結果を踏まえて、改めてモラレス政権についてポピュリズム論と照らし合わせて議論する。最後に結論を述べる。

1 モラレス政権の成立

　モラレス政権成立前、2000年代前半のボリビアは大きく揺れていた［遅野井 2004; 2008］。既存政党による政治への不満、1997年から始まる不況、緊縮財政政策に対する反発が鬱積し、2000年に高まったコチャバンバでの「水戦争」以降、先住民農民、都市住民、コカ栽培農民などの社会運動組織による街頭での抗議デモが盛んに起こった。

　他方で、1990年代後半以降にはサンタクルス県、タリハ県で天然ガスの生産が開始され、折から不況にあった経済の好転が期待された。しかし天然ガスへの期待は、不況にあえいでいた人々の利益分配要求を促すことになり、政治抗争の種を生んだ［Laserna 2010a］。まず長年因縁のあった隣国チリを経由した米国への輸出に異議が唱えられ、首都周辺住民による大規模な抗議デモによって2003年にゴンサロ・サンチェス・デ・ロサダ大統領が辞任する事態となった。その空席を埋めたカルロス・メサ副大統領を首班とする政権も、抗議デモを続ける首都周辺住民と、権益確保のための自治強化を訴えるサンタクルス県やタリハ県などの地方勢力との間で板挟みとなり、2005年に倒壊した。

　2000年代前半のこうした一連の騒乱は、政治と経済の両面から見ると、(1)脆弱な経済基盤と(2)それに伴った集合行為問題によるものだったと考えられる。植民地時代から鉱業に依存してきたボリビアは、それ以外の主要産業が成長せず、多くの人々は自給自足的な農業やインフォーマル労働に従事してきた［Wanderley 2008; 岡田 2013a］。こうした状況で、かつては鉱業、現在は天然ガスという国際市場に依存する非再生可能資源が、マクロ経済と政府収入そして市民の経済生活に多大なるインパクトを及ぼしてきた。いったん天然ガスの生産が潤沢な利益を上げ始めると、新たな利益分配レジーム

を作る必要がある。それは端的に言って、誰がどれだけを受け取るかについて新たな合意を作ることに他ならない。国民はおしなべて恩恵を期待するが、生産県の住民はより多くを望む。また多国籍企業との間でも税負担を再交渉するインセンティブが起こる。

こうした状況で新たな合意を作らなければならないとき、ボリビアが抱えていた複合的な条件は、いずれも合意の形成を困難にするものだった。それまで不況や緊縮財政に苦しんできた人々の期待は急速に高まった。天然ガス生産県の人々は、それまで中央政府の管轄や庇護が弱かったことから自治を望んでいた。アイマラやケチュアの先住民層とヨーロッパ系の血を引く人々、さらには東部低地の先住民といった多元的社会の中には歴史的な不平等意識があった。

さらに、新たな合意形成に向けて交渉をするはずの既存政党は汚職などにより信頼を失っており、一つとして選挙で過半数得票を見込める政党はなかった。1990年代に進められた地方分権化は農村部の人々の政治意識を高め、都市周辺で膨れ上がったスラムの住民も政治意識を強くしていたが、こうした人々を受け皿とする政党は育ってこなかった。これらの条件のために、多様なエスニシティ、居住地域、社会階層にある人々は潜在的な相互不信のもとに、それぞれ利益配分を求めて行動せざるをえなかった。その結果、「合意」の形成という集合行為問題を解決できなかった政権は、2000年代前半に、文字通り荷を放り出したのである。

こうした背景の中、2005年12月の選挙でエボ・モラレス一人に投じられた票が53%という歴史的に高い割合を占めたことは、それまでなしえなかった問題解決への期待の表れであったと理解できる。こうした期待に応えて、モラレス大統領は2006年〜2009年にかけて、天然ガス生産と税システムの変更、貧困層を対象とした直接現金給付、地方自治を含む憲法改正を成し遂げた。その過程では異なった利害関係セクターとの調整が必要とされたものの、基本的には選挙と支持組織によるデモ、あるいは当事者との直接交渉によって解決した。

このように、モラレス政権はボリビアの特異な経済構造とそれに対応する合意形成の必要性から誕生した。国民の一体感を醸成する必要性から、19世紀末のチリとの対外戦争で失った「海への出口」問題の解決や、伝統的な日常利用のためのコカ葉利用の権利を国際舞台でアピールしてきた[3]。このようなアピールもまた、多民族国ボリビアにおいて合意形成を維持するのが難しいことの裏返しとして理解できる。

2　長期政権化とモラレスへの支持の揺らぎ

前述のとおり、エボ・モラレスは数度の大統領選挙と国民投票で圧倒的な得票率で勝利して、10年以上の長期にわたり政権にとどまってきた（図1-1）。モラレス政権への支持については後ほど検証するとして、まずは、モラレス政権の性格が変質したり、支持が揺らいだりすることもあるというエピソードを紹介しておきたい。

2009年2月の憲法改正の後、同年12月の選挙で大勝をおさめたモラレス政権は、上下両院で3分の2議席を獲得し、ほとんどの法律を与党の数の力

図1-1　選挙・国民投票に見るエボ・モラレスへの支持

年月	種別	割合
1997年6月	大統領選挙	3.7%
2002年6月	大統領選挙	20.9%
2005年12月	大統領選挙	53.7%
2008年8月	罷免投票[*1]	67.4%
2009年2月	新憲法のための国民投票[*2]	61.4%
2009年12月	大統領選挙	64.2%
2014年12月	大統領選挙	61.4%
2016年2月	憲法改正のための国民投票[*3]	48.7%

注　[*1] 大統領の信任票の割合
　　[*2] 新憲法案への賛成票
　　[*3] 大統領再選規定に関する憲法改正への賛成票
出典　選挙裁判所

で通すことができるようになった。すると、従来の支持層の一部と対立することも躊躇わないようになる。

　まず 2010 年 12 月に、財政負担上深刻になりつつあったガソリン輸入にかかる補助金を撤廃することを突如発表した［岡田 2011］。結局、大規模な抗議デモに直面して数日後にこの政策は撤回されたが、それまで新自由主義的な緊縮財政に反対してきたと思われた政権が、大衆層の負担の上に財政均衡を優先したことは驚きをもって受け止められた。続く 2011 年には、モラレス政権はベニ県のアマゾン先住民の居住区に幹線道路を引く計画を発表し、強行しようとした［岡田 2012］。これに対して、アマゾン低地の先住民組織はベニ県から首都ラパスまで抗議デモを展開し、計画は事実上中止となったが、国内外で低地先住民を害する計画に対する非難の声が挙げられた。

　一連のエピソードは、モラレス政権の性質が変化してきたことを示唆する。とはいえ、図 1-1 にあるように依然として選挙でのモラレス人気は高く、2014 年 12 月の選挙でも 60％以上の高得票率で圧勝した。

　こうした長期政権の選挙における人気は地方レベルでは必ずしも当てはまらないが[4]、全国レベルでは安定的なように思われた。けれども、支持がまったく盤石だというわけでもない。

　選挙での圧倒的な支持が続いた長期政権では、憲法の再選禁止規定を修正する動機が生まれやすい。モラレスの場合も同様で、大統領職は一度のみ再選可能とする 2009 年憲法第 168 条の規定を修正する可能性が取りざたされるようになった。

　2014 年の選挙の際には、既に 3 度目の大統領選挙であったためにモラレスの立候補の可否が争われたが、2013 年 10 月に「新憲法制定以後の政権のみカウントされる」との憲法判断が出され、「二選目」への立候補が可能とされた。その後も、与党はモラレス大統領の「三選」を求め、2016 年 2 月に再選規定の修正を問う国民投票を実施した。しかし結果として、奇しくもこの国民投票では賛成票が過半数に届かず、規定修正は否決されることになった。

なぜ可決されなかったのかについては、大統領個人をめぐる政治スキャンダルの影響など様々な見方ができる（詳細な分析は Mayorga y Rodríguez [2016] 参照）。モラレスとの親密な関係が疑われた女性が顧問を務める中国系企業に公共事業が落札されたサパタ事件や、不透明な方法で支払われた多額の政府予算が消失した先住民基金事件が、メディアを通じて国民の不満に火をつけたと言われる。いずれにせよ興味深いのは、それまでの選挙結果と比べて多くの票がモラレス支持から不支持へと大きく動いたことにある。この事実は、モラレス支持の安定性という従来の想定にそぐわないように見える。

　以上のように、モラレス政権は様々な重要課題に対処していった2009年までと、立法府で3分の2の議席をえて安定的な政権を確立した2010年以降とで変質が見られた。そうした中、一見すると選挙支持は安定的であったかのように見えたが、2016年の国民投票を見る限り、必ずしもそうではないようである。それでは、10年以上にわたる期間を通じて、いったい誰がモラレス政権を支持してきたのだろうか。モラレス政権の支持理由が変化してきたのならば、何が背景にあるのだろうか。以下ではその検証を試みる。

3　誰が支持してきたのか：実証分析

　以下では、エボ・モラレスおよび与党社会主義運動（MAS）に対する支持について、2002年の大統領選挙から2014年の大統領選挙までの期間を対象に、その経時的変化を調べる。とりわけ、どのような属性をもつ人々がモラレス／MAS を支持してきたかを、世論調査データをもとに検証する。

　モラレス政権が長期化する中で、モラレス個人やその政策アウトプットだけでなく、政権に対する市民の支持動態を明らかにすることには大きな意義がある。なぜなら、市民がリーダーシップや政策以外の理由——例えば利益供与やアイデンティティ——によって政権を支持することはよくあり、もしそうであるならば、リーダーシップや政策に着目するだけでは長期政権の成

り立ちを理解できないからである。また、長期政権における支持理由の分析を通じて、個々の政策評価を超えて、大統領・与党と市民との関係を比較的長いタイムスパンで理解することができる。

投票行動についての研究には、社会学的アプローチ、社会心理学的アプローチ、さらには経済学的アプローチなどがある［山田・飯田 2009］。ボリビアの選挙については、各選挙や国民投票についての研究［舟木 2014, 2015,; Madrid 2012; Mayorga y Rodríguez 2015, 2016; Romero 1998, 2006］があり、それぞれ多面的な分析を行っている。しかし管見の限りでは、モラレス政権への支持理由の経時的変遷を実証的に明らかにした研究はこれまで存在しない。以下では、主要な仮説を検討したうえで、データに照らして分析を行う。

（1）仮説

以下では、モラレスまたは与党 MAS に対する支持について、五つの仮説を検討する。前三つは支持を比較的安定的なものと想定するのに対して、後二つはより短期的なものと想定する。

モラレスは 1959 年にオルロ県の貧しいアイマラ先住民系の家族に生まれ、若くして国内各所で働いた。1981 年にコチャバンバ県チャパレ地方に家族と移住し、コカ栽培農民の組合運動に携わった［Sivak 2008: 64-79］。コカ栽培農民たちは、米国に後押しされたコカ栽培撲滅政策によって暴力的に弾圧されたこともあり、政治意識を高め、1990 年代半ばには全国先住民農民組合のリーダーシップを握ったほか、コチャバンバ県チャパレで選挙にも参加するようになった。MAS は 1997 年に初めて国政選挙に参加したが、当初はチャパレ地方を除いてはほとんど票を獲得できなかった［Romero 1998］。

モラレスと MAS が頭角を現すのは 2000 年代に入ってからで、1 節で述べたように中央政界が荒れる中で、新自由主義に対抗する社会運動組織における新たな政治リーダーとして注目されるようになった。特に、アイマラやケチュアの先住民層が多い西部のラパス、オルロ、ポトシ、コチャバンバ、

チュキサカ県で多くの支持を集めた。

こうしたモラレスの出自から、以下の三つの仮説を導き出すことができる。

　仮説1　モラレス／MASは、先住民と自己同定する人々から支持されてきた。
　仮説2　モラレス／MASは、世帯収入が少ない人々から支持されてきた。
　仮説3　モラレス／MASは、西部5県で主に支持されてきた。

　以上の3仮説は、直感的には首肯できそうだが、政治支持を安定的なものと想定している点で一定の限界がある。さらに既存研究による反論も存在する。例えばラウル・マドリードは、MASが特定のエスニック集団や社会経済層に限定した政策ではなく、より広範かつプラグマティックな政策を訴えたために選挙に勝利したことを明らかにしている［Madrid 2012］[5]。またレネ・マジョルガは、ボリビアの農村部の先住民農民の票が1980年代に先住民政党に向かわなかったことなどを挙げつつ、農村部の先住民農民はアイデンティティよりもプラグマティックな判断から投票先を選ぶと主張した［R. A. Mayorga 1995: 103］[6]。さらに、ジョナス・ウォルフは、2009年の憲法改正にあたってモラレス政権と対立姿勢を鮮明にした東部サンタクルス県の農業・企業団体が、2010年以降はモラレス政権と歩み寄りを見せてきたことを指摘している［Wolff 2016］。

　以上の反論は、モラレス政権に対する支持が、一見すると安定的なように見えて、実際にはプラグマティックなものであることを示唆している。そこで、次の仮説を4番目に提示したい。

　仮説4　モラレス／MASは、経済状況をポジティブに評価する人々から支持されてきた。

この仮説は、投票行動論で一般的に主張される「経済投票理論（economic voting theory）」もしくは「業績投票理論（retrospective voting theory）」に他ならない。ここでの想定は、他の条件を一定としたとき、人々は選挙時点までの政権の業績が良い限りは支持し続けるという単純明快な論理である。

　この仮説は上記の反論とも整合的であるが、ことボリビアに当てはめる際には重大な事実を見過ごしている。それは、ボリビアの人口の大多数がインフォーマル部門に従事するという事実である。ボリビアでは、労働法や税法、社会保障の埒外に置かれた労働形態は一般的であり、代表的なものとしては路上や市場での露店経営、コカ栽培を含む農業、タクシーやバスの運転手、中古品などの輸入業、鉱山協同組合などが挙げられる。把握基準は一定ではないが、国際労働機関によれば、ボリビアの非農業労働者のおよそ75％がインフォーマル部門で働いている[7]［ILO 2013］。

　労働人口の多くがフォーマル部門に従事する国であれば、人々は経済状況の善し悪しを政権支持を続けるかどうかのヒューリスティックな指標とするかもしれないが、ボリビアを含む多くの途上国では、人々は密輸やコカ栽培を始め、政府の政策とは自律して営まれるような経済活動に従事する。それは政府による保障の欠如でもある一方で、天然ガスや鉱業に依存することによって国際市場に翻弄される脆弱な経済システムに対する人々の自己防衛の手段でもある。インフォーマル部門という労働形態であっても、ときに組合を結成したり政府から庇護を得たりするが、それは時の政権との交渉により、社会保障の要求や納税を行わないことのほうが多い。すなわち、インフォーマル労働者は政府の公式な政策から自律的な存在であることを選び取り、自らに利するか強制される場合に限って政府との関係を結ぶと推測される。こうしたインフォーマル労働が一般的である場合に、経済状況の善し悪しが果たして人々の支持に結びつくかどうかは直ちにはわからない[8]。そこで本章では、以下の仮説を提示する。

仮説5 モラレス／MAS は、2010 年以降に自己雇用層から支持されてきた。

　この仮説において自己雇用層とは、「自らの採算において労働するもの（trabajador por cuenta propia）」という統計上の指標に合致するものを意味する。実際に、インフォーマル労働者を特定することは容易ではなく、統計データにおいてはなおさらである。そうした中で上記の自己雇用層は、ボリビア国家統計局の世帯調査においても、他の世論調査においてもしばしば用いられる指標である。ここでモラレス政権の 2010 年以降の支持層としてターゲットにしているのは、コカ栽培を含む農民、鉱山協同組合労働者、運輸業者、中古車・中古品の輸入業者であるが、彼らは多くの場合、自己雇用層に含まれる。

　なぜ自己雇用層が特別にモラレスや与党 MAS を支持するのか。これにはいくつかの想定がある。第一に、組合主義の強いボリビアでは、コカ栽培農民、鉱山協同組合、運輸業組合、輸入業団体といったように、自己雇用層が業種ごとに組織化されている。こうした組織は、しばしば政府に対して集合利益の拡大を求めて抗議デモをしたり、自らの利益を代表する政治家を政界に送り込んだりする。そのため、自己雇用層は集合利益について明確な政治意識をもち、政権に対する評価もはっきりしていると想定できる。

　第二に、政府はこうした自己雇用層（特に組織化されたもの）に対して、温情的な政策をとる傾向にある。一般的に、小規模事業を営む者に徴税圧力をかけることは監視・取り締まりのコストが高い反面、その見返りが少ない。他方で、天然ガスと鉱業に税収の多くを依存する経済構造では、その資源部門から莫大な税収が得られるブーム期には、政府は分配可能な歳入を資源部門からえることができるため、小規模事業者に徴税圧力をかけるインセンティブをもたない。こうした背景にあって、労働人口の大多数である自己雇用層がある程度組織化されているような場合には、政府は自己雇用層の脱税などを取り締まるよりも、むしろ政権への支持を調達するために温情的な政

策を行うインセンティブをもつと考えられる。実際に、天然ガス・鉱物資源価格が高止まりしていた 2012 年頃まで、政府は中古車密輸業者や鉱山協同組合に資する政策を行ったり、農民への融資政策をとったり、運輸業者のストに対してある程度の譲歩を示してきた［岡田 2013a］。

　以上の想定は、自己雇用層の収入の変化とも整合する。図 1-2 は、ボリビア国家統計局が実施する世帯調査（Encuesta Nacional de Hogares, ENAHO）を用いて、労働形態別の名目賃金レベルを 2005 年、2011 年、2014 年の 3 時点で比較したものである。名目値であって物価上昇を織り込んでいないため経時的比較は単純にはできないが、他の労働形態と比べて自己雇用層の名目賃金レベルの伸び率が高いことがわかる。一般的な「製造業労働者（obrero/a）」やフォーマル企業のサービス業などにあたる「被雇用者（empleado/a）」と比べて、自己雇用者の名目賃金レベルは 2011 年と 2014 年には目立って増加している。また、鉱山協同組合が含まれる「生産部門の協同組合労働者」の伸び率も顕著に高いことがわかる。

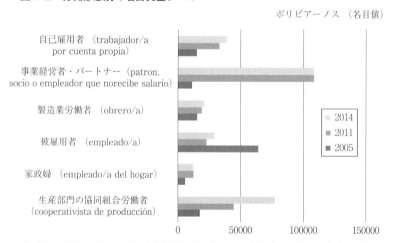

図 1-2　労働形態別の名目賃金レベル

出所：ENAHO 2005、2011、2014 より筆者推計。賃金は標本世帯の自己申告で、支払単位に応じて不確実性を考慮して平均値を割り出した。つまり、支払い単位が日、週、月、年などと異なるため、年収に統一する過程で、日払い、週払い、月払いなどについては無職期間を想定して割引率を入れた。労働形態と支払い単位には相関はない。

こうしたことから、特に第二期モラレス政権が発足した2010年以降、自己雇用層はモラレス政権にとって重要な支持層になっているとの仮説は検討に値するものである。以下では、これら五つの仮説についてデータを用いて検証する。

（2）　データ

　以下の分析では、ラテンアメリカ世論調査プロジェクト（Latin America Public Opinion Project, LAPOP）のAmericas Barometerのデータを用いる。これは2004〜2014年まで2年ごとに実施された国際世論調査データであり、分析に必要な変数が含まれた唯一のデータである。

　もっとも、サーベイの回答者がエボ・モラレスもしくは政党MASを政治的に支持するかを分析に用いる従属変数としたとき、調査年ごとに利用できる質問項目に若干の違いがある。2004年データでは2002年の大統領選挙での支持、2006年データでは2005年の大統領選挙での支持、2010年データでは2009年の大統領選挙での支持を尋ねる質問項目を利用するのに対し、2008年、2012年、2014年データでは調査時の政党支持について尋ねる質問項目を利用する。これらは厳密には異なる問いであるが、エボ・モラレスがMASの中で集権的な立場にあること［岡田2013a］、これ以外に各時点の支持傾向を統一的に把握できる指標が存在しないことから、経時的な傾向を調べるうえで最善の方法であると判断した。

　ちなみに上記のモラレス／MASへの支持割合と近接する選挙の公式結果における支持率とを照合したが、2012年のデータを除き概ね整合的であった。2012年は前年にベニ県の先住民居住区での道路建設問題などで比較的政局が荒れたため、支持が低下したと思われる。もっとも、以下の分析で最も重要なのは2010年と2014年のデータであるため、2012年データには注意する必要があるものの、全体的傾向は十分にとらえられると判断した。

（3）結果

以下、分析結果を報告する。図1-3は、自己同定による人種・エスニシティ別の支持率である。「先住民」と自己同定する回答者の8〜9割、「混血」と同定する回答者の6〜7割がモラレス大統領あるいは与党MASを支持すると答えている。他方で、「白人」と同定する回答者の支持率は相対的に低いが、2014年には65％が支持する傾向にあり、差は小さくなりつつある。

図1-4は、世帯収入から最低賃金を基準に二つの層に分けて支持率を見たものである。全体を通じて、最低賃金以下の回答者のほうがモラレス／MASへの支持率が高い傾向にあるが、最低賃金以上の世帯の支持も高まっており、その差は次第に狭まりつつあることがわかる。

図1-3　人種・エスニシティ別のモラレス／MASに対する支持率

	2004	2006	2008	2010	2012	2014
白人（Blanca）	6%	31%	36%	41%	35%	65%
チョラ（Chola）	33%	78%				
混血（Mestizo）	9%	49%	62%	60%	74%	79%
先住民（Indígena）	20%	80%				
先住民（Originario）	10%	53%				
先住民（Indígena/Originario）			87%	89%	88%	90%

注：回答が極めて少ないため、アフリカ系ボリビア人およびその混血（negra, afroboliviano, mulata）は割愛した。
出典：LAPOP 2004, 2006, 2008, 2010, 2012, 2014

図1-4　世帯収入別のモラレス／MASに対する支持率

	2004	2006	2008	2010	2012	2014
最低賃金以下	13.90%	65.11%	81.55%	83.33%	84.00%	85.29%
それ以外	11.43%	51.39%	53.38%	68.62%	79.84%	78.38%

注：世帯収入は実額数値を基準として10〜16層に分けられており、調査年ごとに基準が異なる。また経時的比較のためにはインフレ調整も必要である。ここでは便宜的に、各調査年における公的最低賃金の近似値（2004〜2010年は500Bs、2012年は950Bs、2014年は1400Bs）を基準として2集団に分けた。
出典：LAPOP 2004, 2006, 2008, 2010, 2012, 2014

図1-5は、居住県別に見たモラレス／MASに対する支持率である。

従来モラレス／MASの支持層は、縁が深いコチャバンバ県のほか、アイマラやケチュアの多いラパス、オルロ、ポトシ、チュキサカといった西部のアンデス5県に多く、白人層や低地先住民が多いサンタクルス、タリハ、ベニ、パンドといった東部の低地4県では2009年の憲法改正に関わる確執から反モラレス／反MASが多いと言われてきた。もっとも、ウォルフが指摘するように、2010年以降にサンタクルス県の反政権勢力は以前とは趣を異にしたとの見方もある［Wolff 2016］。図1-5からは、こうした議論が概ね正しいことが見て取れる。西部5県ではモラレス／MAS支持が2006年以降一貫して高いのに対して、東部4県では相対的に低い。ただし、2012年と2014年についてはこの差は縮小しつつあるようである。

以上より、仮説1から3はそれぞれ正しいことが検証されたが、経時的な変化をみると、いずれも説明力を弱めつつあるようである。端的に言って、先住民と自己同定しない人々や、最低賃金以上の世帯収入がある人々、さらには東部4県に居住する人々もまたモラレス／MAS支持を高めてきており、そうした差異基準の有意性は失われつつある。

図1-5 居住県別のモラレス／MASに対する支持率

	2004	2006	2008	2010	2012	2014
ラパス	12%	69%	96%	89%	83%	83%
コチャバンバ	24%	63%	86%	72%	78%	92%
オルロ	17%	66%	92%	82%	86%	95%
チュキサカ	8%	60%	65%	65%	93%	93%
ポトシ	13%	70%	87%	74%	97%	80%
サンタクルス	7%	23%	22%	38%	64%	59%
パンド	3%	34%	40%	55%	81%	87%
タリハ	3%	34%	43%	45%	74%	65%
ベニ	0%	22%	32%	33%	53%	56%

出典：LAPOP 2004, 2006, 2008, 2010, 2012, 2014

続いて、経済評価認識(仮説4)と自己雇用層(仮説5)についても検討しよう。これらの仮説の検証をするうえで、また上記の分析の頑健性を高めるためにも、回帰分析を行う必要がある。なぜならば、特定の一つの基準と説明対象であるモラレス／MASへの支持率との相関関係を見るだけでは、他の基準が隠れて効果を及ぼしている可能性(いわゆる見せかけの相関)を棄却できないからである。例えば、先住民と自己同定する人々は西部5県に多く、また最低賃金以下の収入である可能性も高いかもしれず、さらにはその多くが自己雇用層であるかもしれない。こうした場合、個々の仮説を個別に調べるだけでは特定の要因が他に支配的な影響を及ぼしている可能性を明らかにできず、ひいては実際には因果関係がない仮説を正しいと論じてしまう恐れもある。別の要因が与える影響を統制するためには、多変量回帰分析が必要となる。

そこで、2009年選挙に近いLAPOP 2010と2014年選挙に近いLAPOP 2014のデータを用いて、それぞれモラレス／MASへの支持を従属変数としたロジスティック回帰分析を行った[9]。図1-6はその結果である。

図1-6から、次のことがわかる。「先住民」と自己同定する回答者は一貫してモラレス／MASを支持する確率が高く、それは他の変数を統制しても有意である。他方で、「白人」と自己同定する回答者がモラレス／MASを支持しない確率は、2014年には有意に高いとは言えなくなっている。

最低賃金以下の世帯収入である場合、2010年にはモラレス／MASを支持する確率が有意に高かったが、2014年には有意に低いとの結果が出ている。これは直感に反するが、長期政権下で経済的恩恵を受けたモラレス／MAS支持層がおり、実際に世帯収入が最低賃金を超える支持者が多くなったと理解するのが適当であろう。

東部4県に居住する人々がモラレス／MASを支持しない確率が高いという傾向は、一貫して有意である。東部4県には白人層だけでなく西部5県から移住した人々も多いが、おそらく東部4県に居住する人々は、賃金レベルや先住民アイデンティティに関わらず、一貫して反モラレス／反MAS傾向

を続けていると理解することができる。

仮説4については明らかに支持された。国全体の経済状況を良いと判断した人々は、そうでない人と比べてモラレス／MASを支持する確率が高く、その傾向は一貫している。

仮説5についても支持された。「自己雇用層」と回答した人々は、2010年時点では有意な政治支持傾向を見せていなかったが、2014年になるとモラレス／MASを支持する確率が有意に高くなるようになった（95％水準を満たす）。これは2010年以降の第二期モラレス政権において自己雇用層が何らかの理由で支持を高めたことを意味し、しかもその傾向は想定されるすべての条件をコントロールしてもなお有意であると言える。

図1-6 ロジスティック回帰分析の結果

	LAPOP 2010	LAPOP 2014
	係数（標準偏差）	
切片	2.37 (0.39) ***	2.42 (0.40) ***
公共部門での雇用	-0.48 (0.22) *	0.63 (0.21) **
自己雇用	-0.20 (0.12)	0.37 (0.16) *
先住民（自己同定）	1.20 (0.19) ***	0.69 (0.17) ***
白人（自己同定）	-0.81 (0.23) ***	-0.43 (0.32)
最低賃金以下	0.80 (0.14) ***	-0.47 (0.15) **
教育レベル	0.02 (0.01)	-0.10 (0.02) ***
東部4県	-0.50 (0.12) ***	-0.86 (0.13) ***
経済状況評価	-1.12 (0.10) ***	-0.78 (0.09) ***
性別	0.00 (0.12)	-0.01 (0.13)
年齢	0.01 (0.00)	0.01 (0.01)
n	1658	1195
log likelihood	-906.4317	-717.5303

注：有意水準は * <0.05, ** <0.01, *** <0.001

4 議論

　次に、長期政権となったモラレス政権を自己雇用層が支持するようになったことの意味を考えてみる。

　1節と2節で述べたように、2006～2009年と2010～2016年とでは、モラレス政権は異なった性格をもっていた。2009年まで、モラレス大統領や与党は困難な課題をいくつも抱えていた。ブラジル、アルゼンチンとの間で天然ガスの「国有化」交渉を進める一方で、自治を訴えるサンタクルス県などの地方勢力とも対立し、さらには上院で存在感を示す野党との間でも交渉が必要だった。しかし、モラレス政権はそうした課題をうまく乗り切り、新憲法を制定したうえに、2009年12月の選挙で大勝した。2010年からは上下両院で与党が3分の2以上の多数を占めるようになり、自治権の問題は新憲法下で一応の決着を見せ、歴史的な価格高騰を見せた天然ガスは未曾有の好景気と潤沢な税収をもたらしていた。

　こうした状況にあった2010年以降、モラレス政権はフォーマル経済とインフォーマル経済について相反する政策姿勢を示すようになった。伝統的に、ボリビアのフォーマル経済は極めて限定的で、天然ガスや鉱業部門の外国資本、白人系が主に経営する企業（主に都市に集中）、サンタクルスの砂糖・大豆・牧畜などの農業企業のほか、1990年代に促進された縫製産業に限られた。こうした企業はほとんどがモラレス政権から敵対視されるか、打撃を与えられた。天然ガスは国有化され、鉱業部門でも新規投資が滞った。サンタクルスの農業企業は、2011年に導入された輸出割当制度によって国内供給に専念することが義務付けられ、成長が鈍化した。エルアルト市などで生産していた縫製産業は、2002年より米国によるアンデス貿易促進・麻薬撲滅法（ATPDEA）によって特恵関税を受けていたが、2009年にモラレス政権が米国大使にペルソナ・ノン・グラータを突きつけたことにより同法の適用から外れることになり、企業は倒産していった。さらに、マクロ経済

の安定策の一環として、資源部門以外からの国内税収を高める目的で、経済財務大臣を筆頭に国税庁、税関がフォーマル企業への徴税圧力を高めた。このようにモラレス政権初期の対立構図は、必然的にフォーマル経済の活動・成長の場を失わせたのである。

その一方で、インフォーマル経済を推進する政策がとられていった。コカ栽培農民のリーダーであったモラレス大統領は、コカ栽培面積の拡大こそ公に追求しなかったものの、撲滅政策は鳴りを潜めた。他方で、鉱業部門では鉱山協同組合と呼ばれる小規模な自活型鉱業が栄え、多くの地方農民が民間鉱山を占拠して鉱山採掘に乗り出す現象も見られた［岡田 2013b］。資源部門がブームに突入したことから為替が割高となり、輸入産業が栄えた。輸入産業の主役を担ったのは大企業ではなく、親族・友人関係のネットワークを用いて無数の大衆がチリやペルー、ブラジル、アルゼンチンから、中古自動車、電化製品、衣料、食品、日常品を輸入する現象が盛んになった［Tassi et al. 2012］。こうした輸入品は密輸によって関税を払わないことが多いために安価であり、国内の競合産業を阻害した。輸入業は当然ある程度の資本を必要とするが、コカ栽培農民や鉱山協同組合労働者は高い収入を得ることもしばしばあったことから、こうしたインフォーマル貿易には多額の資本が出回ることになった。ラパスの高級住宅街や高級車のショールームにアイマラ先住民系の人物が現れて現金決済を行うといった逸話も聞かれるようになった。こうした複合的なインフォーマル経済は、多くの雇用を生み出すとともに、運輸・サービス業や建設業、銀行業も間接的に発展させた。

インフォーマルな経済主体は、政府に対しても強力な交渉力をもった。インフォーマル労働者は決して個々に孤立しておらず、同業者組合、協同組合、住民組織によって組織化されていた。鉱山協同組合は、新鉱業法の制定に深くかかわったり、国営鉱山の伸張を妨げたりするなど、政策決定に多大な影響力を及ぼした［岡田 2016］。タクシーやバスの運転手は、運賃値上げを求めて、しばしば大規模なストや道路封鎖を展開した。中古車輸入業者を代表する議員たちは、密輸中古車を合法化する法律を実現させた［岡田

2013a］。コチャバンバ県チャパレのコカ栽培農民組合は、近辺のチモレに空港を、ブロブロに天然ガスの残渣を加工する尿素工場を公共事業によって作らせた。

　偏りのある政策は、徴税圧力や為替操作において顕著に現れる。多くのフォーマル企業や商店が領収書を発行しなかったために営業停止に追い込まれたり、納税不足や帳簿ミスに対して高額な罰金を要求されたりする一方で、密輸商品を扱う都市郊外の市場では、領収書を払わずとも摘発されないインフォーマルな事業者が多くいる。また、為替を2011年頃から実質的に割高に固定する政策は、輸入品を割安にして消費者や密輸業者に恩恵を与える一方で、輸出農業など潜在成長率のある産業部門を衰退させてきた[10]。

　こうしたフォーマル経済とインフォーマル経済の不均衡は、結果としてモラレス政権に対する後者の選挙支持につながってきたと考えられる。2016年2月の再選規定に関する国民投票に際して、汚職や不透明な財政運営が否定票を増やした背景には、このような不均衡な取り扱いを目にしてきた人々に「法的・制度的なものが掘り崩されつつある」という認識があったことが想像できる。

　インフォーマル経済に過剰な恩恵を与えることは、インフォーマル部門が人口の70％を占めるボリビアでは、政治的に合理的な判断である。もっとも、それは必ずしも意図的に行われたものではなく、ボリビアの歴史的な産業構造と支配的な雇用形態によって生み出されたものと考えるべきだろう。インフォーマル経済の優遇政策は、制度的なものを害し、かつては貧しかった大衆に資するものであり、確かに選挙支持に結びついている。しかし、だからといってモラレス大統領や与党MASをポピュリストと形容できるかどうかは単純ではない。むしろ資源部門に依存し、他の産業が発達してこなかった状況で、インフォーマル経済に従事する人々のダイナミックな流れに押された結果であるように見える。結果としてはポピュリストのようには見えるが、実際には強力な市民社会からの圧力に対して戦略的に対応する政権と見るのが適当であるだろう。

おわりに

　本章では、2006年から続くボリビアのモラレス政権について、政策や政治支持が必ずしも安定的ではないことを指摘した上で、支持基盤の変遷を世論調査データから実証的に明らかにした。アイデンティティ、収入レベル、居住地といった政権発足当初からの対立軸が次第に説明力を失いつつあること、それに対してインフォーマルな自己雇用層が政治支持を明確にしつつあることを示した。

　こうした検証をもとに、前節ではモラレス＝ポピュリズムという説明は一見すると当てはまるようではあるが、ボリビアに特異な産業構造や雇用形態、そしてインフォーマル経済部門の高い組織化度と動員能力にこそ、こうした政治支持傾向の原因を認められることを論じた。より端的に言えば、天然資源部門への依存が強く、そのためにマクロ経済が資源価格の上下動にさらされやすい条件下では、インフォーマルな自己雇用層の雇用率が増え、ブーム期に安定的な政治基盤を得ようとする政権はそうした層と蜜月関係を築きやすくなる。こうした傾向は、政治リーダーの政治手法よりも社会経済構造に理由を求めるべきであろう。類似の傾向が、似通った条件をもつ他国の事例でも当てはまるかどうかは今後の課題である。

　最後に本章の分析を踏まえて、インフォーマル経済からの支持は二つの点で将来にわたって危惧となることを述べておきたい。第一に、資源ブームによる好景気が終わりを告げる今日、フォーマル経済は壊滅的な打撃をこうむることになるだろう。一方で、インフォーマル経済を優遇するために、隣国が為替切り下げを続けるなかでも過大評価された為替が固定されており、そのために非資源部門の輸出産業はさらに厳しい条件に置かれる。他方で、税収減を補うために、フォーマル企業に対する徴税圧力はますます強まることだろう。こうした傾向はフォーマル経済を破壊し、資源部門に依存しない経済の多角化および安定的な産業基盤の構築をますます遠ざけるものになる。

第二に、インフォーマル経済主体は、実利によって政権支持を決めていると想定されるため、その動向が短期的に変動することは不思議ではない。政治支持が短期的に変動することは政党システムの崩壊を予言するものであり、将来モラレス以外の大統領が政権を担ったとしても、私的利益を追求する社会組織からの圧力にさらされ、統治能力の危機に陥ることが予想される。

注

1　ポピュリズムという分析概念が忌避されるのは、ボリビアではこの用語が一般的にマイナスの意味でとらえられてしまうためでもある（2013年9月6日フェルナンド・マジョルガとのインタビュー）。
2　本章では、善悪の二元論に基づいて政治支持を集めようとする政治手法をポピュリズムと理解する。なお、法制度を順守するかどうかは問わない。それらはしばしばポピュリズムの帰結となるがポピュリズムそのものではなく、ボリビアでは政権の種類に関わらず見られてきたと考えている。
3　先住民大統領であるモラレスの選挙におけるアピールが、先住民層に特化したものではなく、より広く大衆層一般に向けたものであることは既に指摘されている［Madrid 2012］。
4　2010年、2015年に行われた地方自治体選挙で、与党社会主義運動（MAS）の得票率は過半数に届いていない。また2015年選挙では、各県の県都とエルアルトを含む大都市でMASが勝利したのはポトシ市とスクレ市だけだった。なお県知事については全9県のうち2010年、2015年ともに6県でMASが勝利している。地方レベルで台頭する野党政治家に対しては陰に陽に圧力をかけたり、司法手続きを濫用して公職から追放したりしてきたことが知られている［Laserna 2010b］。
5　広範な支持層を求める姿勢は、一見するとポピュリストに近しい。ちなみにMadrid［2012］は2009年12月の選挙までを分析の射程に入れている。
6　この主張は、地方の小選挙区を戦うMAS党議員について調査したCorral, Sánchez y Rivas［2016］とも整合的である。
7　「インフォーマル部門で」という意味は、法人登録や納税者登録を行っていない企業で働くか、あるいは労働契約を正式に取り交わさず社会保障制度に公式に登録されないかたちで働くことを意味する。

8　Singer［2016］は、アルゼンチンのデータから、インフォーマル労働者が政権への支持を業績投票理論に基づいて行うことを検証している。しかし、ラテンアメリカの他国ではこの仮説は概ね未検証である。

9　分析モデルの設計などは割愛する。詳細についてはOkada［近刊］を参照されたい。

10　2017年9月20日、サンタクルス商工会議所関係者へのインタビューより。

参考文献

岡田勇［2011］「『ガソリナッソ』以降のボリビア政治・経済情勢」（『ラテンアメリカ時報』1396：41-43。

岡田勇［2012］「2012年ボリビアの政策課題──TIPNIS道路建設問題の事例」『ラテンアメリカ・レポート』アジア経済研究所、29（1）：83-92。

岡田勇［2013a］「ボリビアの政策過程の不確実性──モラレス政権の経済政策の残された課題」『ラテンアメリカ・レポート』30（1）：32-42。

岡田勇［2013b］「モラレス政権下におけるボリビア鉱業のアクターと政策過程──強力な利益団体と政府の影響力関係についての試論」『イベロアメリカ研究』35（1）：23-41。

岡田勇［2016］「ボリビアにおける国家と強力な市民社会組織の関係──モラレス政権下の新鉱業法の政策決定過程」宇佐見耕一・馬場香織・菊池啓一編著『ラテンアメリカの市民社会組織──継続と変容』アジア経済研究所、pp.77-111。

遅野井茂雄［2004］「ボリビア・モデルの破綻」国際協力機構『ボリビア──人間の安全保障と生産力向上を目指して』国別援助研究会報告書、国際協力機構、pp.61-72。

遅野井茂雄［2008］「ボリビア・モラレス政権の『民主的革命』」遅野井茂雄・宇佐見耕一編『21世紀ラテンアメリカの左派政権──虚像と実像』アジア経済研究所、pp.69-103。

舟木律子［2014］「ボリビアにおける『下から』の国民投票──2006年県自治国民投票の規定要因」上谷直克編『「ポスト新自由主義期」ラテンアメリカにおける政治参加』アジア経済研究所、pp.115-152。

舟木律子［2015］「2014年ボリビア総選挙──MASによる一党優位政党体制の確立」『ラテンアメリカ・レポート』32（1）：29-43。

山田真裕・飯田健編著［2009］『投票行動研究のフロンティア』おうふう。

Corral, Margarita, Francisco Sánchez, and Cristina Rivas Pérez [2016] "The Impact of Mixed-member Districts on Legislators' Behavior: The Case of Bolivia", *Latin American Politics and Society* 58 (1): 29-48.

Dunkerley, James [2007] "Evo Morales, the 'Two Bolivias' and the Third Bolivian Revolution", *Journal of Latin American Studies* 39 (1): 133-166.

Farthing, Linda C., and Benjamin H. Kohl [2014] *Evo's Bolivia: Continuity and Change*, University of Texas Press.

Laserna, Roberto [2010a] *La trampa del rentismo*, 3ra edición, La Paz: Fundación Milenio.

Laserna, Roberto [2010b] "Mire, la democracia boliviana, en los hechos…" *Latin American Research Review* 45, Special Issue: 27-58.

Madrid, Raúl [2011] "Bolivia: Origins and Policies of the Movimiento al Socialismo", In Steven Levitsky and Kenneth Roberts (eds.), *The Resurgence of the Latin American Left*, Baltimore: The Johns Hopkins University Press, pp.239-259.

Madrid, Raul [2008] "The Rise of Ethnopopulism in Latin America", *World Politics* 60 (3): 475-508.

Madrid, Raul [2012] *The Rise of Ethnic Politics in Latin America*, Cambridge University Press.

Mayorga, Fernando [2002] *Neopopulismo y democracia*. Cochabamba: CESU-UMSS.

Mayorga, Fernando [2007] *Encrucijadas*, Cochabamba: Editorial Gente Común; CESU-UMSS.

Mayorga, Fernando, y Benjamín Rodríguez [2015] *Democracia participativa y crisis política: Análisis de los resultados del Referendúm Revocatoio de Mandato Popular 2008*, La Paz: OEP.

Mayorga, Fernando, y Benjamín Rodríguez [2016] Urnas y democracia directa: balance del Referendo Constitucional 2016, La Paz: OEP.

Mayorga, René Antonio [1995] *Antipolítica y neopopulismo*, La Paz: CEBEM.

Romero Ballivián, Salvador [2006] *El tablero reordenado: análisis de la elección presidencial de 2005*, La Paz: CNE.

Romero Ballivián, Salvador [1998] *Geografía electoral de Bolivia*, Segunda edición, La Paz: FUNDEMOS.

Singer, Matthew M. [2016] "Informal Sector Work and Evaluations of the Incumbent: The Electoral Effect of Vulnerability on Economic Voting", *Latin American Politics and Society* 58 (2): 49-73.

Sivak, Martín [2008] *Jefazo: Retrato íntimo de Evo Morales*, Santa Cruz de la Sierra: El País.

Tassi, Nico, et al. [2012] "El desborde económico popular en Bolivia", *Nueva Sociedad* 241: 93-105.

Wanderley, Fernanda [2008] "Beyond Gas", In Crabtree and Whitehead (eds), *Unresolved Tensions*, Pittsburgh: University of Pittsburgh Press, pp.194-211.

Wolff, Jonas [2016] "Business Power and the Politics of Postneoliberalism: Relations between Governments and Economic Elites in Bolivia and Ecuador", *Latin American Politics and Society* 58 (2): 124-147.

エクアドル：
コレア政権と市民革命

新 木 秀 和

はじめに

　2007年1月に発足したラファエル・コレア政権は、2017年5月に任期を終えた。20世紀末から不安定な政治状況が続いたエクアドルにおいて久しぶりの長期政権となった。コレア政権は、ポスト新自由主義の時代に出現し、「市民革命（Revolución Ciudadana）」[1]の実現を標榜しつつ国家機構の再編や社会政策を強力に推進した。ただ、その政治スタイルにはポピュリズムの性格が濃厚であった。

　ラテンアメリカの歴史研究では、ポピュリズムを①「古典的ポピュリズム」、②「新自由主義型ポピュリズム」、および③「左派ポピュリズム」（ないし「急進的ポピュリズム」）という三つの類型に分けている。これはエクアドルにも適用され、コレア政権は同じアンデス地域で2000年代に台頭したベネズエラのウゴ・チャベス政権およびボリビアのエボ・モラレス政権とともに「急進左派政権」の一つに含められ、「左派ポピュリズム」ないし「急進的ポピュリズム」の例とみなされている[2]。

　本章の目的は、ラテンアメリカにおけるポピュリズム論の視角からコレア

政権の特徴、とくに長期化の要因を検討することにある[3]。「市民革命」の成果と課題を含め、コレア政権の実態を分析するとともに、ポスト・コレア時代への展望についても示唆を得ることを目指している。

1　ポピュリズムの伝統とコレア登場までの経緯

（1）　ポピュリズムの政治文化

　ポピュリズムの系譜に照らして、コレア政権をエクアドル現代史に位置づけたい。20世紀ラテンアメリカにおけるポピュリズムの台頭は二つの時期に分けられる。1940年代から1950年代にかけての「古典的ポピュリズム」と、1990年代以降の「新自由主義型ポピュリズム」である。エクアドル現代史におけるそれぞれの発現状況は次のとおりである。

　「古典的ポピュリズム」の時期に登場したラテンアメリカの諸政権は、寡頭支配に対抗する多階級的同盟として、カリスマ的指導者の下で改革政治を実行した。輸入代替工業化との親和性も指摘される。エクアドルの場合「古典的ポピュリズム」の例とされるのはホセ・マリア・ベラスコ・イバラ政権（1934～35年、44～47年、52～56年、60～61年、68～72年）である。その政治スタイルは、支持基盤の制度化を重視しない個人主義的な傾向が強かった。そのためベラスコの死後は有力な後継者が現れず、後世への政治的影響力は限定的であった。

　1990年代になると、新自由主義の波を受けて新たなポピュリズムが登場した。エクアドルでこの「新自由主義型ポピュリズム」に相当するのはアブダラ・ブカラム政権（1996～1997年）やルシオ・グティエレス政権（2003～2005年）であった。「貧者のリーダー」として登場したブカラムは、経済面での失策や縁故登用に対する批判を受け、「職務履行能力の欠如」を理由に短期間で罷免された。同様に、相次いで登場したジャミル・マワ政権（1998～2000年）とグティエレス政権も、新自由主義政策の徹底と極端な政治スタイルから「新自由主義型ポピュリズム」、そして広義の「ネオポ

ピュリズム」の範疇に含められる傾向が強い。新自由主義を強烈に批判して登場したコレア政権は、それら二つのポピュリズムの歴史経験をくぐりぬけた「急進的ポピュリズム」に分類される[4]。

（2） 民政移管から政治危機へ：新自由主義と政党システムの再編

1979年の民政移管から安定的に推移したエクアドル政治は、1990年代後半に危機的状況に陥った。その一つは政党システムの崩壊であり、もう一つは新自由主義の展開による負の遺産がポスト新自由主義を担う政治勢力の台頭につながったことである。

エクアドルでは、1980年代の民主化の過程で確立していた連合政治（四つの主要政党による「幽霊連合」[5]）が、新自由主義路線を進めながらも、やがて機能不全となり、1990年代後半に崩壊に向かった。実際、1997年から2007年までの約10年間においては政治危機が加速し、1997年のブカラム、2000年のマワ、2005年のグティエレスと三つの政権が瓦解して交替し10の政権が入り乱れることになった[6]。

グティエレス退陣で成立したアルフレド・パラシオ暫定政権では、憲法制定議会の開催を通じて「共和国を再建する（refundar la República）」というスローガンのもと、「国家再建」の理念を掲げる政治改革が重視されるようになり、この気運がその後の選挙に持ち込まれた。パラシオ暫定政権で経済財政大臣を務めて政治に関与したコレアは、2006年大統領選挙への立候補に際してその課題を明確に打ち出した。この間、政党システム再編の間隙をぬう形で多くの新興政党が姿を現わしたが、コレアの政党（Alianza PAIS、以下、祖国同盟と記す）もそのような新興政党であった[7]［新木 2015］。

（3） 2006年大統領選挙とコレア登場

労働運動だけでなく先住民運動などの左派勢力が全般的に減退するなか、祖国同盟は2006年の大統領選挙に際して、都市中間層、学生、左派知識人、

人権活動家などの多様な人々と市民団体を糾合して勢力を伸張した。候補のコレアは政治的には「アウトサイダー」だったが、急進左派の言説で多数の支持を獲得した。

2006年10月に実施された第一次選挙でコレアは第二位となったが、翌11月の決選投票ではアルバロ・ノボアを抑えて最終的に勝利を収めた[8]（表2-1）。決選投票の得票率はコレアが56.67％、ノボアが43.33％であった。民政移管以降に決選投票で逆転勝利を収めた候補はコレアが三人目である。

表2-1 2006年大統領選挙結果（第一次投票）（エクアドル）

候補	政党	得票率（%）	得票数
アルバロ・ノボア	PRIAN	26.83	1,464,251
ラファエル・コレア	PAIS/FS-FA	22.84	1,246,333
ヒルマル・グティエレス	PSP	17.42	950,895
レオン・ロルドス	ID/RED	14.84	809,754
シンシア・ビテリ	PSC	9.63	525,728
ルイス・マカス	MUPP-NP	2.19	119,577
フェルナンド・ロセロ	PRE	2.08	113,323
マルコ・プロアニョ	MRD	1.42	77,655
ルイス・ビジャシス	MPD	1.33	72,762
ハイメ・ダメルバル	CFP	0.46	25,284
マルセロ・ラレア	ATR	0.43	23,233
レニン・トレス	MRPP	0.28	15,357
カルロス・サグナイ	INA	0.25	13,455
計		100	5,457,607

出所：エクアドル選挙最高裁判所（TSE）のデータに基づき筆者作成。

2　コレア政権の運営手法とその長期化要因

（1）　政権の成立と展開

　2007年1月に成立したコレア政権は、「国家再建」を標榜しつつ、政治体制の変革を目指す「市民革命」の実現に向けて、憲法を改正し、貧困撲滅や汚職対策を示した。そして、急進的な反米・脱新自由主義の傾向を表明し、ラテンアメリカの左派諸政権との連帯を強めて「急進左派政権」の仲間入りをした。政権発足時の国会には与党候補を送り込まず、与党議席がない状態で政権運営に着手しているが、2007年9月の制憲議会議員選挙では祖国同盟が最大勢力になり、それ以降は与党勢力の優勢が続く。

　コレアは2009年および2013年の大統領選挙で再選された。決選投票に至らず第一次投票で当選したこと、そして現職大統領として再選されたことも、民主化後ではコレアが初めてだった。コレアは再選を果たしつつ、新自由主義路線を転換しながら意欲的な諸政策を実行していったが、大統領権限の強化を背景に、強引な政権運営が目立つこともあり、反対勢力からは批判が強まった。そのうえ政権は、大統領個人に対する過度の依存体質と権威主義的な姿勢、取り巻き的政治の弊害などの諸問題を抱えた。

（2）　選挙と国民投票：政権基盤の確立と長期化

　コレア政権が長期化できた要因として、大統領選挙や国民投票の反復による信任獲得という戦略が注目される。そこには、大統領が国民や民衆（人々 pueblo, people）と直接的なコミュニケーションを維持しつつ彼らの支持を取りつけることで正統性を確保するというポピュリスト的な政治手法が現れている[9]。実際、コレア大統領は、2007年の就任早々から度重なる選挙や国民投票など（2009年、2013年の2回の大統領選挙を含む総選挙、2007年の制憲議会選挙、そして2007年、2008年、2011年の3回の国民投票）を通じて国民の信を問いつつ勝利を重ね、憲法改正をはじめとする一連の制度改革

を断行して、政権基盤を固めながら政権長期化への道筋をつけてきた。

次に、2007年から2017年までの大統領選挙や国民投票の動向を検討して、「恒常的キャンペーン（Permanent Campaign）」[Conaghan and De la Torre 2008][10]を通じたコレア政権の「委任型民主主義」[Conaghan 2008; 上谷 2009][11]の実情を明らかにしたい。

○憲法制定議会選挙（2007年9月）と新憲法の制定（2008年9月）

2007年4月、憲法制定議会招集の是非を問う選挙の実施に関する国民投票が行われ、8割以上の賛成が得られた。これに基づき、同年9月には制憲議会議員を選出するための選挙が実施され、祖国同盟が大勝した。そして2007年9月に開会された制憲議会は、2008年7月に新憲法案をまとめた。同年9月には新憲法案の信認を問うための国民投票が実施され、63.93％という賛成多数で承認された[12]。

2008年憲法では、選挙を含む民主主義制度への広範な市民参加が規定され、三権に加えて市民参加と社会統制、および選挙の二権を含めた五権が定められた。選挙を担う国家機関として従来の選挙最高裁判所（Tribunal Supremo Electoral, TSE）が改編され、全国選挙審議会（Consejo Nacional Electoral, CNE）と選挙訴訟裁判所（Tribunal Contencioso Electoral, TCE）が創設された。

○民主主義法典の制定（2009年）

コレア政権は「伝統政党」[13]による支配（Partidocracia）の打破を訴えて、2009年に民主主義法典（Código de la Democracia）を制定した。ここでそれまで分散していた選挙関連の法規と規定を統合的法典に集約したのである。これにより、政党と政治運動が区別され、また2008年憲法の経過措置として、すべての政党は2013年選挙までに再登録を義務づけられた。その結果、伝統政党や新興政党のいくつかが解散に追い込まれた[14]。

○大統領選挙（2009年4月）

　2008年憲法は現政権を経過的体制（Régimen de Transición）と規定し、新政権の成立を目的とする選挙の実施を定めた。この規定に則り、2009年4月に大統領選挙が実施された。その結果、コレア大統領は有効票の51.99％を獲得し、二位のルシオ・グティエレスに大差をつけて再選された（表2-2）。また、祖国同盟は定数124議席のうち59議席を得て、議会で優勢を維持することができた。

○国民投票（2011年5月）

　2011年5月には、コレア大統領の提案による、憲法改正5項目を含む10項目の是非を問う国民投票が行われ、全項目で賛成票が反対票を上回って可決された。そこでは、報道機関への締めつけ強化や司法改革に関する憲法改正の是非などが問われ、結果として大統領と行政府への権力集中を国民が許容することになった。すなわち、マスコミへの規制を強化して、政権批判を強めている報道機関の経営を事実上禁止する内容が盛り込まれた。また、大統領自身が委員となって司法機関の改革を進める委員会を設置することや、

表2-2　2009年大統領選挙結果（第一次投票）（エクアドル）

候補	政党	得票率（％）	得票数
ラファエル・コレア	PAIS	51.99	3,586,439
ルシオ・グティエレス	PSP	28.24	1,947,830
アルバロ・ノボア	PRIAN	11.41	786,718
マルタ・ロルドス	RED/MIPD	4.33	298,765
カルロス・サグナイ	MTM	1.57	108,079
メルバ・ハコメ	MTF	1.35	93,146
ディエゴ・デルガド	MITS	0.63	43,221
カルロス・ゴンサレス	MIJS	0.49	33,714
計		100	6,897,912

出所：エクアドル全国選挙審議会（CNE）のデータに基づき筆者作成。

さらには大統領の影響下にある人物が裁判官を選任することも可能となった。

○大統領選挙（2013年2月）

2013年2月には再び大統領選挙が実施された。その結果、コレアは有効票の57.17％を獲得し、決選投票に進むことなく再選された。2009年の前回選挙と同様に、二位のギジェルモ・ラソに大差をつけている（表2-3）。また、国会議員選挙でも祖国同盟は単独過半数を大きく上回る100議席（定数137議席）を確保した。しかも祖国同盟は全国24県のうち23県で勝利を収めて、政権基盤は全国的に磐石となった[15]。

○大統領支持率の推移

コレア大統領は、前述した「恒常的キャンペーン」や公共投資の拡大をはじめとする支持獲得の戦略を有効に活用して、就任以来、高い支持率を維持することに成功してきた。調査会社CEDATOSのアンケート結果によれば、2007年1月の政権発足時に73％（2007年の平均では68％）に達していた支

表2-3 2013年大統領選挙結果（第一次投票）（エクアドル）

候補	政党	得票率（％）	得票数
ラファエル・コレア	PAIS	57.17	4,918,482
ギジェルモ・ラソ	CREO	22.68	1,951,102
ルシオ・グティエレス	PSP	6.73	578,875
マウリシオ・ロダス	SUMA	3.90	335,532
アルバロ・ノボア	PRIAN	3.72	319,956
アルベルト・アコスタ	MPD/MUPP	3.26	280,539
ノルマン・ワライ	RUPTURA	1.31	112,525
ネルソン・サバラ	PRE	1.23	105,592
計		100	8,602,603

出所：エクアドル全国選挙審議会（CNE）のデータに基づき筆者作成。

表2-4 コレア大統領支持率の推移 2007-17年（エクアドル）

年	2007	8	9	10	11	12	13	14	15	15	16	16	17
月									6	12	5	12	5
支持率（％）	68	63	51	51	55	58	62	61	46	41	35	42	62
不支持率（％）	29	31	42	42	36	39	35	35	45	51	58	52	36

出所：CEDATOS

表2-5 コレア政権支持率の推移 2002-16年（エクアドル）

2002	2003	2004	2005	2006	2007	2008	2009	2010	2011	2013	2015	2016
30	27	20	24	23	74	66	59	58	64	73	50	40

出所：Corporación Latinobarómetro [2016：36]

持率は、再選後の2013年および2014年でも62％および61％と高い水準を維持した。しかし、2015年を境に後述する政治経済の危機的状況が深刻化するにつれて支持率は下がり、2016年5月には35％と、政権発足時の半分近くまで落ち込んだ。もっとも、2017年5月の政権終了時には62％まで回復している（表2-4）。同様の傾向はラティノバロメトロ社による報告でも確認することができる（表2-5）。

3　コレア政権におけるポピュリズムと権威主義

　これまで見てきたように、新憲法制定を軸とする国家再編を通じた政権基盤の強化、選挙と国民投票を中心とする支持拡大の戦略によって、コレア政権は政権の長期化をはかることができた。この傾向は、政権の統治スタイルと政策に目を向けることで、より鮮明に浮かび上がるであろう。そこからどのようにポピュリズムの性格が現れてくるであろうか。

　そこで次に、10年間におよぶコレア政権の統治と政策の特徴について検討しよう。

（1） 社会運動とくに先住民運動との関係

　コレア政権は市民社会、とくに先住民運動をはじめとする社会運動勢力との関係では、抱き込みと分断の両面政策を用いて統制を強めた。まず、先住民運動に代表される左派のアジェンダ（反新自由主義、反政党システムなど）と同じ主張を掲げることで、その立ち位置を奪い、社会運動を踏み台にして台頭した。祖国同盟は実際、対米自由貿易協定の拒絶、マンタ空軍基地からの米軍撤退、憲法制定議会の発足など複数の選挙公約を掲げたが、これらは先住民運動などの政策方針と共通点が多く、コレアの勝利は左派の主張を横取りしたものともいえる［新木 2015］。

　また、コレア政権は共通点の多い一部の左派勢力を支持者として取り込みつつ、当初は良好な関係を築いた後、一部とは次第に対立傾向を強めた。これが先住民運動や左派に亀裂を生じさせ、分断につながった。先住民関連の全国組織のなかでもとくに農民・先住民・黒人組織全国連合（FENOCIN, Confederación Nacional de Organizaciones Campesinas, Indígenas y Negras）やエクアドル先住民連盟（FEI, Federación Ecuatoriana de Indios）は政権寄りの姿勢をみせた［Becker 2012］。

　他方、エクアドル最大の先住民集団であるエクアドル先住民連合（CONAIE, Confederación de Nacionalidades Indígenas del Ecuador）は、コレアが初当選した選挙時と政権初期に協力的であったが、次第に距離をとり始め、やがて政府の開発政策や経済優先志向を批判するようになった。両者の対立はとくに資源採掘政策をめぐって先鋭化した。同様に環境NGOと政権との溝も深まった。政府が鉱山開発を推進すると、エクアドル先住民連合や環境団体は抗議行動を活発化して、反政府の急先鋒になった［Becker 2012, 2014; De la Torre 2012; Martínez Abarca 2011 など］。

（2） マスメディアの統制

　社会運動組織を抑え込むと、政府は次にマスメディア対策に乗り出した。コレア大統領の攻撃的かつ論争的な姿勢は批判を許容しないポピュリストの

典型であり、とくに既存メディアに対する攻撃は激しさを増した。大統領は土曜のラジオ番組（enlaces radiales sabatinos）で市民に直接語りかけ、民間報道機関の国有化を進め、報道法（Ley de Comunicación）を制定してメディア規制を進めた［Kitzberger 2016; Punín Larrea 2011; Ramos 2010］。エル・テレグラホ紙などの新聞・雑誌が接収され、民間放送局（Ecuador TV、la Radio Pública など）が政府の傘下に入り、また国営メディア（El Ciudadano、la ANDES など）が設立された。15以上の報道機関が国家の下に移った。

前述のように、2011年5月に行われた国民投票では報道機関への締めつけ強化や司法改革に関する憲法改正の是非などが問われ、大統領と行政府への権力集中が許容されることになった。報道機関に対する統制という点で、コレア政権が制定を進める報道法の内容が問われる形となった。そして、マスメディアの所有者が他産業の経営者となることを禁じることや、基準審査会の創設を通じてマスメディアが暴力、性行為、差別の表現を含む内容を報道することを規制することなどが承認された。これらが政府によるメディア統制となるのは、前者の措置が、これまで企業グループ傘下の金融関係者が報道機関を所有・経営して政府批判を強めてきた状況に歯止めをかけることになるからであり、同様に後者の措置が、政府批判の発言や表現を他の理由を根拠に規制することにつながるからである。

このような大統領権限の強化を背景として、コレアは民間メディアに強硬な姿勢をとるようになり、各方面との摩擦を引き起こした。2011年2月に大統領を「独裁者」と中傷するコラム記事を掲載したとして、グアヤキル市の大手新聞エル・ウニベルソ紙の編集幹部ら4人への裁判が起こされ、同年7月に裁判所は、計4000万ドルの罰金を科すとともに禁固3年の刑に処する判決を言い渡した。それは政権によるメディア統制と報道の自由をめぐる問題を提起し、国際的注目を集めずにおかなかった[16]。

(3) 対外関係における主権回復と地域連帯

内政と密接に関係する対外政策[17]は、急進左派政権の存立にとって重要な柱の一つであり、そこにはコレア政権のポピュリスト的姿勢も反映されていた。

コレア政権は発足以来、一連の外交政策を矢継ぎ早に実行に移した。2009年9月には、契約期限が到来した米軍へのマンタ基地提供協定を打ち切り[18]、米国主導の米州自由貿易圏（FTAA）に対抗してベネズエラやキューバなどが進める社会経済協定「米州ボリバル代替統合構想（ALBA）」（その後、米州ボリバル同盟に改称）に参加し、域内結束を強めた。また「南の銀行」[19]を通じた地域統合を推し進めた。そして、2008年の南米諸国連合（UNASUR）創設に尽力し、2010年には事務局を首都キト市に誘致した。

対米依存を軽減しつつ対外関係を多角化することも外交の基本路線となり、中国やロシア、イランなどとの関係が重視された。なかでも対中関係の緊密化は著しく、中国はエクアドルの戦略部門（石油・鉱業・電力発電など）への投資や融資を拡大した。

石油政策の刷新も進み、OPEC再加盟、外国石油企業との開発契約の見直し、チャベス政権との協力などが実現した。とくに石油収入を社会プログラムの資金に充てる政策（石油ポピュリズムと呼ばれる）を支持拡大につなげた。同時に、それまで石油収入の一部が債務返済に消えていた状況に対して債務監査を断行し、対外債務を3分の1以下まで大幅に削減した。つまり債務契約を徹底的に監査して、不正が発見された債務の返済を拒否することで負担を減らし、融資のあり方の透明化を進めたのである。加えて、世界銀行とIMFの代表を国外退去させ、国際金融機関と一定の距離を置くようになった。

また、環境への配慮を重要な柱とする2008年憲法を成立させ、それを背景として、ヤスニ-ITTイニシアティブと呼ばれる国際的政策を推進した。これは、アマゾン地域のヤスニ国立公園に隣接したITT鉱区（イシュピンゴ・タンボコチャ・ティプティニ（Ishpingo, Tambococha, Tiputini）鉱区、

面積19万ヘクタール）での石油開発を放棄する代償として、見込まれる石油収入（約72億ドル）の半分にあたる36億ドル（10年間にわたり最低でも年間3億5000万ドル）の補填を国際社会に求めるという意欲的な政策であった[20]。しかも、国連開発計画（UNDP）との協力で資金を集めたが、目標額に大きく届かなかったため、コレア政権は2013年8月には、国際支援が十分ではなかったとして、このイニシアティブを撤回して石油開発に着手すると表明した[21]。

他方でコレア政権は、従来型の石油開発を推進する方針を維持しながら、さらに、資源開発の多角化を視野に入れつつ、エクアドルではこれまでさほど開発が進んでいなかった金・銀・銅をはじめとする各種貴金属の産出拡大を目的として、大規模な鉱山開発に乗り出した。これが、先住民組織や環境団体との対立を一層激化させることになった。

4　市民革命の展開：その成果と課題

（1）　市民革命とその展開

コレア政権は発足当初から「市民革命（Revolución Ciudadana）」の実現を掲げた。これは、祖国同盟が政治綱領『統治計画 2007-2011年（*Plan de Gobierno de Alianza PAIS 2007-2011*）』にまとめたもので、①憲法・民主革命、②倫理革命（腐敗一掃など）、③経済・生産革命、④教育・厚生革命、⑤尊厳・主権・ラテンアメリカ統合という五つの柱から構成されていた［Alianza PAIS 2006］。その具体化と推進のために国家の役割が強調され、国家計画の策定・実施機関として国家企画開発省 SENPLADES（Secretaría Nacional de Planificación y Desarrollo）が設立され、国家計画 *Plan Nacional para el Buen Vivir 2009-2013* が策定された［SENPLADES 2009］。政権後半に継続発展を期して策定された新たな国家計画 *Plan Nacional para el Buen Vivir 2013-2017* と合わせ［SENPLADES 2013］、Buen Vivir[22] の実現を目標として、「市民革命」の継続推進が政策の中心軸に位置づけられた。

その内容の一部は、コレア政権が2012年に公表した『市民革命の100の成果』と題する文書（2007年から2012年までの成果を記した報告書）［SENPLADES 2013］や社会経済指標・統計分析などからうかがうことができる。概観的に述べれば、2009年1月までの第一次コレア政権では、貧困層への各種補助金や公共事業拡充に社会政策の重点が置かれたが、国家開発に必要な民間企業振興の具体的政策は乏しかった。これに対して第二次政権は前述のように、2009年11月に国家計画を策定し、その一環として「農業革命」を定め、土地の再分配を重要目標に設定した。そこでは、国家が主要な大土地所有者として位置づけられた。次に、具体的数値にふれつつ「市民革命」の成果と課題をまとめる。

○社会政策と貧困削減
　コレア政権は貧困削減と社会的不平等の是正のために社会支出の増額に努めた。GDPに対する社会プログラム支出を2006年の5％から2009年の8％に増大し、最低賃金を月額170ドルから240ドルに引き上げた。また、政府は国内消費向け天然ガス、ガソリン、貧困層への電気に補助金を支給し続けた。このような一連の諸政策の結果、国家統計局（INEC）によれば、全国レベルの貧困率は2007年12月の36.7％から2016年12月の22.9％へと低下し、極貧者の比率も同期間に16.8％から8.7％へと低下した［INEC 2016: 8］。また都市部の貧困率は24.3％から15.7％へ、農村部の貧困率も61.3％から38.2％へと緩和している。さらに、エクアドルのジニ係数は2007年から2016年までの期間に8.5ポイント（0.551から0.466へと）改善し［INEC 2016: 14］、その値はラテンアメリカ平均の改善値である2ポイント（0.52から0.50へ）を大きく上回っている。

○雇用創出と社会保障・社会福祉
　失業率は5％前後へと低下し、2016年には5.2％となった［INEC 2017: 14］。社会保障への加盟者数も年々増え、エクアドル社会保険庁（IESS）に

よれば、一般義務保険への加盟者は 2013 年の 295 万人から 2015 年の 312 万人へと徐々に増加した。厚生面では病院建設が進み、医療従事者も増加している。

　社会福祉面では、人間開発基金（BDH, Bono de Desarrollo Humano）[23]の拡充が目玉となった。ラテンアメリカ各国で導入された現金給付型のもので、エクアドルの基金は約 200 万人に支給されているが、2013 年に月額 35 ドルから 50 ドルに増額された。また社会福祉の対象として身障者ケアに配慮が加えられたことも特徴である。マヌエラ・エスペホ連帯ミッション（Misión Solidaria "Manuela Espejo"）とホアキン・ガジェゴス・ララ・ミッション（Misión "Joaquín Gallegos Lara"）が、その政策の中心となった。

○連帯経済
　コレア政権が民衆連帯経済（Economía popular y solidaria）[24]の仕組みを取り入れたことも注目される。2008 年憲法では経済体制が公的部門、私的部門、混合部門、および民衆連帯部門の 4 つから構成され、前述した BuenVivir の実現を目指すことが規定された。これを受けて、2009 年に民衆連帯経済局が設置され、2011 年には民衆連帯経済組織法が制定されるなど、組織や法制面で制度化が進められてきた。

○市民革命のジレンマ
　コレア政権の「市民革命」が抱え込んだジレンマとして、次の点が指摘できる。まずコレア政権は、新自由主義からの脱却を図りながら、これに代わるモデルとして、新開発主義的な志向が強い諸政策を進めてきた。これは公共投資の拡充などの物質面では相対的な成果を上げたが、しかし、天然資源とくに石油の採掘に由来するレントへの依存型資本主義経済マトリクスを変更しようという姿勢は弱かった。政権末期には、輸出品の多角化などを柱とする生産マトリクスの変革の計画を打ち出したが、ほとんど実行できなかった。むしろ、鉱業開発の推進に向けた資源採掘型の政策方針が一層強まった

といえる。

　また、土地分配などの農業革命をうたいながら、現実には従来型の商業的農業を進めており、農業政策では成果が乏しかった。この意味で、20世紀のラテンアメリカ各国で行われた社会革命に比べると、急進性や革命性に欠けていたことは明らかである。

　国家の規模も問題である。国家組織の拡大と公共部門の肥大化がもたらされたからだ。国家統計局（INEC）によれば、2007年12月に46万人だった公務員数は年々増加し、2015年12月の72万人へと8年間で57％増加した［El Universo, 29 de diciembre de 2015］。同様に国家機構の拡大も顕著で、パラシオ暫定政権末期の2006年に15省（ministerios）と5庁（secretarías）だった行政府が、2017年には28省・11庁へとほぼ倍増した。

　このような傾向は経済分野の問題として現れた。表2-6に見るように、まず貿易収支の悪化が顕著となり、2006年と2007年には14億ドルを超えていたものが減少を続けて2010年のマイナス20億ドルまで落ち込み、その後も2016年まで回復できなかった。さらに注目されるのは債務額の推移である。公的債務残高（国内債務と対外債務の合計額）は2009年には目覚ましく減少したものの、2010年以降は逆に増加を続けて、2015年に32億6300万ドル、2016年には37億9800万ドルと膨大な額に膨れ上がった（表2-6）。

表2-6　主要経済指標の推移1（エクアドル、2000-2016年）

年	2000	2001	2002	2003	2004	2005	2006	2007
貿易収支（百万ドル）	1,458	-302	-969	99	445	912	1,449	1,414
公的国内債務（百万ドル）	276	273	255	261	298	283	282	309
公的対外債務（百万ドル）	1,099	1,138	1,134	1,148	1,106	1,085	1,022	1,061

2008	2009	2010	2011	2012	2013	2014	2015	2016
1,081	-224	-1,979	-830	-441	-1,075	-732	-2,130	1,247
356	273	370	366	695	993	1,256	1,255	1,246
1,003	736	862	997	1,077	1,280	1,746	2,008	2,552

出所：エクアドル中央銀行 Información Estadística Mensual。

そのため、次に見るように石油価格低迷に起因する経済悪化に直面したにもかかわらず、有効な対策をとれないまま、次期政権に放漫財政のつけを残すことにつながったのである［木下 2017］。

（2） 政治経済危機の影響

○騒擾事件の発生（2010 年 9 月）

　2010 年 9 月にはキト市で、給与問題を発端として警察官による騒擾事件が発生し、大統領が負傷した。事件はすぐに収束して民主政治への国際的支持が表明され、コレア政権は信任を強めたが、反対勢力の存在や不満層の先鋭化が見られ、政権の前途は決して安泰とはいえなかった。この事件はエクアドルにおける民主化の安定度やコレア政権の姿勢に対する疑問および不安感を、高めずにはおかなかった。この事件を境として、コレア政権は反対派などに対する締めつけを強めるようになった。その意味で、政権のポピュリズム的性格が権威主義的色彩へと転じていくきっかけになった事件との評価がある。

○経済状況の継続と悪化

　コレア政権の船出は、エクアドルの主要輸出品である石油の国際価格が高水準を維持するという好機に恵まれた。これが国家の財政収入を潤し、公共投資等の拡大に必要な財源をもたらしたからである。実際、1970 年代の第一次石油ブーム期（1973 ～ 1982 年）に 203 ドル／バレルだったエクアドル産石油の価格は、第二次ブーム期のコレア政権前半（2007 ～ 2014 年）には 74％増の 353 ドル／バレルとなった。そのおかげで、世界経済の景気後退にもかかわらず、エクアドル経済は成長と安定を維持できた。国連ラテンアメリカ・カリブ経済委員会の報告（2015 年 12 月）によれば、2007 年から 2015 年までのコレア政権期の大半を通じて、エクアドルの GDP 成長率は年平均 3.9％となった（表 2-7）。それは同期間のラテンアメリカ域内の平均値（2.9％）を上回った。

表 2-7　主要経済指標の推移 2（エクアドル、2000-2016 年）

	2000	2001	2002	2003	2004	2005	2006	2007
GDP 成長率（%）	1.1	4.0	4.1	2.7	8.2	5.3	4.4	2.2
消費者物価指数（% 年率）	96.1	37.7	12.5	8	2.7	2.4	3.0	3.3

2008	2009	2010	2011	2012	2013	2014	2015	2016
6.4	0.6	3.5	7.9	5.6	4.9	4.0	0.2	-2
8.8	4.3	3.3	5.4	4.2	2.7	3.7	3.4	1.3

出所：GDP 成長率 2000-06 年：世界銀行。／ GDP 成長率 2007-16 年：国連ラテンアメリカ・カリブ経済委員会（2016）Balance Preliminar de las Economías de América Latina y el Caribe。／ 消費者物価指数：エクアドル中央銀行 Información Estadística Mensual。

　しかし、そのことは資源輸出ブームが終わると状況が逆転することを意味した。実際、2014 年以降に石油価格が下落し、2016 年初めには 25 ドル／バレルにまで落ち込んだことで、国の GDP 成長率は 0.2％（2015 年）、そして－2.0％（2016 年）へと下降した。これが国家財政を圧迫して、政府の政策に制約を与えるようになった[25]。2016 年度の歳出は石油価格を 35 ドル／バレルと見積もって 296 億ドルと編成されていたが、歳入が 66 億ドル不足したことで結果的に歳出削減を余儀なくされたのである。

　2016 年 4 月に海岸部で発生した大震災もエクアドル経済の悪化に追い打ちをかけ、コレア政権を苦境に立たせた。さらに、ラテンアメリカの 12 か国に飛び火したブラジル企業オデブレヒト社（Odebrecht S.A.）による汚職スキャンダルが 2016 年末には政府高官を巻き込んで、コレア政権に対する国民の視線を厳しいものにしていった。

5　左派ポピュリズムとしてのコレア政権

　コレア政権に対する評価を改めてまとめておこう。まず、2000 年代のラテンアメリカ諸国における政治潮流に照らして、コレア政権は左派政権、と

くに急進左派政権の代表例の一つであると見られてきた。民主主義の不安定化と政党政治の瓦解に直面したエクアドルにあって、コレア政権の長期化は、国の政治的安定の回復につながったことはまちがいない。また政権による「市民革命」が、石油レントに支えられた脆弱性を抱えつつも、特定の社会層を中心に一定の社会経済的な成果をもたらしたことも、数値データから読み取れる特徴である。それと同時に、政権の継続という状況自体が、ポピュリスト的な大統領の姿勢とその戦略を浮かび上がらせるし、政権後半になると権威主義的傾向がより強まったことも確かであろう。新自由主義の打破を宣言して重要な施策を実行に移しながら、大統領権限の拡大や国家組織基盤の強化を中心とする姿勢が際立ってきたからである。左派政権の長期化の過程で民主主義の政治的枠組みの毀損が進んできたことも否定できない［村上 2017］。

　2007年以降は長期政権化が実現するなかで、与党・祖国同盟の一人勝ちの様相が深まり、抱き込みや懐柔を通じて左派や中道左派の政治勢力が与党に結集されてきた。国家権力と大統領権限の強大化と相まって、中央政府の姿勢は権威主義的傾向を強め、政党間や政治勢力間の対話や連合がかつてのような自由度や柔軟さを失ってきたことも指摘できる。また、コレアを中心とする政党政治が先住民運動に代表される社会勢力のダイナミズムを吸収することで、対抗勢力が分裂しあるいは不在となったまま与党による集権的な政治傾向を強めさせ、かえって政党政治の不安定化や機能不全を招き寄せる状況が生じている。

　前述のように、大統領のカリスマ性に着目して、コレア政権を「左派ポピュリズム」と捉える見解が有力である［Weyland 2013］。急進派ポピュリスト的な政治手法を駆使して「委任型民主主義」の政治運営を進めた政権という見方も妥当である。また、国家主導で官僚機構の役割が重要性を増したことから、デ・ラ・トーレのように「テクノポピュリズム（技術官僚主導型ポピュリズム）」と捉える見解もある［De la Torre 2013a, 2013b］。他方、権威主義の枠組みで急進左派政権を捉えて、「競争的権威主義（Competitive

Authoritarianism)」[26] の視点から説明する論者もいるが、これには異論が出されている［上谷 2017］。

2017 年大統領選挙への流れは、2013 年のコレア再選からすでに始まっていた。焦点はコレアの再出馬をめぐる問題である。すなわち、2008 年憲法の規定で連続再選が 1 度のみ可能となったことを受け、その規定をさらに修正して「連続再選」への道を開くことに政権運営の主眼が置かれたからだ。憲法の修正と解釈をめぐって闘争が発生するのは時間の問題だった。

議論と攻防を経て、2015 年 12 月に議会で公職選挙に関する憲法改正が承認され、2021 年の大統領選挙から連続再選が無制限に可能となった。それまで三選されてきたコレアは、「連続再選されてきた者は二選目の出馬ができない」という改憲条項によって 2017 年の大統領選挙に出馬する道を絶たれたが、その 4 年後に可能性がつながったのである。

おわりに代えて：
モレノ政権の成立と今後の課題

祖国同盟は、2016 年 10 月の党内選挙でレニン・モレノをコレアの後継候補に選出した。モレノは 2007 年から 2013 年までコレア政権の副大統領を務め、その後は 2013 年から 2016 年まで国連事務総長特使（障害とアクセシビリティ担当）の任にあった[27]。

2017 年の第一次投票でモレノは 1 位になったが、得票率は 39.36％で第 2 位のギジェルモ・ラソを抑えて当選を決めるには至らなかった（表 2-8）。そのため第二次投票へと移ったが、野党勢力が結集する動きがあり、モレノの苦戦が予想された[28]。予想どおり両候補の接戦となったが、モレノは 51.16％を獲得して、48.84％のラソに辛勝した（表 2-9）。その結果、政権交替とはならず与党・祖国同盟が政権を継続することになった。

2017 年 5 月 24 日の大統領就任にあたり、モレノはコレア前政権による主要な政策、とくに「市民革命」を継続することを強調した。選挙前の 2016

表 2-8　2017 年大統領選挙（第一次投票）（エクアドル）

候補	政党	得票率（%）	得票数
レニン・モレノ	PAIS	39.36	3,716,343
ギジェルモ・ラソ	CREO/SUMA	28.09	2,652,403
シンシア・ビテリ	PSC	16.32	1,540,903
パコ・モンカヨ	ANC（ID/UP/MUPP）	6.71	634,033
アブダラ・ブカラム	FE	4.82	455,187
イバン・エスピネル	MFCS	3.18	299,840
パトリシオ・スキランダ	PSP	0.77	72,679
ワシントン・ペサンテス	UE	0.75	71,107
計		100	9,442,495

出所：エクアドル国家選挙審議会（CNE）のデータに基づき筆者作成。

表 2-9　2017 年大統領選挙（第二次投票）（エクアドル）

候補	政党	得票率（%）	得票数
レニン・モレノ	PAIS	51.16	5,062,018
ギジェルモ・ラソ	CREO/SUMA	48.84	4,833,389
計		100	9,895,407

出所：エクアドル国家選挙審議会（CNE）のデータに基づき筆者作成。

年 10 月に祖国同盟が公表した政治綱領『統治計画 2017-2021 年（*Plan de Gobierno de Alianza PAIS 2017-2021*)』では、副題「祖国を再興するための変革」が示すように改めて社会改革の方向性が示されていた。すなわち、コレア政権期の成果を「獲得した 10 年（úna década ganada）」[29]と位置づけて、12 の革命を提唱している［Alianza PAIS 2016］。そして新政権の目玉として社会福祉面の充実を強調し、とくに雇用促進、居住対策、低金利融資、厚生などの社会政策を柱とする「すべてひとつの生活（Toda una vida）プログラム」を打ち出して、貧困層向けの無償住宅建設や高齢者向けの年金創設、障害者の雇用拡大などを掲げた。

モレノ大統領は汚職対策や緊縮政策を打ち出し、省庁削減や大統領のラジ

オ番組出演の廃止を表明して、コレア時代からの軌道修正をはかった。またコレアとは対照的に、エクアドル先住民連合との和解を模索する姿勢をみせ、社会運動組織やマスメディアに和解を呼びかけた。

しかし、こうした対話路線は、祖国同盟の指導部内における権力闘争とも絡み、コレアや彼に忠実なホルヘ・グラス副大統領との軋轢を生むことにつながった。ところがその副大統領が、前述のオデブレヒト社をめぐる汚職容疑で告発され2017年10月に逮捕され、その後禁固刑を言い渡されて解任されるという事態が生じた。その汚職スキャンダルが政権への打撃になることは避けられなかったが、同時にこのことは、新政権が掲げる汚職対策の実効性が試される機会ともなった。

では、モレノ政権の政策にとっての今後の課題は何であろうか。コレア政権の前半期が好景気で潤沢な石油収入に恵まれた時代だとすれば、新政権の船出は、経済危機からの回復が十分にみられないまま肥大した国家機構を牽引していくという困難に直面した。つまりモレノ政権には、前政権の経済・社会政策による負の遺産を乗り越え、「市民革命」の脆弱性を回避しながら経済と財政を再建することが求められている［木下 2017］。

他方、ラテンアメリカ域内に目を転じると、ポスト新自由主義期の「右旋回」や「右傾化」が生じ（エクアドルでもその可能性が十分に存在していた）、左派政権の退潮やそれに支えられた域内連帯の陰りがみられる。その中で政権基盤を固めて新たな政策を打ち出しつつ一定の成果を生み続けることが、新政権の課題となる。そして、「市民革命」を軌道修正しつつ発展させることが求められている。それらの実現は、前任者に比べて穏健さが強調されるモレノ大統領が、いかに指導力を発揮できるかにかかっている。

前述のように、2015年の憲法改正でコレアの大統領選挙出馬が可能となったが、その後、新たな動きが生じた。政治的混乱を収めたいモレノ大統領が2017年10月から国民投票の実現に着手したからである。憲法改正の是非を含む7つの質問項目が盛り込まれ、その中に大統領の無制限再選を取り消す内容が含まれた。こうして2018年2月4日に実施された国民投票では

賛成が約64％となって反対を上回った。国民の信任を受けたモレノ大統領は、憲法改正の手続きを進めていく意思を表明した。これにより、コレアが次の大統領選挙に出馬することは困難になったと受けとめられたが、与党内の権力争いが収まった訳ではなく、今後ともモレノ政権の行方が注目されている。

注

1 「市民革命」という用語の着想は、19世紀末のエロイ・アルファロによる「自由主義革命」までさかのぼるとされる。もちろん現代ラテンアメリカの文脈でいえば、チャベスによる「21世紀の社会主義」や「ボリバル革命」の提唱から直接的影響を受けている。コレアに批判的な論者は、「市民」を持ち上げながら中身は曖昧であり、この用語は階級や階層的な矛盾を隠蔽する意図があると指摘する。コレアによる統治は「コレイスモ（correísmo）」と呼ばれている。Espinosa Andrade［2011］、Cubi et.al.［2013］、Cubi［2014］、Muñoz Jaramillo［2014］などを参照。

2 De la Torre and Arnson［2013］"Introduction"を参照。「新自由主義型ポピュリズム」と「左派ポピュリズム」（ないし「急進的ポピュリズム」）との二つを「ネオポピュリズム（neopopulism）」ないし「現代ポピュリズム」にまとめる論者もいる。

3 本章では、ポピュリズムを「カリスマ的指導者の下で、政党や運動などを通じた動員により、組織化されたあるいは未組織の多くの追従者から支持を得て、政治権力を追求ないし行使する政治のスタイルや戦略」と捉える。

4 エクアドルを含むラテンアメリカのポピュリズム研究に精力的に取り組んできた研究者カルロス・デ・ラ・トーレは、ベラスコ・イバラ時代からコレア政権までの政治史を、ポピュリズムの視角から詳細に分析している。とくにDe la Torre［2010, 2015］を参照。

5 四つの主要政党は、アンデス高地を基盤とするDP（人民民主党、Democracia Popular、1977年結成、中道右派）およびID（左翼民主党、Izquierda Democrática、1978年結成、中道左派）、海岸部を基盤とするPSC（キリスト教社会党、Partido Social Cristiano、1951年結成、右派）およびPRE（エクアドル・ロルドス党、Partido Roldosista Ecuatoriano、1983年結成、ポピュリスト

系）である。この主要政党が議会における秘密裏の政策連合「幽霊連合（ghost coalitions）」を形成して新自由主義路線を推進することで、政党システムの相対的安定が維持されていた。

6　4年の任期を全うできなかった大統領、失脚した大統領の任期の残りを担当した臨時大統領、わずか2日だけの臨時大統領などが続いた。

7　略称でPAISと記されるが、正式名称はMovimiento Alianza PAIS-Patria Altiva i Soberana（偉大かつ尊厳ある祖国）である。2006年4月3日、選挙最高裁判所によって記立が公式に承認された。

8　1979年の民政移管以降に実施された8回（1978〜79、1984、1988、1992、1996、1998、2002、2006の各年）にわたるエクアドルの大統領選挙では、首位候補の得票率は20％から35％までにとどまり、絶対過半数を獲得できないことが継続し、毎回のように決選投票が行われてきた。そして、1984年と1996年の決選投票では、第一次投票の優位が変わって第2位候補が逆転勝利したが、2006年の大統領選挙でもそのような現象がみられた。

9　コレア政権は選挙戦略として、広報・メディア対策専門家のビニシオ・アルバラドを採用し、ハイテクを駆使すると同時に、大統領との直接的接触を通じて「人々」を「救世主を待望する大衆」に変えようとする伝統的なポピュリズム的手法を用いた。これを「ハイブリッドな戦略」と呼ぶ研究者もいる［De la Torre 2010, Montúfar 2013］。

10　「恒常的キャンペーン」とは、選挙や国民投票などを通じて国民の信を問うことを正統性の根拠にする政治家が、選挙キャンペーンやその準備を持続している状況を指す。

11　「委任型民主主義（英語ではDelegative Democracy）」とは、政治学者のギジェルモ・オドンネルが提起した民主主義の一概念である。それは、選挙で選出された大統領が、国民から合法的委任を受けているという事実を前面に打ち出すことで、選挙公約に拘束されず中間組織をバイパスして、直接的かつ強引に政策を実行する形の統治形態を意味する。

12　この2008年憲法は444条からなる長大な条文で、1998年憲法の改正版として、1830年の共和国成立以降で20番目の憲法となった。多民族で民族共存的な（plurinacional e intercultural）国のあり方が示され、中央政府とくに大統領の権限が強化された。また、様々な諸権利と諸義務の規定が盛り込まれている。

13　「伝統政党」には、20世紀前半に結成された政党（自由党、保守党、社会党な

ど)や、1980年代の民主化を担った諸政党も含まれる。ここでは、1990年代半ば以降に成立した新興政党に対し、それ以前に政党政治を支配していた諸政党を「伝統政党」とする。

14　全国選挙審議会（CNE, Consejo Nacional Electoral）が政党登録の署名に対する総合的な点検を実施し、虚偽署名とされた政党が資格を剥奪された。また、再登録に必要な署名数を獲得できなかったために解散に追い込まれる政党もあった。

15　しかし、その1年後の2014年の地方選挙では、与党・祖国同盟は、国内二つの主要都市（首都キト市および海岸部のグアヤキル市）の市長選において敗北を喫することになる。

16　ラティノバロメトロ社による2016年報告書『民主主義の衰退』では「批判することへの自己規制が最も強い国はエクアドルであり、常に批判を行う自由があるという者は34％にすぎない」と指摘されている［Corporación Latinobarómetro 2016: 29］。

17　コレア政権の対外関係についてはZepeda［2011］、Zepeda y Egas［2011］を参照。

18　2008年憲法に、外国基地の国内設置を禁止するとの条項が盛り込まれた。

19　「南の銀行」とは、2006年にチャベス大統領が提唱した構想で、世界銀行と国際通貨基金に代わる金融機関の設立を目指した。2009年9月、南米7カ国（アルゼンチン、ベネズエラ、ボリビア、エクアドル、パラグアイ、ブラジル、ウルグアイ）が設立に合意した。

20　イニシアティブでは、生物多様性に富む生態系を保全するとともに、孤立生活を続ける少数民族の権利を尊重するという理由が挙げられている。

21　政府の方針に対して、住民投票で開発差し止めを法的に訴えようとする市民組織が2014年に全国選挙審議会に署名を提出したが、目的を達することはできなかった。これを受けてコレア大統領は、ITT鉱区での採掘にゴーサインを出した。もっとも、その油種は重質油でコストがかさむうえ、国際石油価格が低迷する状況では採算が合わないのではないかとの指摘がなされてきた。

22　Buen Vivirとは、従来の開発主義に対し、自然と調和しつつ社会成員の生活向上をはかる代替的な社会発展の理念として、憲法に取り入れられた概念である。それは「よき生（生活）」を意味するスペイン語だが、もともとは先住民言語（キチュア語のsumak kawsay）に由来して先住民の世界観を反映しており、

ボリビアの Vivir Bien という概念と共通点を持つ。コレア政権による国家計画ではこの Buen Vivir が到達目標に掲げられた。

23　人間開発基金は、マワ政権期の1998年9月に別の名称で導入され、続くグティエレス政権期には学校奨学金プログラムを伴って現在の名称に変更された。コレア政権はこれをさらに増額して社会政策の中心軸に据えたのである。

24　民衆連帯経済とは、連帯経済（Economía solidaria）の一環を成す概念かつ実践である。連帯経済は、社会的連帯を基盤とする経済社会活動の総称であり、ラテンアメリカでは新自由主義やグローバリゼーションが地域を席巻した1980年代以降に活発化し表面化してきた。担い手や形態は共同組合、アソシエーション、NPO、フェアトレード、地域通貨などと多彩である。連帯経済を示す呼称としては社会連帯経済（Economía social y solidaria）をはじめとする多様な表現が使用される。

25　他方、消費者物価指数は、2008年に8.8％を記録したものの、コレア政権期を通じて低下を続けて2016年には1.3％になり、低い水準を維持してきた（表2-7）。

26　「競争的権威主義体制」とは、選挙という民主的手続きを維持しつつも、政権による権力の濫用をともなう権威主義的性格を残す折衷的な体制のことである [Levitsky and Loxton 2013; Levitsky y Way 2004]。

27　モレノは1998年に強盗に襲撃されて下半身不随となり、車椅子で生活と公務を行っていた。モレノの当選で、2017年にエクアドルでは車椅子の大統領が誕生することになった。

28　選挙戦では、ロンドンのエクアドル大使館に2012年より亡命中のウィキリークス創設者ジュリアン・アサンジの処遇も争点となり、ラソはその立ち退きを主張していた。

29　この表現は、新自由主義時代の負の遺産を表す「失われた10年（una década perdida）」を念頭に入れ、その時代との対照性を強調した表現であるとみられる。

参考文献

新木秀和［2015］「運動と統治のジレンマを乗り越える——エクアドルのパチャクティック運動と祖国同盟の展開過程を手がかりに」村上勇介編『21世紀ラテンアメリカの挑戦——ネオリベラリズムによる亀裂を超えて』京都大学学術出版会、

pp.23-41。

上谷直克［2009］「『委任型民主主義』が深化するエクアドル・第2次コレア政権」『ラテンアメリカ・レポート』26（2）: 3-14。

―――［2017］「『競争的権威主義』と『委任型民主主義』の狭間で――ラテンアメリカの事例から考える」日本比較政治学会編『競争的権威主義の安定性と不安定性』ミネルヴァ書房、pp.117-144。

木下直俊［2017］「エクアドル経済――コレア政権の負の遺産とモレノ新政権の経済課題」『ラテンアメリカ・レポート』34（1）: 15-27。

村上勇介［2017］「民主主義の揺らぎとその含意――今世紀のラテンアメリカの状況から」村上勇介・帯谷知可編『秩序の砂塵化を超えて――環太平洋パラダイムの可能性』京都大学学術出版会、pp.57-80。

Alianza PAIS［2006］*Plan de Gobierno de Alianza PAIS 2007-2011: Un primer gran paso para la transformación radical del Ecuador*. Quito: Alianza PAIS.

―――［2016］*Plan de Gobierno 2017-2021: Cambios para renovar la Patria, Un programa para la sociedad, la educación, la producción y el trabajo digno*. Quito: Alianza PAIS.

Becker, Marc［2012］"Social Movements and the Government of Rafael Correa: Confrontation or Co-optation?". In Gary Prevost, Carlos Oliva Campos, and Harry E. Vanden（eds.）*Social Movements and Leftist Governments in Latin America: Confrontation or Co-optacion?* New York: Zed Books, pp.116-136.

―――［2014］"Rafael Correa and Social Movements in Ecuador". In Steve Ellner（ed.）*Latin America's Radical Left: Challenges and Complexities of Political Power in the Twenty-first Century*. Lanham: Rowman & Littlefield, pp.127-148.

Conaghan, Catherine［2008］"Ecuador: Correa's Plebiscitary Presidency" *Journal of Democracy* 19-2: 46-60.

Conaghan, Catherine and Carlos de la Torre［2008］"The Permanent Campaign of Rafael Correa: Making Ecuador's Plebiscitary Presidency" *International Journal of Press and Politics* 13-3: 267-284.

Corporación Latinobarómetro［2016］*Informe 2016- El declive de la democracia*.

Cuvi, Juan et.al.（ed.）［2013］*El correísmo al desnudo*. Quito: Montecristi Vive.

Cuvi, Juan（ed.）［2014］*La restauración conservadora del correísmo*. Quito:

Montecristi Vive.

De la Torre, Carlos [2010] *Populist Seduction in Latin America*. Athens: Ohio University Press. Second Edition.

―――― [2012] "Rafael Correas's Government, Social Movements and Civil Society in Ecuador". In Barry Cannon and Peadar Kirby (eds.) *Civil Society and the State in Left-led Latin America: Challenges and Limitations to Democratization*. London and New York: Zed Books, pp.63-77.

―――― [2013a] "Latin America's Authoritarian Drift: Technocratic Populism in Ecuador" *Journal of Democracy* 24-3: 33-46.

―――― [2013b] "El tecnopopulismo de Rafael Correa: ¿Es compatible el carisma con la tecnocracia?" *Latin American Research Review* 48-1: 24-43.

―――― [2015] *De Velasco a Correa: Insurrecciones, populismos y elecciones en Ecuador, 1944-2013*. Quito: Universidad Andina Simón Bolívar, Corporación Editora Nacional.

De la Torre, Carlos and Cynthia J. Arnson (eds.) [2013] *Latin American Populism in the Twenty-First Century*. Washigton, DC. and Baltimore: Woodrow Wilson Center Press and the Johns Hopkins University Press.

Espinosa Andrade, Alejandra [2011] "Rafael Correa y la Revolución Ciudadana: Una mirada desde la periferia" Tesis de maestría, Quito: FLACSO.

Instituto Nacional de Estadística y Censos-INEC [2016] *Encuesta nacional de empleo, desempleo y subempleo: Indicadores de Pobreza y Desigualdad*. Quito: INEC.

―――― [2017] *Encuesta nacional de empleo, desempleo y subempleo: Indicadores Laborales*, Marzo. Quito: INEC.

Kitzberger, Philip [2016] "Counterhegemony in the Media under Rafael Correa's Citizens' Revolution" *Latin American Perspestives* 43-1: 53-70.

Levitsky, Steven and James Loxton [2013] "Populism and Competitive Authoritarianism in the Andes". *Democratization*, 20-1: 107-136.

Levitsky, Steven y Lucan Way [2004] "Elecciones sin democracia: El surgimiento del autoritarismo competitivo" *Estudios Políticos* 24: 159-176.

Martínez Abarca, Mateo [2011] *El cascabel del gatopardo: La revolución ciudadana y su relación con el movimiento indígena*. Quito: FLACSO, Abya-Yala.

Montúfar, César [2013] "Rafael Correa and His Plebiscitary Citizens' Revolution". In Carlos de la Torre and Cynthia J. Arnson (eds.) *Latin American Populism in the Twenty-First Century*. Washington, DC. and Baltimore: Woodrow Wilson Center Press and The Johns Hopkins University Press, pp.295-323.

Muñoz Jaramillo, Francisco (ed.) [2014] *Balance crítico del gobierno de Rafael Correa*. Quito: Universidad Central del Ecuador.

Punín Larrea, María Isabel [2011] "Rafael Correa y la prensa ecuatoriana: Una relación de intrigas y odios" *Razón y palabra* 75 (febrero-abril): 1-13.

Ramos, Hernán [2010] "Medios públicos y poder político en la era de Rafael Correa". En César Ricaurte (ed.) *La palabra rota: Seis investigaciones sobre el periodismo ecuatoriano*. Quito: FUNDAMEDIOS, pp.209-216.

Secretaría Nacional de Planificación y Desarrollo-SENPLADES [2009] *Plan Nacional para el Buen Vivir 2009-2013: Construyendo un estado plurinacional e intercultural*. Quito: SENPLADES.

―――― [2012] *5 años de la Revolución Ciudadana: 100 logros de la Revolución Ciudadana*. Quito: SENPLADES.

―――― [2013] *El Plan Nacional para el Buen Vivir 2013-2017: Todo el mundo mejor*. Quito: SENPLADES.

Weyland, Kurt [2013] "Latin America's Authoritarian Drift: The Threat from the Populist Left" *Journal of Democracy* 24-3: 18-32.

Zepeda, Beatriz [2011] "La política exterior durante el gobierno de Rafael Correa: un balance". En Hans Mathieu y Catalina Niño Guarnizo (eds.) *Anuario 2011 de la seguridad regional en América Latina y el Caribe*. Bogotá: Fescol, pp.114-126.

Zepeda, Beatriz y María Gabriela Egas [2011] "La política exterior de la revolución ciudadana: opiniones y actitudes públicas" *Revista Mexicana de Política Exterior* 93: 95-134.

第 3 章

21世紀ラテンアメリカにおける「ポピュリズム」の典型：

ベネズエラのチャベス政権とその後

村 上 勇 介

はじめに：
「ポピュリズム」としてのチャベス政権

　本章の目的は、今世紀のラテンアメリカにおいて現れた「急進的ポピュリズム」の典型とされるベネズエラのウゴ・チャベス（Hugo Chávez）政権とその後を引き継いだニコラス・マドゥロ（Nicolás Maduro）政権を分析することである。それは「急進的ポピュリズム」として前の二つの章で取り上げられたボリビアのエボ・モラレス（Evo Morales）政権とエクアドルのラファエル・コレア（Rafael Correa）政権がほぼ同様の政治展開を後から辿った［村上 2017: 64-72］という点から、「急進的ポピュリズム」の原型をなしたということができる事例である。

　ただし、ベネズエラのチャベス政権をポピュリズムとして捉える分析が広く行われているわけではない。それは、ボリビアのモラレス政権がポピュリズムと形容されることが一般的ではない（第1章参照）のと同様である。

　それでも、チャベス政権をポピュリズムとして分析する研究は、欧米の研

究者から提起されてきた。例えば、スティーブ・エルナーはポピュリズムの視点から、①政権掌握までの背景・過程、②言説とスタイル、③権威主義的傾向、④支持階層、⑤政党システムの変容、⑥アメリカ合衆国との関係という6項目にわたりチャベス政権を分析した［Ellner 2003］。他方、ケネス・ロバーツは、チャベスが大衆の組織化を重視している点に注目し、経済界など政党以外のエリートの経済的利害を脅かす行為に出たことから、それに対抗する政治的・社会的闘争を行うために組織化を進める必要があったことを指摘した［Roberts 2006］。エルナーとロバーツは、チャベス政権をポピュリズムとして分析しているが、ポピュリズムという用語を明確に定義しているわけではない。しかし、いずれも大衆が一人の政治指導者と直接的かつ感情的に結びつく関係に注目して捉えており、その意味では、ネオポピュリズムの視角に分類することができる（序章参照）。

　エルナーは、疎外された階層（インフォーマルセクターに属する人々など）に対する特別のアピール、反エリート的言動、そして、それまで支配的だった政治勢力とは接点がなく、むしろそれらを批判する姿勢を打ち出す政治指導者である「アウトサイダー」としての地位、カリスマ性という点からチャベスがポピュリストであるとしている［Ellner 2008: 140, 158］。つまり「疎外された階層に対する特別なアピール力を持つ指導者による政治」［Ellner 2003: 140, 161］である。またロバーツも、ポピュリズムについて政治面に関する還元主義的な定義を用いることを宣言し、チャベスによる政治を「既存のエリートに挑戦する個性の強い指導者による大衆の政治的動員」だとしている［Roberts 2006 : 127］。そのうえで両者は、チャベスと、ネオポピュリズムないし新自由主義的ポピュリズムの典型とされるペルーのアルベルト・フジモリ（Alberto Fujimori）を同列に置いて比較する[1]。

　他方、前述の研究と比べればより今日に近い時期に、欧米におけるポピュリズムへの政治・社会的な動きならびにそれらの分析の活発化を受けて提起されたカルロス・デラトレとシンシア・アンソンの議論では、チャベスは急進的ポピュリズムの典型とされ、ボリビアのモラレス、エクアドルのコレア

と同列に論じられている。ここで急進的というのは、政治、経済、社会のあり方を革命的に変革する、いわば国家の再鋳造（the refounding of the nation）を志向するという意味である。

　両者によれば、ポピュリズムについて共有された定義はないが、その中心的な特徴として4点を挙げることができるという。第一に、「人々」（"the people"）と「寡頭支配層」（"the oligarchy"）の亀裂を前提とするとともに拡張する。第二に、カリスマ的で個人主義的な指導力が重要である。第三に、ポピュリスト的な言説が政治権力の獲得、安定化、そして保持のために展開される。第四に、対象となる社会階層、方法、指導者と従う者との間の関係のあり方によって程度が異なるものの、大衆動員が重要である［De la Torre and Anson 2013: 5-9］[2]。

　デラトレとアンソンは、急進的ポピュリズムと1930年前後以降に観察された古典的ポピュリズムとの違いを明確に定義してはいない。だが、20世紀の革命運動との違いとして、暴力ではなく選挙が手段となっていること、経済社会面での公正を内容とする実質的な民主主義の名のもとに追求されていること、自由民主主義の向上ではなく市民の直接参加と行政権の強化を図っていること、コモディティ輸出ブームによる歳入の増加を利用した再分配を過去以上に積極的に進めていること、外交面で反米的な色彩がより強いことを挙げている［De la Torre and Anson 2013: 9-13］[3]。

　政治的な側面に限定した定義を出発点としつつ、政策的な志向の相違までを射程に入れるか否かで議論の方向性が異なっている。その是非はここでは問わないとして、前出の研究で共通しているポピュリズムの基本的な捉え方は、序章で示した現在頻繁に使われているポピュリズムの定義と軌を一にしている。そしてチャベス政権は、その意味でのポピュリズムの範疇に入ることは確かである。

　以下では、ベネズエラのチャベス政治のポピュリズム性について、チャベス政権誕生の背景とそれ以降の展開を振り返ることにより確認する。ベネズエラは、1950年代末から政治が不安定化した多くのラテンアメリカ諸国と

は異なり、二大政党制を基盤とする政党政治により民主主義が 40 年にわたり続いたことで知られる。その民主主義が終焉した原因はチャベス政権の登場である。ただし、チャベスの出現は契機であり、それまで長期にわたり続いてきた民主主義が劣化していたことも強調されなければならない。まず政権登場の背景を概観した後、同政権の展開について、国内覇権確立までの過程とその後に分けて分析する。

1 チャベス政権成立の背景と原因

1920 年代ごろまでラテンアメリカ各国で権力を握っていた輸出業者や大土地所有者など少数の有力者による寡頭支配（oligarquía）の政治において、ベネズエラとペルーはラテンアメリカの他の国とは異なり、エリート間での政治紛争を克服する手続が制度化[4]されなかった例として言及される［Rueschemeyer, et. al. 1992: 176-177］。だが、中間層や労働者など下層の人々が政治的な要求を寡頭支配に対して突きつける動きが活発化する 1930 年代以降、特に 1950 年代以降において、両国の政治展開は対照的となる。ペルーでは、他の多くのラテンアメリカ諸国と同様に、政治が安定せず軍が政治に繰り返し介入する状況が続く。これに対してベネズエラでは、20 世紀後半に安定した政治が 40 年にわたって続くこととなる。

1908 年から 1935 年まで、軍人フアン・ゴメス（Juan Vicente Gómez）による独裁がベネズエラを支配する。その下で進められた石油開発がベネズエラの経済と社会を大きく変え、中間層や下層を基盤とする政治運動が興る。寡頭支配層や軍との激しい抗争の末、1958 年には主要政党が民主主義的な政治の枠組みの維持ならびに権力と利益の分有に関するプントフィホ協定（Pacto de Puntofijo）に合意した[5]。この合意以降、民主行動党（Acción Demócrata）とキリスト教社会党[6]による二大政党制が定着し、軍事政権が多くの国で誕生した 1960 年代以降のラテンアメリカにあって、コロンビア、コスタリカなど[7]とともに、選挙による政権交替が実現するラテンアメリカ

では数少ない国の一つとなった。1960年代には、キューバ革命の影響による左翼ゲリラの活動開始や、二大政党のうちより有力な民主行動党の内部対立に伴う勢力の低下などが起こったものの、民主主義的な政治の枠組みは石油輸出経済を支えに諸問題を乗り越えて持続した[8]。

だが、1990年代には、それまでの民主政治の支柱だった既存政党が大半の国民の信頼と支持を失い、それとは無関係だったチャベスが権力を握った。政党の衰退は、構造的な問題を背景に1980年代に深刻化した社会経済的課題に政党が対処できずに支持を失う過程として現れた。派閥抗争の末に分裂を起こしたことが主要政党の勢力を弱め、有権者からの信頼失墜に拍車をかけた[9]。

より詳しくたどると次のようになる。1958年のプントフィホ協定以降、二大政党制による安定した利益分配政治が続いた（図3-1参照）。安定化の背景には、二大政党を軸に、労働組合と企業家団体を包摂したコーポラティズム的な石油収益の分配システムが構築され機能したことがあった。この利益分配システムは、実質的な無税、財・サービスを低価格に抑える価格統制

図3-1　民主主義体制下の二大政党の得票率（%）

	1958	1963	1968	1973	1978	1983	1988	1993	1998
大統領選挙	65.4	53.0	57.3	85.4	89.9	91.9	93.3	46.3	40.0
AD	49.2	32.8	29.1	48.7	46.6	58.4	52.9	23.6	—
COPEI	16.2	20.2	28.2	36.7	43.3	33.5	40.4	22.7	—
下院議員選挙	64.7	53.5	49.6	74.6	79.5	78.6	74.4	45.9	36.1
AD	49.5	32.7	25.6	44.4	39.7	49.9	43.3	23.3	24.1
COPEI	15.2	20.8	24.0	30.2	39.8	28.7	31.1	22.6	12.0
上院議員選挙	64.7	53.5	49.6	74.6	79.5	78.6	74.4	46.9	36.5
AD	49.5	32.7	25.6	44.4	39.7	49.9	43.3	24.1	24.4
COPEI	15.2	20.8	24.0	30.2	39.8	28.7	31.1	22.8	12.1

出典：Nohlen ed. [2005] を基に筆者作成
注：AD＝民主行動党；COPEI＝キリスト教社会党

や補助金の支給、ブラジルを上回る公務員雇用など、豊富な石油収入を背景とした国民生活の手厚い保護を伴っていた上に、石油収入と通貨の過大評価によって高まった購買力による派手な消費生活をベネズエラ国民に提供した［坂口 1998: 24］。それらは植民地時代以来の格差や貧困を解消しなかったが、社会対立の緩和には寄与した。

だが、二大政党制は1980年代に入り動揺し始める。それは石油輸出依存の経済構造と二大政党制の閉鎖性を原因とした。前者に関しては、1983年の世界的な経済危機以降、原油価格が乱高下し、それに伴って国内総生産の増加率やインフレ率も大きく上下した（図3-2参照）。不安定化する中、経済は停滞基調に入り、インフォーマル経済に従事し労働契約による法的保護を受けない労働者が労働人口の過半数を超えた。対外債務や財政赤字の増加などもあり、経済の石油依存体質の持続可能性が危ぶまれる事態となったが、政権を担った二大政党はそれを改革することはなかった。

図 3-2　ペルーとベネズエラの国内総生産成長率とインフレ率（%）

国内総生産成長率	1980	1981	1982	1983	1984	1985	1986	1987	1988	1989
ペルー	7.7	5.5	−0.3	−9.3	3.8	2.1	12.1	7.7	−9.4	−13.4
ベネズエラ	−1.9	−0.4	0.7	−5.5	1.2	0.2	6.5	3.6	5.8	−8.6
	1990	1991	1992	1993	1994	1995	1996	1997	1998	1999
ペルー	−5.1	2.1	−0.4	4.8	12.8	8.6	2.5	6.9	−0.7	0.9
ベネズエラ	6.5	9.7	6.1	0.3	−2.3	4	−0.2	6.4	0.3	−6
インフレ率	1980	1981	1982	1983	1984	1985	1986	1987	1988	1989
ペルー	59.1	75.4	64.5	111.1	110.2	163.4	77.9	85.8	667	3,398.30
ベネズエラ	21.4	16.2	9.6	6.2	12.2	11.3	11.6	28.2	29.4	84.5
	1990	1991	1992	1993	1994	1995	1996	1997	1998	1999
ペルー	7,481.70	409.5	73.5	48.6	23.7	11.1	11.6	8.5	7.3	3.5
ベネズエラ	40.7	34.2	31.4	38.1	60.8	59.9	99.9	50	35.8	23.6

出典：IMF［2017］を基に筆者作成

しかし1989年、民主行動党のカルロス・アンドレス・ペレス（Carlos Andrés Pérez）政権に至ると、補助金や価格統制の廃止などの構造調整や民営化などの経済自由化政策を採らざるを得なくなる。既述の手厚い保護と消費生活を手放すことを強要されたベネズエラ国民は強く反発し、首都カラカスなどで暴動が発生した。

経済が不安定化し不満が募る中、二大政党制の閉鎖性も強く批判されるようになった。二大政党内では、少数の古参指導者が強い影響力を有しており、選挙関連も含む党内の人事権を握り、また利益分配システムの元締でもあった。右肩上がりの1970年代までは、こうした閉鎖性は取り立てて問題視されなかった。だが、経済が停滞基調に入った1980年代には、それは民主主義ではなく政党支配政治（partidocracia）であると批判されるようになる。二大政党関係者による相次ぐ汚職事件も、二大政党に対する不信を深めた。

二大政党の閉鎖性は、非正規雇用の拡大という社会の変化に対応する柔軟さの欠如としても現れた。二大政党の傘下にあった労働組合は、1980年代に増加したインフォーマル経済の労働者を組み込むことはなかったのである。こうして時代を経るにつれて、二大政党制の利益分配システムに与らない、ないしはそう感じる人々が増えていった[10]。

また二大政党は、1980年代後半以降の内部対立や分裂によって勢力を一層弱めた。1980年代半ばから政権を握った民主行動党では、1988年の大統領選挙に向け、大統領経験者のペレスと、当時大統領だったハイメ・ルシンチ（Jaime Lusinchi）が推す候補とが指名を争い、前者が指名を獲得したものの、党内にはしこりが残る。大統領に当選したペレスは、組閣で党とは無関係の人物を閣僚に指名した。さらに、ペレスは経済的な必要性から新自由主義的な構造調整策を発動するが、民主行動党のそれまでの路線とは正反対であったため、党内とその支持団体で最大の連合組織ベネズエラ労働者連合（Confederación de Trabajadores de Venezuela）からも批判され、与党内で孤立した。世論の批判とともに、後の大統領解任の伏線となった。

構造調整策の翌年から3年間、経済は成長を取り戻すが、インフレはむしろ構造調整策の前よりも高い水準を記録し、ペレス政権への批判は止まなかった。その後1992年2月と11月には、クーデタ未遂事件が発生する。この事件は首謀者に対する一般の賞賛を巻き起こし、民主行動党もペレス政権を擁護する姿勢を示さなかった。そして1993年5月、ペレスは公金の目的外使用の罪で3か月の任期を残して大統領の地位を追われる。

　ペレス政権の不安定化の中で、1980年代末から進められた政治改革が頓挫した。二大政党は信頼を回復するため、地方分権化、地方政府首長の公選制や国民投票制の導入などの選挙制度改革、政党内部の民主化などを進めることを決め、まず1989年に地方分権化と地方政府首長の公選制を導入した。だが、ペレス政権の不安定化に二大政党間の意見や思惑の相違が加わり、その他の政治改革は実行に移されなかった。

　二大政党のもう一つの雄、キリスト教社会党でも内部対立と分裂が勢力を削いだ。1988年選挙に向け、党の創設者で大統領経験者のラファエル・カルデラ（Rafael Caldera）が再立候補を目指した。だがペレスとは異なり対立候補の前に敗退すると、その後カルデラは党と距離を置いた。1992年のクーデタ未遂事件では首謀者への理解を示し、ペレス政権を含む民主主義体制の正統性を疑問視する風潮の形成に一役買った。そして1993年の大統領選挙にカルデラは離党して無所属候補として立候補し、新自由主義的な経済路線に理解を示す二大政党とは対照的に、同路線の批判を続けた。カルデラは当選し、1958年以降で初めて二大政党の候補ではない人物が大統領に選ばれた。

　大統領に就任したカルデラは当初、旧来の経済路線を復活させたものの、石油価格の低迷や金融危機の発生、財政赤字の拡大、インフレ傾向に拍車がかかったことなどを受け、1996年には構造調整・経済自由化政策の実施に追い込まれる。国民はカルデラを厳しく非難した。

　1998年の大統領選挙では、イメージを低下させた二大政党が候補を擁立できず、自党を離党した者を含む独立系候補への支持を表明したが、両党の

いずれかの支持を受けた候補は支持を低下させた。このような経緯と背景の中、1992年のクーデタ未遂事件の首謀者で、新自由主義に真っ向から反対するチャベスが当選した。

　概略以上のような二大政党制の動揺過程について、その特徴的な側面として二つの点を強調しておきたい。第一に、経済が不安定化したとはいえ、ベネズエラには石油というドル箱の輸出産品が存在する点である［Weyland 2002: 97-99, 154-155］。これは他のラテンアメリカ諸国と比較しての構造的な条件の大きな違いである。このことにより、例えばベネズエラと同様に1980年代をつうじて既存の政党政治が動揺の度合いを強めたペルーに比すれば、ベネズエラの社会的・経済的困難は後者ほど深刻ではなかった。不安定化の程度の差とはいえ、それは例えばインフレに典型的に示される（前出の図3-2参照）。1980年代のペルーでは、年率のインフレは三桁が常態で、最後は四桁を記録し、二桁であっても50％を超えていた。他方ベネズエラでは、ペルーほどの超高率インフレは経験せず、1989年の構造調整政策までは30％以下で推移した。石油収入を背景とする物価統制は、累積する対外債務の重圧など深刻化する危機状況を覆い隠す効果を持った。

　こうした経済危機の深刻度の差は国民の危機意識の違いも生んだ。ペルーでは、日々の生活に経済社会的危機が大きな影響を及ぼし、失望感、絶望感を深める国民が過半数を超えていた。その度合いも強く、危機状況を脱するのに藁にも縋る心理状態となっていた。これに対してベネズエラの場合は、生活条件の悪化を感じていた人は過半数に及ばず、危機意識が社会全体を覆ってはいなかった。

　危機意識の深さや広がりの違いは、構造調整策に対して両国の国民が異なった反応を示す主要な原因の一つとなった。同時に、両国民の構造調整に対する対照的な評価は、インフレの収束度などその結果の違いにより強化されることとなる。ペルーではインフレが収まったのに対し、ベネズエラでは1989年に導入の動きが頓挫してからは1980年代よりもむしろ高い水準となった。後者では、国民による最初の否定的反応が為政者の新自由主義路線

推進への意欲を失わせ、不徹底に終わった分、状況が期待されたようには改善せず、国民の支持をさらに失う結果となった。

第二の特徴的な面として、地方分権化改革の影響があったことが挙げられる。地方政府の首長選挙制の導入は、二大政党を直接的かつ間接的に弱める効果を持った。直接的には、地方の下部組織に独自の活動を行う空間が広がり、その分、党中央の有力者による統制と利益分配システムを弱めたのである。同時に、二大政党以外の勢力が当選する可能性を生じさせ、また実際に左派勢力など二大政党以外から当選者が出たことから、二大政党は間接的に力を削がれることとなった。こうして地方分権化改革はベネズエラの政党崩壊の一つの重要な要因となった[11]。

2 チャベス政権の成立と国内での覇権確立

チャベス政権成立後の展開を述べる前に、簡単に、それまでのチャベスについてたどっておく。

1954年生まれのチャベスは、陸軍士官学校に通っていた1971年から1975年にかけての間、ベネズエラ社会を覆う不公正に目を向けるようになる。この頃のラテンアメリカでは、軍事政権が改革政治を進めたり、選挙により社会主義政権が成立したりする例[12]があり、チャベスの思想形成に影響を与えた。彼は外国の情勢にも影響されつつ、毛沢東などの著作に親しんで急進的な変革を志向するようになった。陸軍士官学校を卒業し軍役に就いてからもチャベスは自らの思想に対する確信を強める一方、左派内の複雑な分裂と対立状況を前に、1981年頃から急進的な変革のため長期的に政権獲得をめざす独自の秘密組織を軍内に形成し始める。この活動は1983年にボリバル革命運動（Movimiento Bolivariano Revolucionario 200）の創設として結実した[13]。

チャベスは二大政党制が絶頂にあった1970年代後半には左派に傾いていた。そして二大政党制が変調を来たす1980年代に急進的な政治活動を開始

する。こうした点からすれば、チャベスの急進左派的な志向の強い思想は筋金入りである。また、大統領に当選するまで10年以上にわたり試行錯誤の政治活動をしていた。1989年の構造調整策の発動とカラカス暴動は、チャベスの政治活動を後押しし、1992年のクーデタ未遂事件へと発展する。1994年に恩赦されてからはベネズエラ各地を回り、ボリバル委員会（Comité Bolivariano）と呼ばれるボリバル革命運動の下部組織を設置していった。その後1998年の選挙に向けて、ボリバル革命運動を第五共和国運動（Movimeinto V República）へと改編した。

こうした動きをしていたチャベスに有利に働いたのが、前節で見たような、批判が高まる中での既存政党の衰退である。二大政党への不信が高まる過程では、それまで少数勢力として存在してきた左派勢力へ支持が次第に集まる現象が見られた。1980年代末に導入された地方自治体の首長選挙においては、二大政党の候補を抑えて当選するケースもあった。しかし国政レベルでは、議会で多数を占めた二大政党の陰に隠れ、左派勢力は政治的イニシアティブを発揮できなかった。そこで多くの有権者の期待も萎み、左派勢力も含めた既存の政治勢力とは関係のない無所属系の政治家、「アウトサイダー」に関心が向けられた。1998年にはチャベスのほかにも無所属系の候補者はいたが、選挙過程のいずれかの段階で既存政党からの支持を得たことが仇となり、最終的にチャベスに勝利を献上することになった[14]。

大統領当選後、チャベスは権力を自らに集中させ権威主義化する道を歩んだ。特に、対立した野党勢力を抑え込み、優位となってからは権威主義化が顕著となった。当初は、大統領選挙に勝利したとはいえ、議会では少数与党となるなど権力基盤は弱かった。そうした中、一定の政策を進めようとする政府と、「アウトサイダー」大統領に対して反感ないし嫉みなどを持ち非協力的な姿勢を示す野党勢力が対立する状況が生じた。大統領は世論の支持に訴えてその意思を押し通し、頂点に達した対立を制して国内における覇権を手に入れた。

チャベスは制憲議会の開設と新憲法の制定を大統領選挙で公約に掲げてい

た。1999年2月の政権発足当初からそれを実行に移し、議会の多数派だった野党勢力と鋭く対立する構図を作り出した。そして国民からの支持を背景にして、政権発足からわずか10か月、年が変わらないうちに新憲法の公布を果たす。その過程は一方的かつ強引で、幅広い合意を背景としたものではなかった。それは新憲法制定過程で実施された幾つかの投票での高い棄権率に反映している。棄権率は、制憲議会開設の是非に関する国民投票62.1％、制憲議会選挙53.7％、新憲法案国民投票55.6％といった具合である［Nohlen 2005: 465-467］。新憲法は、有権者のわずか31.9％の支持のみで承認された計算になる。

　他方、大統領の人気を背景にチャベス派が90％以上を占めた制憲議会は、制憲機能に加え、三権を再編できる上位の機関となり、人事などで司法権に介入し始める。翌2000年に実施された新憲法に基づく選挙では、チャベスが再選され、新憲法で一院制となった議会の多数をチャベス派が占めた。その議会は、大統領に立法権を委譲する大統領授権法（ley habilitante）[15]を成立させ、議会機能の空洞化を自ら引き起こした。

　しかし、こうした大統領への権力集中に加え、階層や民族といった点での亀裂を強調するチャベスを前に、社会の変革を期待しチャベスについてきた中間層以上の人々が離れていった［坂口 2016: 214; León 2016］。また権力集中の一方で、チャベス政権に反対する勢力やマスメディアに対する抑圧と弾圧が日常化し、ベネズエラの民主主義体制は大きく毀損した。

　民主主義体制の民主化度と自由度を測る代表的なポリティ指標（－10から10の間の値をとり、－10が最も非民主的、10が最も民主的で、10から6までが民主主義）とフリーダムハウス指標（1から7の間の数値で示され、1が最も自由、7が最も不自由な体制で、1.0から2.5までが自由）によれば、1998年以降のベネズエラは、もはや民主主義ではない（図3-3）。ベネズエラのポリティ指標の平均値は、1970年代9、1980年代9、1990年代8、2000年代5で、1990年代から2000年代にかけて民主主義の閾値を外れた。同様にフリーダムハウス指標も、1970年代1.75、1980年代1.56、1990年代2.75、

図 3-3　ラテンアメリカ諸国の民主主義度

	POLITY INDEX						FREEDOM HOUSE					
	70s	80s	90s	00s	10s	10s-90s	70s	80s	90s	00s	10s	10s-90s
アルゼンチン	-5	3	7	8	8	1	4.38	2.67	2.45	2.15	2.00	-0.45
ボリビア	-6	6	9	8	7	-2	4.63	3.22	2.40	2.75	3.00	0.60
ブラジル	-6	2	8	8	8	0	4.38	2.67	3.05	2.35	2.00	-1.05
チリ	-3	-4	8	9	10	2	5.31	5.17	2.05	1.25	1.00	-1.05
コロンビア	8	8	8	7	7	-1	2.31	2.61	3.55	3.60	3.50	-0.05
コスタリカ	10	10	10	10	10	0	1.00	1.00	1.35	1.20	1.00	-0.35
キューバ	-7	-7	-7	-7	-7	0	6.56	6.17	7.00	6.90	6.50	-0.50
ドミニカ共和国	-1	6	7	8	8	1	2.75	1.94	2.85	2.05	2.33	-0.52
エクアドル	-3	9	9	6	5	-4	4.75	2.17	2.55	3.00	3.00	0.45
エルサルバドル	-2	4	7	7	8	1	3.31	3.83	2.95	2.50	2.50	-0.45
グアテマラ	-2	-2	5	8	8	3	3.31	4.39	3.95	3.75	3.67	-0.28
ハイチ	-10	-8	2	2	0	-2	6.25	6.06	5.40	5.45	4.67	-0.73
ホンジュラス	-1	5	6	7	7	1	4.56	2.67	2.75	3.10	4.00	1.25
メキシコ	-5	-2	3	8	8	5	3.69	3.67	3.75	2.30	3.00	-0.75
ニカラグア	-7	-2	7	8	9	2	4.63	5.11	3.40	3.15	3.92	0.52
パナマ	-7	-5	9	9	9	0	6.00	4.78	2.65	1.50	1.75	-0.90
パラグアイ	-8	-7	6	8	9	3	5.13	5.06	3.35	3.15	3.00	-0.35
ペルー	-6	7	2	9	9	7	5.25	2.56	4.40	2.55	2.50	-1.90
ウルグアイ	-5	1	10	10	10	0	5.31	3.17	1.65	1.00	1.00	-0.65
ベネズエラ	9	9	8	5	1	-7	1.75	1.56	2.75	3.90	5.00	2.25
平均	-2.85	1.65	6.2	6.9	6.7		4.26	3.52	3.21	2.88	2.97	

出典：Center [2010] および Freedom House [1998-2015] を基に筆者作成。

2000年代3.90と推移し、1990年代から2000年代にかけて自由な政治空間が損なわれた。

　もちろん、反チャベス派も手を拱いてはいなかった。その動きが特に活発となったのは、2001年から2002年に、アメリカ合衆国でのテロ事件の影響で原油価格が低迷してベネズエラ経済が揺らいだ時である。一般の人々の間でも一向に改善しない貧困や失業に対する不満が広がってチャベスへの支持

が低下し始めると、反対派の動きが活発化した。2001 年末に大統領授権法に基づいて出された反市場経済的な措置に反発した経済界も、反チャベスの動きに積極的に関与した。

　2002 年 4 月には、石油公社の幹部人事をめぐる対立に端を発して反政府ストが拡大し、軍を巻き込んだ混乱の中、反対派が一時政権を握る事態となった。だが、路線対立で反対派の結束が崩れた上に、米国など一部の外国の承認は取り付けたものの、ブラジルなど米州機構の多くの国からの承認を得ることができず、チャベス派の攻勢を前に反対派の政権は二日で瓦解した。このクーデタの失敗の後、チャベスは軍内での支配を確立する。

　さらに、2002 年 12 月から 3 か月間、石油公社を含む反対派が大統領罷免に関する国民投票の実施を求めてゼネストを決行するが、石油市場の混乱を恐れた国際社会などの働きかけもあり、ゼネストもチャベス政権を倒すことなく収束した。このゼネスト終了後、チャベスは石油公社への支配を確立し、石油収入を投じて社会救済・貧困対策事業を開始する。2003 年からは、世界経済が拡大段階に入ったことを受け、石油価格が上昇し国庫収入が潤い始める。こうした好条件に後押しされて社会救済・貧困対策事業は加速的に拡大し、チャベスへの期待と支持が回復する。

　反対派はゼネスト後、大統領罷免の国民投票の実施に照準を合わせて活動を展開したが、2004 年 8 月に実施された大統領罷免に関する国民投票では、チャベスの国民的な人気を背景に信任が多数を占めた[16]。この国民投票による信任を機に、チャベスの国内での優位は確定的となった。その勢いの中で実施された 2006 年大統領選挙では 62.8％を得票し、1998 年の初当選から数えると三回目の連続当選を果たした。こうして、自ら制定した新憲法の下で二期目の任期を務めることになった。

　他方、チャベスが大統領就任後に、当選前から一定の組織化を試みていた様々な支持組織を草の根レベルで強化・形成したことも指摘しておく必要がある。その代表的な組織がボリバル・サークル（círculos bolivarianos）である。当選前にチャベスがボリバル革命運動の下に組織化したボリバル委員会

（comites bolivarianos）に代わる組織として 2000 年に作られ、2001 年の野党との対立の中で強化された。誇張とも言われるが、公式見解では、2003 年の時点で 220 万人が 20 万のサークルに登録しているとされる。

　加えて、公有地の不法占拠を合法化する目的で作られた土地委員会や、66 万弱の人々が所属する約 1 万の生産・サービス部門関連の協同組合、その他の若者、女性、労働者、専門職業者など属性別の諸々の親チャベス組織、社会救済・貧困対策の実施を支える地域ネットワークなどが存在する［Roberts 2006: 141-143］。

　ただし、これらの組織は、各グループ内で地域レベル、全国レベルの統合組織を持つ場合もある一方で、チャベスの政党、第五共和国運動と同列に並存しており、その下部組織ではない。チャベスの下には種々の組織が並立的に乱立している状態で、異なったグループ間に有機的な連関は構築されておらず、チャベスというカリスマのリーダーシップに依拠した制度化の低い状態にある。こうした組織の存在がチャベス政治を支えた［Roberts 2006: 143-144］。

3　チャベス政治の本格的な展開と動揺

　2007 年から三期目（新憲法下では二期目）の任期に入ると、チャベスは大統領授権法[17]を改めて手にし、2005 年に初めて口にした「21 世紀の社会主義」の建設を加速化させた。

　世界経済のコモディティ輸出ブームによる好調な経済を背景に、社会救済・貧困対策事業を大幅に実施することで財政支出は拡大を続け、2006 年以降の財政支出は赤字となった。赤字分は対外債務で補填され、2012 年には公的債務残高の合計が 1,200 億ドルを記録し、政権発足当初の水準の 4 倍となった［坂口 2014: 155-156］。

　政府による国有化も本格化した。それまでは、国営企業の新規設立が多くなされる一方で国有化は大規模には実施されず、銀行などいくつかの例に限

られていた。しかし 2007 年以降は、電話、電力、製鉄、外資系の石油関連といった分野の私企業が国有化された。

　社会救済・貧困対策事業は、貧困層の減少と格差の是正をもたらした。50％を超えたこともある貧困世帯の割合は 2007 年以降に 30％を下回り、絶対貧困世帯の割合も、高かった時の半分以下である 10％を切る水準となった。政権発足時に 0.5 に近かったジニ係数も、2008 年以降は 0.4 前後の数字となった。ただし、その代償はインフレで、チャベス政権下では常に二桁のインフレを記録してきた［坂口 2014: 130, 136-137］。

　こうした社会救済・貧困対策事業をはじめとする諸政策は、権威主義化の度合いをますます強める政治の下で進められた。ただし、それは完全な統制下にあったわけではなく、その強引な政治運営が内部対立を引き起こし、チャベスの誤算を招くこともあった。チャベスは 2007 年に、前年の大統領選挙における勝利の余勢を駆って、自らが 1999 年に制定した新憲法の改正を国民投票によって実施しようとした。そこでチャベスが目指したのは、大統領の連続再選制限の撤廃と任期の延長、社会主義国家建設の明記、非常事態宣言の期限撤廃など、大統領の地位や権限の一層の強化であった。しかしさすがにこれに対しては、軍ならびに与党連合を形成していた政党の一部、また学生が反対を唱え、国民投票では改正案が僅差で否決される波乱が起きた［坂口 2008: 40-41］。それでも翌 2008 年には、満を持して大統領の連続再生制限の撤廃に関する国民投票を実施し、僅差で可決させた。

　チャベス政治が本格化する一方、民主主義体制の毀損が進んだ。ポリティ指標は 2000 年代の平均値 5 から 2010 年代には 1 に低下し、非民主主義的な性格が強まった。フリーダムハウス指標も 2000 年代の 3.90 から 2010 年代には 5.00 へと悪化し、自由な政治空間が一層狭隘となった（前出の図 3 - 3）。

　一時的な誤算を伴いつつも、全体としてはチャベスの優位が続いた情勢に変化が訪れるのは、2010 年前後からである。これには主に二つの原因があった。一つには、世界経済の動向に関連して生じた経済社会の不安定化で

ある。チャベスは、ベネズエラが歴史的に抱えてきた石油輸出に依存する経済構造を転換することはしなかった。むしろ、世界経済の拡大によるコモディティ輸出ブームを受け、それを積極的に活用し自らの政治の梃としてきた。最終的には、それが仇となって跳ね返ったのである。

図3-4 ベネズエラの主要経済指標

	国内総生産成長率（%）	年率インフレ（%）	最低賃金（USドル）	絶対貧困率（%）	貧困率（%）	失業率（%）
1990	6.5	40.7	120.63	24.00	50	10.41
1991	9.7	34.2	148.20	23.80	49	10.40
1992	6.1	31.4	113.35	19.60	46	8.72
1993	0.3	38.1	141.51	24.00	53	7.07
1994	－2.3	60.8	88.24	39.00	67	8.89
1995	4.0	59.9	51.86	31.90	61	10.26
1996	－0.2	99.9	42.05	42.50	69	11.08
1997	6.4	50.0	150.00	23.40	55.55	12.43
1998	0.3	35.8	176.99	20.30	48.98	11.28
1999	－6.0	23.6	184.90	20.15	42.80	14.52
2000	3.7	16.2	205.71	18.02	41.59	14.01
2001	3.4	12.5	204.92	16.94	39.09	13.36
2002	－8.9	22.4	137.44	25.03	48.59	15.99
2003	－7.8	31.1	154.44	29.75	55.13	18.19
2004	18.3	21.7	167.31	22.55	53.07	15.07
2005	10.3	15.9	150.00	17.83	42.44	12.24
2006	9.9	13.7	150.68	11.08	33.11	9.96
2007	8.8	18.7	107.86	9.60	28.52	8.49
2008	5.3	30.4	140.22	9.19	27.69	7.35
2009	－3.2	27.1	162.06	8.84	26.68	7.88
2010	－1.5	28.2	130.89	8.64	26.93	8.51
2011	4.2	26.1	163.66	7.01	27.39	8.20
2012	5.6	21.1	117.47	9.80	27.16	7.82
2013	1.3	43.5	46.45	11.50	29.35	7.47
2014	－3.9	57.3	28.22	23.60	48.40	6.70
2015	－6.2	111.8	11.58	49.90	73.00	7.40
2016	－16.5	254.9	7.68	51.51	81.77	20.64
2017	－12.0	657.7	4.70	－	－	26.40

出典：IMF［2017］を基に筆者作成

始まりは 2008 年のリーマンショックで、2009 年と 2010 年には経済成長がマイナスとなる。ベネズエラは 2002 年から 2003 年にかけて起こった政治対立の激化による負の影響をコモディティ輸出ブームで克服して以来高成長を記録してきたが、これに急ブレーキがかかった。2011 年には再びプラス成長に転じたものの、その後は世界経済の減速に伴う経済成長の鈍化と後退の影響を受けて景気が冷え込み、低成長とマイナス成長が繰り返されるようになる（図 3-4）。世界経済が低成長基調になる中で一国だけ好調な経済成長を維持することは難しく、石油輸出が縮小することで国庫収入が減少し、チャベス政治の軸である社会救済・貧困対策事業の大盤振る舞いができなくなった。この状況下で慢性的なインフレが人々の生活に重くのしかかった（図 3-4）。物不足も深刻化する一方で犯罪が増加し、社会経済不安が広まった。

　こうしたベネズエラ情勢に追い打ちをかけたのが、チャベス優位の情勢を変えた要因の二つ目であるチャベス自身の健康問題である。2011 年 6 月に癌を患っていることが公になり、キューバで手術を受けた後も治療のために同国を訪れる生活を余儀なくされ、大統領選挙に向けた動きが活発化していた 2012 年 2 月には再手術を受けた。同情票などもあり、2012 年 10 月に行われた大統領選挙では 55.1% を得て野党統一候補に 10 ポイント以上の差をつけて、初当選から数えて 4 回目（新憲法下では 3 回目）の連続再選を果たした。しかし前回の 2006 年の選挙の得票率 62.8% に比して明らかなように、最盛期の支持レベルからは後退した水準での再選であった。

　4 期目の政権が始まっても、チャベスはそれまでのような統治を続けることができなかった。2012 年 12 月、癌の再発が確認されたのである。これによってキューバでの治療に専念せざるを得なくなり、翌年の 2 月にはベネズエラに戻ったものの、公の場に姿を現すことはなかった。3 月初め、チャベスは死去する。

　チャベス死去を受けて 2012 年 4 月に実施された大統領選挙で、チャベスが後継者に指名していたマドゥロが当選した。マドゥロは労働組合出身の左

派活動家で、クーデタ未遂事件で服役していたチャベスを自由にする運動に携わり、チャベスの知遇を得た。1999 年から制憲議会議員、2000 年から国会議員を務め、2005 年からは国会議長となった。2006 年からは外務大臣に転じ、2012 年には 4 期目のチャベス政権の副大統領となった。チャベス死去に伴うやり直し選挙で大統領に当選したが得票率は 50.6%で、49.1%を得た野党統一候補との差は 1.5 ポイント、23 万票あまりと僅差であった。

　マドゥロはチャベス路線の継承を訴え、実施しているが、ベネズエラ情勢は悪化の一途を辿っている。経済では、景気後退に拍車がかかり、国内総生産の成長率は 2014 年以降毎年マイナスで、2016 年からは 10%台の数字である。年率のインフレも昂進し、2015 年からは三桁となっているほか、最低賃金の水準は 2013 年から 100 ドル以下、2016 年からは 10 ドルを下回っている。貧困層も増加し、失業も厳しさを増して（前出の図 3-4）、物不足や一般犯罪の増加などの社会不安も深刻化している。こうした苦境の下で、マドゥロ大統領に対する支持率は当初の 50%近いレベルから 2015 年には 20%台へと低下し、直近では 20%を切る傾向となっている［León 2016］。

　政治ではチャベス派と反チャベス派との間の対立の構図が続き、解消に向けた何らかの方向性が見出せる状況にはない。2015 年に実施された国会議員選挙では、困難な経済社会情勢からマドゥロ大統領への支持が低い情勢を反映し、与党が議席の 33%を占めるに留まり、反チャベス系が過半数を確保する結果となった。強権的なマドゥロ政権が敗北の選挙結果を受け入れた背景には、投開票過程での治安維持の責任を負った軍が、反チャベス派の過半数を超える勢いを覆い隠すことや不正などで投票結果を覆すことが困難であると判断し、結果を尊重するよう求めたことがあったとされる［坂口 2016：30-32］。それだけマドゥロ政権が苦境に立たされていることを象徴的に示したといえよう。ただし、だからといってその後マドゥロ政権が反対派に対して融和的な姿勢を示すようになったわけではなく、むしろ対決姿勢を強める方向に動いた。

　2017 年 5 月には、マドゥロは新憲法制定のための制憲議会選挙を招集す

ることを宣言する。反対派は制憲議会の実施に反発し、選挙過程への不参加を決定した。7月に実施された選挙[18]を経て、与党議員および少数の親与党系議員のみからなる制憲議会が発足したが、一方的に決定して政治、政策を進めるマドゥロ政権と反対派との対立は深まるばかりである。

おわりに：
国内の亀裂の深まりと民主主義体制の毀損

　本章では、二大政党の衰退、「アウトサイダー」による政権の掌握と既存政党の崩壊、「アウトサイダー」による政治の展開という過程に沿って、チャベス政権を中心とする現代のベネズエラに見られる「ポピュリズム」を分析した。

　チャベス登場の背景、原因としては、1950年代末に成立した二大政党制の下での民主主義体制が、約半世紀にわたり追求されてきた国家主導型の社会経済発展モデルの限界に対処できずに1980年代に入って動揺したことがあった。内部対立などの政党自身の問題や地方分権化を進めた政治制度改革、汚職問題等も民主主義体制を強く揺さぶる要因だった。

　こうした状況において、「一握りの既存政党勢力」の横暴や利益独占を強く批判したチャベスが頭角を現し、既存政党との距離のとり方に他の無所属系候補が失敗する過程を経て、中間層と下層に属する多くの有権者の支持がチャベスに漂着し、ベネズエラ初の左派政権の登場を演出した。

　政権に就いてからも、チャベスは既存勢力と民衆との間の亀裂、対立の構図を前面に出し、選挙公約に掲げていた新憲法制定を強制することで、自らの政権の長期化と強権化を目指した。チャベス派と反チャベス派の対立は激化し、反チャベス派によるクーデタなども起こった。チャベスはこうした政治闘争を制するが、その過程で、20世紀の後半にベネズエラで存続した民主主義体制は大きく毀損し、当初は支持に回っていた中間層もチャベスから離れた。そして政治と社会においてほぼ拮抗する勢力に二分される状況がそ

の後も長く続くこととなった。

　今世紀に入り世界経済の拡大に伴うコモディティ輸出ブームを背景に、チャベス政治は本格化し、権威主義の程度もより強くなった。その一方でチャベス派と反チャベス派との対立は克服の糸口を見出せないまま、その度合いを深めるだけの状態が今日まで続いてきた。

　世界経済の変調と2010年代に入っての低成長段階への移行により、チャベス政治は逆風を受けるようになる。ベネズエラの経済社会が不安定化するのにともなって、チャベスへの支持は低下した。そしてチャベス自身が病死することで、チャベスが目指した政治の継続はより不確実性を増した。チャベスが後継者としたマドゥロ政権も、混沌とするベネズエラの政治経済の今後の道筋を明確に提示できないまま、対立状況だけが繰り返される事態を招いてきた。

　チャベスは、既存政党、寡頭支配勢力と民衆との亀裂を強調し、後者の利益の代表者として自らを位置づけ、その生活向上の実現を目的として対決的・対立的な政治を展開した。その過程で、20世紀のベネズエラ政治が有していた民主主義的な多元性（pluralism）が制限され、さらに狭められる状況が発生した。チャベスはまさに、序章で示した今日頻繁に使用される現代のポピュリズムの定義を体現した政治を展開したのである。そして、その政治展開は、その後に登場したボリビアのモラレスとエクアドルのコレアが辿る道筋を示すこととなった。この点からしても、ベネズエラのチャベスは21世紀ラテンアメリカにおけるポピュリズムの典型的な事例である。

　チャベスは大統領就任後、国名をベネズエラ共和国（República de Venezuela）からベネズエラ・ボリバル共和国（República Bolivariana de Venezuela）へと変更した。「ボリバル」とは、後にベネズエラの首都となるカラカス出身で19世紀初めの南米独立の英雄、シモン・ボリバル（Simón Bolívar）である。チャベスがボリバルに心酔していたことを反映する一例である。

　そのボリバルは民主主義的（共和主義的）な理念を持っていたが、民主主

義の理想とは隔絶した現実の政治社会のあり方や厳しい国際情勢を前に理念を棚上げし、無政府状態よりは独裁を優先する現実主義の考えをとり、それを実践した。やがて政争に敗れて、その意志半ばで病死する。こうしたボリバルの人生にまでチャベスが自らを重ねていたかは不明である。しかし、「人民」や理想の名の下に、現実を前に非民主主義的な統治で理想とする目標に達しようと邁進するものの、道半ばで頓挫ないし挫折し、混乱を残す結果となるという「ボリバルの原型」をチャベスは繰り返したことになる。そしてそれは20世紀のラテンアメリカに登場した数多くのポピュリズム政治家の軌跡でもあった。

　はたして21世紀も、コレアやモラレスのように同様の事例が縷々として積み重ねられてゆくのであろうか。チャベス政治の展開がその先鞭をつけたことになるのか、今後のラテンアメリカ政治の動向を注視しなければならない。

注

1　エルナーは、フジモリに比してチャベスのほうがより組織的な広がりを持ち、左派的志向が強く、支持も下層に偏っていて、しかもその間で固い支持を打ち立てていると分析する。またロバーツは、組織性を重視するチャベスに対し、フジモリの場合は経済界など政党以外のエリートの利益に脅威とならないことから、その政治戦術の自由度を制限する組織的基盤を確保しようとする動機が生まれなかったとする。こうした見解についての筆者による批判的検証は村上［2009］を参照。

2　さらに両者は、ポピュリズムの言説と実践による分極化の程度も事例により異なり、動員の程度の違いとともに、ポピュリズム研究のリサーチクエスチョンになるとしている［De la Torre and Anson 2013: 7］。21世紀のラテンアメリカにおける「急進的ポピュリズム」の3例については Rovira Kaltwasser［2014］も参照。

3　ロバーツは政党に着目し、古典的ポピュリズムと今日のポピュリズム（新自由主義浸透後に現れたポピュリズム）との違いは、前者が労働組合などの大衆に基盤を持つ市民的結社を基盤に政党を組織したのに対し、後者は選挙の際に、高度

に分節化し広く未組織化の状態にある有権者をしばしば動員するだけであるとしている［Roberts 2013: 44, 59-60］。
4 本章で制度とは、一定の目標達成や価値実現のために、ある社会を構成する成員の間で正統と承認、共有ないし黙認されている行動定型やルール、規範、了解・合意事項のことで、公式、非公式、また成文化の有無を問わない。こうした制度は、人々の試行錯誤から自然発生的に構築される。それが制度化である。非公式な、成文化されていない制度（実践される制度）と、公式ないし成文化されている制度との間には乖離があるのが常であるが、それが大きすぎると後者は空洞化する。ラテンアメリカをふくむ途上国では、こうした乖離が大きい場合が多い。そうした制度について詳しくは村上［2004: 28-30］を参照。
5 協定の名前は署名の実施場所に因む。なお、この協定には、当初、民主共和連合（Unión Republicana Demócrata）という左翼政党も署名し、参加していたが、1962年に民主行動党政権の親米外交に反発し、協定から離脱した。
6 この組織の文字どおりの名前は独立選挙政治組織委員会（Comité de Organización Política Electoral Independiente）であるが、その信条からキリスト教社会党と通称されている。
7 ウルグアイとチリでも民主政治が維持されたが、1973年に軍事政権となった。前者は1985年、後者は1990年に民政移管する。メキシコも文民政権であったが、自由な政治参加が制限された権威主義体制で、定期的に名目的な選挙は実施されたが、与野党間の政権交替の可能性は皆無であった。メキシコが民主主義体制に移行するのは2000年である。
8 民主行動党の内部対立は、まず1960年にイデオロギーの相違から多くの若い党員が追放されたことから始まった。追放された元党員は、革命左翼運動（Movimiento de Izquierda Revolucionaria）を設立し、ベネズエラ共産党とともに武装闘争を開始する。1962年には利害対立から数名の指導者が党を離れた。1967年には、大統領候補をめぐる対立から左派系の人々が党を離れた。しかし、二大政党が政治の中枢に位置し続けたことは事実で、1960年代末にとられた左翼ゲリラの合法化措置などを経て、1970年代に入ると二大政党の優位が確立する。
9 本節以下のベネズエラの政治動向に関する記述は、幾つかの場合を除いて煩雑さを避けるため引用元を詳細に示さないが、Brading［2013］、Chaplin［2014］、Ellner［2003, 2008］、Hawkins［2010］、Mayorga［2006］、Roberts［2006, 2014］、

Smilde and Hellinger［2011］、Tanaka［2006］、Wayland［2002］などや、石橋［2006］、伊藤［2004］、河合・所［2006］、坂口［1993; 1998; 2002; 2003; 2004; 2005; 2007; 2008; 2010; 2012; 2013; 2015; 2016］、白方［1999］、新藤［2006］、ハーネッカー［2007］、林［2009］、チャベス［2004］、本間［2006］、村上［2012］などに依拠している。

10　すでに指摘したように、二大政党制は、左派急進勢力を実質的な権力から排除して政治的安定を確保してきた経緯があった。1960 年代末の左翼ゲリラの合法化（注 8 参照）以降、左派は少数勢力として存続し、1980 年代には伝統的な政治とは関係のない勢力として、非正規雇用労働者など二大政党制の利益体系から外れた人々を惹きつけた。

11　ペルーでも 1980 年代に地方分権化改革が行われたが、その内容が既存政党の権力維持の効果しか持たなかったこととは対照的であった。

12　改革主義的な軍事政権としては、ペルーのフアン・ベラスコ（Juan Velasco Alvarado）政権（1968 年～ 1975 年）やパナマのオマル・トリホス（Omar Torrijos）政権（1968 年～ 1978 年）のほか、ボリビアやエクアドルでこの頃に成立した軍事政権の幾つかの例がある。またチリでは、1970 年に左派系のサルバドル・アジェンデ（Salvador Allende）が選挙で大統領に当選し、3 年後にクーデタでその政権が潰される事件も起こった。

13　1983 年が 19 世紀初頭の南米独立の指導者シモン・ボリバル（Simón Bolívar）の生誕 200 年に当たることに因み、原語名に 200 がついている。

14　ここに示した経緯からすれば、チャベスの当選は新自由主義経済路線の結果ではない。また、新自由主義路線への批判とチャベスの当選を直接的に結びつけることもできない。約半世紀にわたり続いてきた国家主導型発展モデルの限界（序章参照）を受けて起こった既存政党への批判とその凋落という状況が大きかったのである。

15　議会がその 3 分の 2 の賛成を以て、特定の課題に関して一定期間、立法する権限を大統領に付与するもの。この時は、経済、省庁再編、犯罪についての立法権限が与えられた。

16　国民投票の結果は、信任が 59.3％、不信任が 40.7％だった。棄権は有権者の 30.1％を占めた［Nohlen 2005: 567］。

17　この時の授権法は、経済、社会、国土、科学、国防、運輸、市民参加、国家組織といった多分野に関して、1 年半という長期にわたって立法権限を認めたもの

であった。
18 公式結果では、有権者の41.5%に当たる800万人強が投票したとされるが、反対派は300万人程度だったと主張した。

参考文献

石橋純［2006］『太鼓歌に耳をかせ——カリブの港町の「黒人」文化運動とベネズエラ民主政治』松籟社。

伊藤珠代［2004］「ベネズエラ——石油レント経済の功罪」『ラテンアメリカ・レポート』21（2）: 46-58。

河合恒生・所康弘［2006］『チャベス革命入門——参加民主制の推進と新自由主義への挑戦』澤田出版。

坂口安紀［1993］「ベネズエラの経済改革と民主主義の危機」遅野井茂雄編『冷戦後ラテンアメリカの再編成』アジア経済研究所双書433、アジア経済研究所、pp. 171-202。

坂口安紀［1998］「ベネズエラの政治危機——経済自由化政策と政党政治の崩壊」『ラテンアメリカ・レポート』15（2）: 23-30。

坂口安紀［2002］「ベネズエラ4月の政変——チャベス政権と『民主主義』」『ラテンアメリカ・レポート』19（2）: 47-62。

坂口安紀［2003］「ベネズエラの政治危機とネオリベラリズム——経済社会的側面からの考察」『ラテンアメリカ・レポート』20（2）: 31-41。

坂口安紀［2004］「ベネズエラ——大統領不信任投票の行方」『ラテンアメリカ・レポート』21（1）: 57-60。

坂口安紀［2005］「ボリバル革命の検証——チャベス政権の経済・社会政策」『ラテンアメリカ・レポート』22（2）: 33-44。

坂口安紀［2007］「ベネズエラ、チャベス政権の正念場——『21世紀の社会主義』に向けて」『ラテンアメリカ・レポート』24（1）: 46-54。

坂口安紀［2008］「ベネズエラのチャベス政権——誕生の背景と『ボリバル革命』の実態」遅野井茂雄・宇佐見耕一編『21世紀ラテンアメリカの左派政権——虚像と実像』日本貿易振興機構アジア経済研究所、pp. 35-63。

坂口安紀［2010］「ベネズエラ2010年国会議員選挙」『ラテンアメリカ・レポート』27（2）: 15-28。

坂口安紀［2012］「ベネズエラ・チャベス大統領の4選」『ラテンアメリカ・レポー

ト』29（2）: 2-12。
坂口安紀［2013］「ベネズエラ『チャベスなきチャビスモ』——マドゥロ政権の誕生」『ラテンアメリカ・レポート』30（2）: 3-14。
坂口安紀［2016］「ベネズエラ2015年国会議員選挙と反チャベス派国会の誕生」『ラテンアメリカ・レポート』33（1）: 28-40。
坂口安紀編［2015］『チャベス政権下のベネズエラ』日本貿易振興機構アジア経済研究所。
白方信行［1999］「ベネズエラ大統領選挙とチャベス新政権」『ラテンアメリカ・レポート』16（1）: 11-17。
新藤通弘［2006］『革命のベネズエラ紀行』新日本出版社。
林和宏［2009］「2008年ベネズエラ地方選挙——チャベス派の『敗北』が意味するもの」『ラテンアメリカ・レポート』26（1）: 39-48。
ハーネッカー、マルタ［2007］『チャベス革命を語る』（河合恒生・河合麻由子訳）澤田出版。
チャベス、ウーゴ［2004］『ベネズエラ革命——ウーゴ・チャベス大統領の戦い、ウーゴ・チャベス演説集』（伊高浩昭訳）VIENT。
本間圭一［2006］『反米大統領チャベス——評伝と政治思想』高文研。
村上猛［2012］「チャベス・ベネズエラ大統領の逝去と今後の展望」『ラテンアメリカ・レポート』30（1）: 3-11。
村上勇介［2004］『フジモリ時代のペルー——救世主を求める人々、制度化しない政治』平凡社。
村上勇介［2009］「政党崩壊あるいは『アウトサイダー』の政治学——ペルーのフジモリとベネズエラのチャベスの比較分析」村上勇介・遅野井茂雄編『現代アンデス諸国の政治変動——ガバナビリティの模索』明石書店、pp. 161-196。
村上勇介［2017］「民主主義の揺らぎとその含意——今世紀のラテンアメリカの状況から」村上勇介・帯谷知可編『秩序の砂塵化を超えて——環太平洋パラダイムの可能性』京都大学学術出版会、pp. 57-80。

Brading, Ryan [2013] *Populism in Venezuela*. New York: Routledge.
Center（Center for Systemic Peace）[2010] "Polity IV Country Reports 2010" <http://www.systemicpeace.org/p4creports.html >（2016年10月5日アクセス）.
Chaplin, Ari [2014] *Chávez's Legacy: The Transformation from Democracy to a*

Mafia State. Lanham, Maryland: University Press of America.

De la Torre, Carlos, and Cynthia J. Anson [2013] "Introduction: The Evolution of Latin American Populism and the Debates Over Its Meaning". In Carlos de la Torre and Cynthia J. Anson eds., *Latin American Populism in the Twenty-First Century*. Washington, D.C.: Woodrow Wilson Center Press, pp. 1-35.

Ellner, Steve [2003] "The Contrasting Variants of the Populism of Hugo Chávez and Alberto Fujimori," *Journal of Latin American Studies*, 35 (1): 139-162.

Ellner, Steve [2008] *Rethinking Venezuelan Politics: Class, Conflict, and the Chávez Phenomenon*. Boulder, Colorado: Lynne Rienner Publishers.

Freedom House [1998-2015, each year] *Freedom in the World*. New York: Freedom House <https://freedomhouse.org/report-types/freedom-world> (2016 年 10 月 10 日アクセス).

Hawkins, Kirk A. [2010] *Venezuela's Chavismo and Populism in Comparative Perspective*. New York: Cambridge University Press.

IMF (International Monetary Fund) [2017] "World Economic Outlook Database" <http://www.imf.org/external/pubs/ft/weo/2017/02/weodata/index.aspx> (2017 年 10 月 20 日アクセス).

León, Luis Vicente [2016] "Interview of the author with Luis Vicente León, president of the Venezuelan public opinion research company," *Datanalisis* (2016.10.26, Kyoto).

Mayorga, René Antonio [2006] "Outsiders and Neopopulism: The Road to Plebiscitary Democracy." In Mainwaring, Scott, Ana María Bejarano, and Eduardo Pizarro Leongómez eds. *The Crisis of Democratic Representation in the Andes*. Stanford: Stanford University Press, pp. 132-167.

Nohlen, Dieter (ed.) [2005] *Elections in the Americas: A Data Handbook Vol. 2 South America*. London: Oxford University Press.

Roberts, Kenneth M. [2006] "Populism, Political Conflict, and Grass-Roots Organization in Lain America," *Comparative Politics*, 38 (2): 127-148.

Roberts, Kenneth M. [2013] "Parties and Populism in Latin America". In Carlos de la Torre and Cynthia J. Anson eds., *Latin American Populism in the Twenty-First Century*. Washington, D.C.: Woodrow Wilson Center Press, pp. 37-60.

Roberts, Kenneth M. [2014] "Populism and Democracy in Venezuela under Hugo

Chávez". In Cas Mudde y Cristóbal Rovira Kaltwasser, eds., *Populism in Europe and the Americas: Threat or Corrective for Democracy?* New York: Cambridge University Press, pp. 136-159.

Rovira Kaltwasser, Cristóbal [2014] "From Right Populism in 1990s to Left Populism in the 2000s—and Back Again?" In Juan Pablo Luna y Cristóbal Rovira Kaltwasser eds., *The Resilience of the Latin American Right.* Baltimore: Johns Hopkins University Press, pp. 143-166.

Rueschemeyer, Dietrich, Evelyne Huber Stephens and John D. Stephens [1992] *Capitalist Development and Democracy.* Chicago: University of Chicago Press.

Smilde, David, and Daniel Hellinger eds. [2011] *Venezuela's Bolivarian Democracy: Participation, Politics, and Culture under Chávez.* Durham: Duke University Press.

Tanaka, Martín [2006] "From Crisis to Collapse of the Party Systems and Dilemmas of Democratic Representation: Peru and Venezuela". In Mainwaring, Scott, Ana María Bejarano, and Eduardo Pizarro Leongómez eds., *The Crisis of Democratic Representation in the Andes.* Stanford: Stanford University Press, pp. 47-77.

Weyland, Kurt [2002] *The Politics of Market Reform in Fragile Democracies: Argentina, Brazil, Peru and Venezuela.* Princeton: Princeton University Press.

第 2 部　米国と東欧のポピュリズム

第4章

21世紀のアメリカのポピュリズム

大津留（北川）智恵子

はじめに

　アメリカの第45代大統領ドナルド・J・トランプは、2017年1月の就任演説で、アメリカ政治がグローバル化の流れに恩恵を受けるエリートにより牛耳られており、それを自ら草の根の人びとのもとへと引き戻していくと宣言し、選挙戦で繰り広げてきたポピュリズムの響きのあるメッセージを改めて口にした。「我々の雇用を取り戻す。我々の国境を取り戻す。我々の豊かさを取り戻す。そして我々の夢を取り戻す。（中略）アメリカの製品を買って、アメリカ人を雇うという、二つの簡単な法則を守っていく」［Trump 2017］。トランプは選挙戦でこうした「アメリカ第一主義」を掲げることにより、従来は民主党支持母体であった白人労働者の間にヒラリー・クリントン候補への不信感を広め、逆に自らを支持する環へと彼らを惹きつけることに成功した。
　大統領候補のトランプは、エリートによる既成政治への敵対感情をアメリカの有権者の間に巻き起こした。アメリカの歴史が繰り返し経験するこうした感情は、一般にポピュリズムと称される。トランプに一票を投じた人びとの心の中には、グローバル化が抑制できない勢いで進むことへの不安や、多

様な地域から押し寄せる移民が自分たちの利益を奪っているに違いないという憤りなどが存在した。同じ時期にイギリスは国民投票によってEU脱退を選択し、またヨーロッパ大陸ではポピュリスト政党が躍進するなど、ポピュリズムの興隆は世界的な共時的現象として論じられている。

　しかし、本書で取り上げられているアジア、ヨーロッパや中南米の事例とアメリカの事例とでは、ポピュリズムを生み出してきた条件や、またそれが果たしてきた政治的な役割は同一ではない。建国期より二大政党制が確固たる枠組みを作ってきたアメリカ政治では、19世紀後半に第三政党として生まれた人民党（People's Party）が、今日までポピュリズムという名称の出自となっている。人民党はそのまま二大政党の一つに置き換わることなく力を弱めたが、その主張は社会改革を目指す革新主義の政策の中に取り込まれていった。

　ポピュリズムはその後も既存政治に抗する形で生まれたものの、独立した勢力として継続することは少なく、その訴えは二大政党のいずれかの内部勢力として取り込まれてきた。しかし、アメリカの既存政治が何らかの不満をきっかけに勢いを増すポピュリズムに対抗するのではなく、むしろ内側に取り込もうと自らの枠組みを拡大する形で対応したことは、往々にして大衆迎合という否定的な見方をされてきた。

　現在のアメリカ政治で勢いを増すポピュリズムを分析する上でもう一つ留意が必要なのは、その中心に座すトランプがどこまでポピュリズムを体現しようとしているのか、見通せないことである。トランプ大統領誕生の背景については、本書に先立つ『秩序の砂塵化を超えて』の中で説明を加えた［大津留 2017: 161-164］。実際に発足したトランプ政権の運営が共和党主流派と合致しないことは想定通りであるものの、共和党内でポピュリズムの代表を自任してきた連邦議員との間でも、政策の方向性においてトランプとの食い違いが見られる。非難ばかりで政策的な具体性に欠けたり、自身の理念を離れて得意とする取引（ディール）を民主党議員と試みてみたりするトランプ大統領にとって、ポピュリズムとは集票効果を狙って人びとと繋がっていく

便宜的な手段にすぎなかったのではないかとの疑問すら生ずる。

　本書が検討を加えている世界の各地域でのポピュリズムの興隆の動きの中で、今日のアメリカにおけるポピュリズム再燃をどのように理解すべきだろうか。本章では、ポピュリズムをいったんアメリカの政治史の文脈に置き直して検討し、その上で国際的な枠組みにおけるアメリカのポピュリズムの意味について探っていきたい。

1　アメリカとポピュリズムの親和性

（1）　二大政党制の中でのポピュリズム

　アメリカにおいてポピュリズムという名称が使われる端緒となったのは、19世紀後半に生まれた人民党という第三政党であった。アメリカはその建国期において、ヨーロッパにおける政争を反面教師としながら、政治が党派の対立によって分裂することで国力が削がれることを避けようとした。しかしながら、アメリカをどのような国家として形成するのかという議論をめぐり早くも大きな対立が生じ、中央政府に力を集約しようとする連邦派と中央への権力集中を懸念する反連邦派に二分した。憲法には政党という名称は記されなかったものの、憲法制定時点で党派性を超越することに失敗したアメリカでは、今日の政党制の原型が既に形成されていた。

　合衆国憲法には、それでも国の政治が細分化してしまうことを防ぐために、いくつかの仕組みが取り入れられている。その一つが、大統領選挙を直接選挙とするのではなく、大統領選挙人団の選出を通した間接選挙にし、それぞれの州からの大統領選挙人が選ばれる手続きを勝者総取り方式にするものである。現在でも2州を除いて採用されているこの方式を経由することで、一般投票で実際に全国の有権者が候補者に投じた票が僅少差となった場合でも、表面的には勝者側が圧倒的多数により選ばれたように見え、大統領に全国を代表する政治家としての正統性を与えることができる。

　また、選挙区ごとに一人の議員を当選させる小選挙区制度が、連邦政府を

始め多くの政治レベルで取られていることも、そうした仕組みの一つである。小選挙区制度では二項対立が作られやすく、個別の選挙区にある多様な利害が全国的には大きな分断線を挟む二者の対立構造へと収斂されることで、二大政党制を支える効果を持ってきた。そのためアメリカにおいては、たとえ第三政党が生まれたとしても、それが二大政党と並んで長期に存続し続けることを難しくしてきた。もっとも、個別の争点が重要となる州政府以下の首長選挙においては、第三政党の候補が善戦する事例は多数見られるし、小選挙区制ではなく全域一区の選挙を行う地方議会においても、全国的な政党とは切り離された形で利害が代表される場合もある。

連邦政治では今日まで二大政党制が維持されてきたわけだが、中心をなす対立軸はその時々の主要な争点とともに変化してきた。そのため、建国期から19世紀半ばまでは、柱を成す政党が二つであることは変わらないものの、その顔ぶれそのものは時とともに変動していた。現存の政党で最も古くから継続している民主党は、一党支配体制にあった民主共和党の内部対立を原因に分裂し、1828年より現在の政党名を名乗るようになった。それ以降、民主党という外枠は一貫して維持されたものの、19世紀半ばには奴隷制をめぐり南部民主党と北部民主党が分裂したり、再建期以降も20世紀後半まで軍事やイデオロギー問題について南部民主党が共和党との間で保守連合を組むなど、その実態は大きな揺れを経験してきた［大津留 2017: 144-145］。

他方の共和党は、19世紀半ばにさまざまな第三政党が形成されては消滅する、政治勢力の組み替えの中で誕生している。民主共和党から民主党が生まれた際、それと対立する全国政党として生まれたのがホイッグ党であった。ところが、当時のアメリカは西部へと国土が拡大している時期で、新たに準州として加わる地域に奴隷制度が適用されることに反対した北部の民主党やホイッグ党の一部が、奴隷制のない自由な土地（フリーソイル）を目指してそれぞれの帰属政党を離れた。こうして1848年に形成されたのがフリーソイル党で、独自の候補を立てて大統領選挙に臨んだ。

しかし、既存の二大政党の勢力を削ぐ形で新たな分断線を形成したフリー

ソイル党は、奴隷制に反対する勢力を全国的に浸透させることができず、1852年の大統領選挙ではその勢いが停滞した。またホイッグ党に留まった議員の中でも、南部議員は奴隷制賛成の民主党の立場に同調するなど、ホイッグ党そのものの弱体化も進んだ。そうした中で、1854年にカンザス・ネブラスカ法が成立し、奴隷制度が準州へとさらに拡大する可能性が高まったため、これに抗する形で新たに第三政党として結成されたのが共和党であった。その後、勢力を失うホイッグ党や南北が対立する民主党から、奴隷制に反対する政治家が結集し、さらにフリーソイル党などの第三政党をも吸収する形で共和党は力を伸ばした。こうして1860年の大統領選挙を境に、民主党と並ぶ二大政党の座には新たに共和党が定着することとなった。

もっとも、初めての共和党大統領としてリンカーンが当選した1860年の選挙では、分裂した民主党が南北で別々の候補を立てたことに加え、第三政党の候補も加わる形で票が分散されたことが、共和党に幸いした。リンカーンは獲得した選挙人票では圧倒的に優位ではあったものの、一般投票では南北の民主党候補に投じられた票を合わせた数には及んでいなかった。つまり、従来の二大政党の一つであるホイッグ党に置き替わる形で共和党の地盤が拡大したというだけではなく、二大政党制の一方の軸が内部分裂して揺らぎを見せたことも、共和党が新たな政党として足場を固める上で有利に働いていたことがわかる［American Presidency Project n. d.］。

しかし、新たな政党が既存の二大政党に置き換わる形で政党再編が行われるのはこれが最後となり、以降は第三政党が出現することはあっても、民主党、共和党という組み合わせのままアメリカの二大政党制は今日に至った。連邦議会において二大政党以外の議員が当選することはあるものの、議会内で影響力を持とうとすると二大政党のいずれかに与し、その政党の議会内組織の中で役職や発言の機会を得る形が取られてきた[1]。

他方、大統領選挙においては、毎回必ず多数の第三政党候補が出馬している。こうした候補はほとんどの場合、二大政党間の争いには影響を及ぼさない泡沫候補だが、時として第三政党の候補が大候統領選挙の結果を大きく左

右することがある。その一例が、二大政党のいずれかから出馬を目指していた候補が、党内の競争で対立候補に敗れたために、新たな政党を設立して立候補する場合である。あるいは二大政党に所属したことのない候補が、第三政党を創設して立候補する場合であっても、その候補の主張が二大政党のいずれかの支持者を大いに惹きつけるような場合は、その主張と競合する既存政党の候補は、たとえ二大政党という枠組みの後押しがあっても形勢が不利になり得る。

　前者に当たるのが、セオドア・ローズベルトが出馬した1912年の選挙である。ローズベルトはウィリアム・マッキンリー大統領の暗殺後に副大統領から昇格し、大統領を2期務めた後、3選目には立候補しないというワシントン大統領以来の慣例に従って、閣僚であったハワード・タフトにその座を譲った。しかしタフトの施政に満足できず、1912年に再び共和党の大統領を目指して出馬を試みた。自党の現職大統領に挑戦する形での立候補となったため、共和党の全国大会ではさすがに支持を得ることができなかった。そこでローズベルトは革新党という第三政党から出馬することを選んだ。

　そもそも共和党に基軸を置くローズベルトは、前大統領という強みもあり、一般投票で27.4％を獲得した。逆に前大統領の挑戦を受けたタフトは、一般投票の得票では23.2％と、ローズベルトを下回る票しか得られなかった。こうした分裂の結果、ローズベルトとタフトの一般投票の票数を合わせれば過半数に達するものの、実際に選挙結果を決める選挙人団の過半数を得たのは民主党のウッドロー・ウィルソンであった。つまり、大統領として当選はしたものの、ウィルソンは一般投票の41.8％しか獲得できていなかったのである［The American Presidency Project n. d.］。

　党内の分裂に起因して生じた第三政党とは異なるものの、1992年の大統領選挙も第三政党が大きな影響を及ぼした一例である。共和党のジョージ・H・W・ブッシュ大統領が2期目を狙う選挙であったが、政治家としての経験を全く持たない実業家ロス・ペローが、政策への不満をもとに無所属として出馬した。ペローは大統領選挙人を一人も獲得できずに終わったものの、

一般投票の得票は18.9％まで伸ばした。共和党との繋がりが強かったペローが善戦したことは、その分ブッシュ大統領の支持層から票を奪う結果となり、ブッシュは一般投票の37.5％しか獲得できなかった。他方、民主党のビル・クリントン候補は一般投票では43％と過半数に満たなかったものの、対立候補の二人が共和党を支持する人びとの票数を分割したことで、当選を後押しされる結果となった［Federal Election Commission 1993: 9］。

　このように、19世紀半ば以降の大統領選挙において有力な第三政党の候補が出馬した際、新たな対立軸に沿って政党の再編が行われるというよりも、むしろ既存の二大政党のいずれかの候補の票を奪うことで、もう一方の政党の候補を利する役割を果たしてきた。しかし、二大政党の顔ぶれに変動がなかったからといって、実質的に政党の再編が行われてこなかったわけではない。例えば、1930年代のニューディール連合の形成は、民主党と共和党という政党の外枠が固定された中で、各政党を構成してきた内部集団が組み替えられる形で進行した。あるいは南北戦争以降民主党の一党支配が続いていた南部では、保守派議員は民主党として選出されながら共和党と結託して保守連合を形成してきた。それが20世紀後半になって、共和党候補でも南部で当選することが可能になると、保守連合が消滅して両党内部の同質化が進んだ。こうした変化も、二大政党の内側が変化しながらも、外枠が堅固に維持されてきたことを示している。

　こうしてアメリカの政党制の変転を概観すると、次の二つの特徴が見えてくる。アメリカ社会の多様な政治的議題をめぐる対立軸は必ずしも一つには収斂しないが、憲法が組み込んだ仕組みは、個別の案件を訴えて社会を細分化する扇動的な政治家が生まれることを妨げる働きを示してきた。誰もがどこかで何らかの妥協をしながら一つの大きな対立軸を保つことが、アメリカ社会の細分化を妨げるためにも試みられてきたと言える。しかし、二大政党が提供する選択肢に人びとが満足できない場合、時として第三政党がそうした安定的な仕組みに穴をあける起爆剤として機能し、静的な二大政党制に異議申し立てを行ってきた。一般にポピュリズムと称される政治現象は、アメ

リカ政治史においては、こうした既存政治の確固たる枠組みへの異議申し立ての運動として捉えられるものである。

（2） ポピュリズムの興隆

ここでアメリカのポピュリズムの名称の起源とされる人民党の設立に立ち戻ってみることにする。19世紀後半に人民党という第三政党が生じた背景にあった政治状況と、ポピュリズムという名称を与えられた運動が、その中で持ち得た意味について考えてみたい。

人民党が設立されたのは1891年で、南北戦争後の国家再統一も一段落し、アメリカの都市では産業化が進む時期であった。同時に、未開拓地に進出するというすき間を持ちながら発展してきたアメリカ社会が、そうしたフロンティアの消滅する段階に達し、新たな発展のあり方を模索する時期でもあった。人民党の主な支持基盤となったのは農民であったが、その内側は南部では綿花農家、中西部では小麦農家と、実際には異なる利害を反映していた。それでも、農家が必要とする物資の市場価格が上昇する一方、農産物の価格は相対的に低下するという現象が続いたことで、生産物の違いを超えた共通の問題を形成していた。こうした農家の逆境の原因を作っていたのが、連邦政治に影響力を持つ銀行家や土地所有者、そしてエリート層であると考えられ、それに対抗しようとする動きとして人民党支持が広まっていった。

1892年にネブラスカ州オマハに集結して発表された人民党の党綱領は、オマハ綱領（The Omaha Platform）と呼ばれる。その中には、国立銀行の廃止、累進所得税の導入、アメリカ合衆国上院議員の直接選挙制、公共事業の改革、1日8時間労働制、鉄道、電信、電話など州の範囲を超える事業における連邦政府による規制の導入などの要求が盛り込まれていた。人民党から同年の大統領選挙に出馬したジェイムズ・ウィーバーは、民主党が一般投票の46％、共和党が43％とそれぞれ過半数を切る得票率に留まる中、8.5％を獲得した。全国的にはとても二大政党に対抗できる票数には及ばなかったものの、中西部を中心として、カンザス州（10）、コロラド州（4）アイダホ

州 (3)、ネヴァダ州 (3)、ノースダコタ州 (1)、オレゴン州 (1) で大統領選挙人を 22 人獲得することができ、特定の地方に地盤を持つ政党としてその勢いを示した。

　もっとも、人民党が大統領選挙で勢いを示したのはこれが最初で最後となった。その崩壊の要因が銀貨自由鋳造の問題である。1890 年前後に州に昇格して連邦で議席を獲得した西部 6 州において、銀貨鋳造を支持する運動が盛んであったことに加え、1893 年の不況からの出口を求めて銀貨自由鋳造支持が拡大した。人民党の内部でも従来のオマハ綱領を踏襲する立場は少数派となり、銀貨自由鋳造で支持を拡大しようとする考えが多数派を形成した。結局、1896 年の選挙では独自の候補を立てることができず、民主党のウィリアム・ジェニングス・ブライアンを支持することで、政党としては全国政治から姿を消すこととなった。

　それでも人民党の主張そのものは、民主党が社会的な弱者である農民や労働者を代表する党へと改革される過程に反映され、その後の政策へと継承されていった。西部史の歴史を記したフレデリック・ジャクソン・ターナーは、人民党の支持を受けたブライアン大統領がその政策に反映していった民主主義だけでなく、労働運動家のユージン・デブスが主張した社会主義、そしてセオドア・ローズベルト大統領が掲げた共和主義などは、いずれも政府が人びとのために企業活動に規制を行う必要を説くもので、人民党がそうした運動の預言者の役割を果たしていたと述べている［ターナー 1973: 311］。

　このように、人民党の特徴を既得利益との対抗関係において理解するならば、ポピュリストという名称を用いないまでも、それまでのアメリカの政治に同じような傾向を持つ動きがあったことがわかる。こうした継続性からポピュリズムをアメリカ政治史に位置づけて論じたリチャード・ホーフスタッターは、人民党の興隆を歴史の流れから切り離された個別の現象とみなすのではなく、むしろそこには「アメリカの政治文化に風土的というべき一種の大衆的衝動」が存在すると考えた。そうした衝動とは人民党以前のアンドリュー・ジャクソン大統領の時代から一続きをなす思想の流れを成しており、

人民党の消滅後もさらに革新主義にまで繋がるものであると分析している[ホーフスタッター 1967: 2-3]。この分析で指摘されるのは、中央対地方、エリート対民衆、外来対土着という異なる要因から生まれる対立軸を、ポピュリズムという大きな流れが包摂していたという現象である。その意味では今日のトランプ現象が複数の対立軸を包摂しているという状況に通じるところがある。

もっとも、ホーフスタッターがポピュリズムの流れの起源とするジャクソン大統領は、ポピュリストを自任するトランプ自身が自らに重ねて引き合いに出すものの、第三政党を代表する大統領ではなかった。それまで一党支配の状態となっていた民主共和党の民主化を目指す過程で、ホイッグ党と分立して民主党を設立した大統領である。貴族ではなく平民出身の大統領として初めて選出されたことや、白人男性の普通選挙を全国で実現するなど、反エリートの立場を取ったことでポピュリズムへと繋がる時代を代表するものの、ジャクソン自身は既存政治の外側から権力に挑戦したわけではなかった。

社会が求める改革が既存政治の枠組みの内側から生じない場合に、それを外から要求するのがポピュリズムの役割であると考えるならば、アメリカの歴史において同様の現象は再燃を繰り返してきたと言える。こうしたアメリカのポピュリズムの研究者であるマイケル・ケイジンは、代表的な著書の中でポピュリズムの役割をこう論じている。「アメリカが依って立つ信念に関わり、誰もがそれを守らなくてはならないという意味で、アメリカのポピュリズムは分裂させながらも結びつけるものである」[Kazin 1995: 2]。

ポピュリズムに分裂と同時に建設的な意味をも見出すケイジンは、2016年大統領選挙においてポピュリズムのうねりを引き起こしたとされるトランプ自身の考えが、アメリカのこうした伝統的なポピュリズムに属するものとは考えていない [Kazin 2016]。もちろんポピュリズムが何を代表してきたのかを分析する論考は、分析者が位置するそれぞれの時代の社会構造とともに変化してきた。その時代において既存政党の代表性をどのように認識する

のかという主体の立ち位置が、ポピュリストの位置づけを相対的に規定してきたと言ってもよいかもしれない。

19世紀後半のアメリカは、都市化が進む中で農村地域が急激に没落していくという緊張感と不安があり、またアメリカに流入する移民の出身国が多様化することで、アメリカ社会の人口構成もワスプ（白人・アングロサクソン・プロテスタント）から、それ以外の人びとを含む幅広いものへと変化していく過程にあった。こうした社会の大きな変動の様子は、次節で検討する今日のポピュリズムの背景にある構図と共通していることがわかる。

このように歴史的文脈で繰り返しポピュリズムに政治的な役割を見出してきたアメリカにおいて、今日展開されているポピュリズムはどのように理解されるべきなのだろうか。多くの白人労働者階級の人びとが、自らをトランプに重ね合わせることで手にしようとしたものは何であったのだろうか。次節でそれについて探ってみたい。

2　21世紀のポピュリズムの特徴

（1）　継続する課題

19世紀後半のアメリカで、主たる生産の場が農村から都市へと移行することで、自らの生産財の価値が低下することを憂いた農民が起こしたポピュリスト運動は、20世紀後半からのアメリカにおいても場面とアクターを置き換えて繰り返されていると言える。第二次世界大戦後の国際秩序の一つの柱は、戦争の背景となった閉ざされた市場の再現を防ぎ、障壁を設けず自由に財が動き得る経済であった。それはブレトンウッズ体制と称されるように、まさにアメリカの経済的な力を背景にして構築され、アメリカが世界に対して参加を求めていったものである。

しかし、モノ、カネ、ヒトの自由な動きはアメリカ経済の特定分野を利することになった一方で、他の分野を厳しい競争に直面させるものだった。そのため、時としてアメリカは自由に動くはずの経済の流れに自ら障壁を設

け、自国の産業を守る行動に出ることもあった。中でも党の設立時より常に弱者の利害を代表してきたと自負する民主党にとって、労働者は重要な支持基盤であった。ニューディール連合以来1980年代に至るまで、議会の多数派を形成し続けた民主党は、時に大統領の意向と対立しながらも、国外からの競争にさらされる労働者の立場を守るための立法を行ってきた。その中には、安い輸入品による不利な競争が生じることを妨げるべく、さまざまな分野での輸入規制も含まれた。繊維、鉄鋼、自動車という分野で日本との間で次々と生じた貿易摩擦も、こうしたアメリカ社会の自衛の現れとも言える。

しかし、アメリカが推進する経済自由化の流れの中で、関税を始めあらゆる障壁の撤廃が世界的に進められると、アメリカ自身が国内市場の自衛手段を取り続けることには無理があった。そこで国内の雇用を守る新たな手段として、モノの流れを留めるのではなく、その流れの中でアメリカの財が活用される状況を作ろうとした。1981年に提出された、アメリカ製の部品や労働力を換算して一定のアメリカの国内製造率（local contents）を求めた法案もその一つである。立法化には至らなかったものの、法案をめぐる議会での攻防は、アメリカ市場に輸出していた外国企業への警告となり、アメリカでの現地生産化を促すことになった。こうして、表面的には自由経済の秩序が維持されながら、実際にはアメリカの労働者の利益を守る施策が試みられたのである。

もっとも、自由な経済の動きは、単に外から中への方向で生じるだけではなく、中から外への動きも生んだ。アメリカ国内で高い賃金体系や厳しい環境基準が求められると、企業は活動の場を国外へと移すようになる。それでもアメリカ国内に留まった産業と言えば、飲食、医療、教育、娯楽などの対人的なサービス業やアメリカを現場とする建設業、そしてアメリカが比較優位を持つ情報産業であった。このように、第3次産業の比率が高まる形でアメリカ経済の構造変化が生じた。

こうした構造変化の中で、国内に残った産業分野で労働者の賃金体系を守るために、安価な賃金で働く移民労働者、特に規制の枠を免れた非合法滞在

者が労働市場に参加して労働環境を悪化させないように、アメリカ生まれの労働者は移民問題に対して厳しい姿勢を取った。これはまさに、19世紀末に移民労働者がスト破りに使われ、労働条件の改善を妨げる役を担わされたことで、アメリカ人労働者との間に利害対立が生まれたという過去の構図が繰り返されているようであった。

　さらにヨーロッパが域内市場を統一する流れの中で、アメリカでも国境で市場を遮るのではなく、近隣へと自由貿易圏を広げることが求められた。1980年代に共和党政権下で交渉が始まっていた北アメリカ自由貿易圏協定（NAFTA）は、ブッシュ政権末期に署名された後、民主党のビル・クリントン大統領のもとで実施にあたって議会の支持を求めることとなった。しかし、労働環境の悪化、環境問題への影響を懸念する民主党議員からの支持が伸びず、結局NAFTA実施法案は、下院では賛成票234（民102、共132）に対して反対票200（民156、共43、独1）、続く上院では賛成票61（民27、共34）に対して反対票38（民28、共10）と賛否の分かれる中で可決された［PL103-182］。

　民主党議員の多くが反対する中、共和党議員の賛成を得ることで実施が承認されたNAFTAは1994年に発効した。反対派の懸念に対応するため労働者の保護と環境問題に関わる規制が補足協定として盛り込まれたものの、原則としてアメリカ、カナダ、メキシコの間でヒト、モノ、カネが自由に移動できる状況へと移行することとなった。その結果、アメリカ企業にとっては、国内で安価な労働者を用いて生産するよりも、労働単価が低いだけでなく、企業に対する規制も緩やかな国へと生産の場を移すほうが合理的な選択となった。

　こうした経済のグローバル化を受けて、2016年の大統領選挙でも、トランプ候補がバラク・オバマ大統領の締結した環太平洋パートナーシップ協定（Trans-Pacific Strategic Economic Partnership Agreement, TPP）をめぐり激しく攻撃する中、対するヒラリー・クリントン候補も自党の大統領が推す政策でありながらTPPを支持しない立場を示した。しかし、トランプがア

メリカの労働者の苦境の根源として、攻撃の対象をTPPからNAFTAへとさらに遡り、その交渉のやり直しを主張すると、クリントン候補はNAFTAを推進した大統領である夫の判断をめぐり、難しい立場に置かれることとなった。NAFTA制定時のクリントン大統領は、NAFTA補足協定の署名にあたり、「まずNAFTAは雇用を意味する。アメリカ人の雇用、それも高賃金での雇用である。もしそう確信していなければ、私はNAFTAを支持していなかった」と述べていたのであった［Clinton, B. 1993］。

後述するように、現実がそうならなかったことを実感した白人労働者こそが、従来の民主党支持層の中からトランプ候補支持にまわる集団となった。前回2012年の大統領選挙の共和党候補ロムニーの支持率と比べ、2016年の選挙でトランプの支持率が増大した地域は、まさにこうしたグローバル化の波に取り残された労働者階級の集住地域や、高齢化が進む農村地域であった（図4-1）。

ところが、グローバル化がさらに進展するとともに、アメリカ国内における労働者の利害をめぐる議論そのものにも、従来の政治的立ち位置からの変容が見られるようになった。例えば、1990年代までは移民労働者、特に非合法滞在者がアメリカの労働者の賃金低下をもたらしているとして、移民排除の運動を繰り広げていた労働組合が、非合法滞在者にも組合員資格を拡大する方向へと変化した。つまり、労働者の間に線を引き差別化をすること

図4-1　地域別のトランプ支持（2016年）とロムニー支持（2012年）（％ポイント）

地域の特徴	トランプ支持	ロムニー支持	増減
高齢化農村地	54.5	37.2	17.3
労働者階級地域	46.2	29.4	16.8
中西部非都市部	28.5	12.3	16.3
福音派集住地	50.5	39.4	11.1
中高齢化地域	22.2	13.2	9

出典：American Communities Project ［2017］.

で、旧来からの労働組合員の権利を守るというゼロサムの発想ではなく、非合法滞在者を含めた労働者全体の利害を守ることで、賃金体系の底上げを図るポジティブサムの方向に転換したのである。これは特にその労働市場がアメリカ国内に留まる業種、すなわち対人的なサービス産業や国内での建設業などにおいて明確に見られた傾向である。特に、移民労働者との利害対立を先頭に立って主張していたサービス業労働組合（Service Employees International Union, SEIU）が、自らの組合員として非合法滞在者をも受け入れるようになったことは、SEIU が代表する労働者の利害そのものが変容したことを象徴する動きであった［SEIU n.d.］。

グローバル化はアメリカを総体として利すると論じられるものの、実際の富の配分は平準化されず、むしろ労働者の中での二極化を進めることとなった。そして社会の内側でこうした格差が広がることを許容しているのが、政治的エリートたちであるという認識が、今日広がるポピュリズムの背景にある。これまで労働市場の中核をなしてきた製造業の労働者は、生産の場が国外に流れ出ることだけでなく、外から労働者が流れ込むことで職場が奪われることにも危機感を持っていた。そうした状況の中で、トランプの選挙運動が、国境管理が徹底されていないため国境線を超えて次々と不法移民が入り込んでいる、という非難を展開したことで、ますます現状への不満を増すこととなった。

選挙戦が繰り広げられた 2015 年から 2016 年にかけて、実際にはアメリカの経済は底上げされ、貧困率は低下していた。その中でも貧困問題に深刻に直面し続けていたのは、白人よりもむしろアフリカ系やヒスパニックの集団であったと言える。しかし、貧困率の学歴別の数値に着目すると、義務教育である高校を卒業できなかった人びとの間での貧困率は、25％前後という非常に高い割合となっていることがわかる（図 4-2）。この集団には、マイノリティだけではなく白人労働者階級の人びとも含まれているのである。

トランプの選挙運動と並行してアメリカで売り上げを伸ばした本に『ヒルビリー・エレジー』［ヴァンス 2017］という著作がある。これは、労働者階

図 4-2 属性による貧困率の違い（％）

調査年		2015	2016
全人口		13.5	12.7
性別	男性	12.2	11.3
	女性	14.8	14
人種・エスニック集団	白人（非ヒスパニック）	9.1	8.8
	アフリカ系	24.1	22
	アジア系	11.4	10.1
	ヒスパニック	21.4	19.4
年齢	18歳未満	19.7	18
	18〜64歳	12.4	11.6
	65歳以上	8.8	9.3
出生地	アメリカ生まれ	13.1	12.3
	帰化市民	11.2	10
	外国籍	21.3	19.5
学歴	高卒未満	26.3	24.8
	高卒	12.9	13.3
	大学中退	9.6	9.4
	大卒以上	4.5	4.5

出典：US Census［2017］より筆者作成。

級地域（図 4-1）に分類されるアパラチア山脈地域で育った著者が、自分たちの力ではどうしようもない社会変動が起こる中で、豊かさから取り残されていく白人労働者階級の人びとの姿を内側から描き出したものである。「ヒルビリー（Hillbilly）」と呼ばれる白人労働者階級は、親や祖父母の代から受け継いだ、家族を大切にし、生まれた土地を大切にするという価値観を尊びながら、大きな力の前で無力感に苛まれている。真面目に生きているのに社会から切り捨てられるという、アメリカの原則とされる自己責任では到底説明できない状況への不満と不安を感じていた。トランプのポピュリスト的発言は、そうした行き詰まり状態の中で敵が誰であるかを示してくれるように

聞こえ、ヒルビリー達の心に受け入れられていったのである。

　そして、こうした敵探しの文脈において特に標的とされたのが、非合法にアメリカに滞在し、そのために最低賃金以下の条件でも働き、アメリカの労働者の賃金を下方に引きずりおろしていると批判されるヒスパニック移民である。ヒスパニックの主たる出身地はメキシコやそれより南の地域である。これらの国ぐにから、国境を越えて非合法に入国する人びとが続くので、アメリカ人の利害が損なわれている。こうした論理でトランプ候補が主張したのが、メキシコ国境に沿った堅固な壁の建設であった。

　実は米墨国境の一部には既に金網のフェンスが張られており、付近の警備も実施されている。さらにオバマ政権下で、国外退去対策の重点が内陸部から国境地域へと移されただけでなく、検挙した非合法入国者を従来のように記録が残らない自発的退去とする代わりに、強制送還として措置する件数を増やした。強制送還の記録が残ると将来の合法的入国が難しくなるため、非合法な入国が試みられることを抑止する効果を狙ったのである。実際オバマ政権初年度の 2009 年度と 2016 年度とを比較すると、国境での強制送還が約 20.8 万人から約 27.9 万人へと増加したのに対し、内陸部では約 18.2 万人から約 6.5 万人と大幅に減少していた [Chishti, Pierce, and Bolter 2017]。

　さらに言うと、現在金網のフェンスがない場所は、そこに広がる砂漠に命を奪われかねない入国には不向きな場所であり、新たな壁の建設で阻止できる非合法入国者の数は微々たるものである。それにもかかわらず、国境線に堅固な壁を築くというトランプのメッセージは、移民に反対する人びとや国境地帯で常に非合法移民問題に対峙する人びとの間では、望ましい対策がようやく提示されたという安堵感へと繋がったのだった。

　こうした国境の壁をめぐる議論は、イスラエルがパレスチナ人居住区を取り囲むように建設した隔離壁と、そこに浮かび上がる差別構造を彷彿させる。アメリカは長い時間と経験を経て、20 世紀後半に人種差別を政治的に正しくない（politically incorrect）ものと判断するに至り、それを乗り越えるための政策がとられるようになった。特に、多文化な社会構成員が互いに

平等であると、人びとが心の中で自然に考えられるような教育も行われてきた。ところがトランプの言動は、政治的に正しくないとして忌避されてきた差別意識を抱き、それに基づいて行動することが、アメリカ社会において再び正当化されることを促した。トランプの当選以降ヘイトクライムが公然と行われるなど、アメリカ社会が差別を根絶しようと20世紀後半から進めてきた流れが、その土台から揺るがされかねない状況となっている。

　2008年の大統領選挙後には、「アメリカ社会はオバマ大統領というアフリカ系の大統領を選ぶことによって、ようやく奴隷制度から続く長い人種差別の負の歴史を克服することができた」という論調が盛んだった。そして2016年夏には、首都ワシントンのナショナル・モールの中に、それもホワイトハウスに最も近い一角に、スミソニアンの新たな施設としてアフリカ系アメリカ人歴史文化博物館も開設された。そこでは、奴隷貿易に始まり、南北戦争を通して奴隷制が廃止されながらも根深く残った人種差別と闘った公民権運動を経て、アフリカ系の大統領が生まれた今日まで、人種を軸としてアメリカの負の歴史が資料と語りにより示されている[2]。この博物館の建設が立法化されたのは2003年12月16日で、オバマ大統領が誕生するはるか前から準備が進んでいたのであった。

　アメリカが辿ってきた人種をめぐる経験を客観的に直視することで、誰が悪かったのかという非難の応酬ではなく、どのようなアメリカ社会を目指すべきかという建設的な議論ができる場として、この博物館は提供された。地下から地上へと階を進みながら、差別の歴史とそれを乗り越えるための闘いの歴史が繰り広げられる。しかし、展示の最後に映し出されるビデオ・メッセージでは、公民権運動の時代から指導的立場にいたアフリカ系の政治家として広く信頼を受けているジョン・ルイス下院議員や、開館時の大統領であったオバマ自身が、アメリカ社会が未だに人種問題を克服できていない現実に言及している。

　実際、2014年頃からアメリカ各地で警察官によるアフリカ系市民の殺傷事件が多数発生し、2016年にはオバマ大統領が警察内に蔓延する人種差別

意識を批判した直後に、今度はそうした暴力に報復する形でアフリカ系による警察官の殺傷事件が生じるという展開があった［大津留 2016］。「オバマ大統領の誕生によってアメリカ社会が人種差別意識を乗り越えられた」という語りは人びとの願いに過ぎず、現実のアメリカ社会では人種主義に基づくアフリカ系への反感が持たれ続けていたのである。しかし、そうした人種差別の背景には、先に挙げた白人労働者階級の人びとのように経済的な恩恵を受けていない層の間で、マイノリティだけが政府からの恩恵を受けているという、限られた財源をめぐる競合から生まれた妬みの感情も働いていた。

　2016年の大統領選挙が始まった時点では、歯に衣着せぬ人種主義的な発言を行うトランプ候補は、アメリカが政治家に求める資質を満たさず、早々に敗退するものと考えられていた。選挙戦が展開するにつれ、女性やイスラム教徒に対する差別的な発言までも加わったが、そうした忌避されるべき言動がトランプに不利に働くことはなく、むしろ有権者の間での支持が広がっていった。アメリカ社会の中で、こうした差別意識が口には出されないものの心の底では温存されていたこと、そしてトランプがまさに自分の気持ちを代弁してくれていると感じた人びとが多数存在していたことが表面化するにつれ、人権を守る立場で活動してきたリベラル派は大きな衝撃を受けることとなった。

　アメリカが伝統的に重視してきた人権を顧みようとしないトランプの言動は、大統領就任後も継続した。2017年8月12日、南北戦争のリー将軍の銅像撤去を決定したシャーロッツビル市で、右翼集団が撤去反対の集会を行おうとしたことに、市民が抗議の運動を展開した。その抗議運動の列に車が突入し、右翼集団と対立した市民が殺傷される事件が起こった。それを受けて、トランプ大統領は右翼集団による人種差別的な言動を拒絶するのではなく、事件の関係者全てを対象として暴力、偏見、憎悪を批判した。こうした姿勢は人種差別をむしろ助長するものとして受け取られた。ポピュリズムは強者に抵抗するという側面を持つ一方、弱者を標的とするナショナリズムや人種差別と共振する傾向をも持つ。自らの支持者が示す差別的な言動を制御

するのではなく、それを助長するというトランプ大統領の姿勢は、人権問題をめぐり歴代の大統領が取ってきた姿勢とは大きく異なるものであった。

　こうした人権をめぐる姿勢の違いに、もう一つ影響を及ぼしているのが、テロリズムに対する考え方である。近年勢いを増しているアメリカとヨーロッパのポピュリズムの双方において、テロリズムへの防衛という安全保障をめぐる議論が移民問題に結びつけられている。アメリカにおいては、1993年1月のCIA本部前での職員射殺事件、1993年2月の世界貿易センタービル爆破事件、2001年の9・11事件という流れの中で、外から入り込むテロリストが自分たちに危害をもたらしている、という印象が強く持たれるようになっている。しかも、そうしたテロリストは中東出身のイスラム教徒と重ね合わせて認識され、移民や難民だけでなく、アメリカに定住権を持つ者や帰化をした市民、さらにはアメリカ生まれの市民であっても、アメリカ的ではないと見なされるイスラムに根差す人びとであれば、誰でもテロリズムに走るといわんばかりの誤報がメディア空間に存在している。

　政治的な価値として人種差別を克服してきたと思われたアメリカ社会においても、自分たちの社会の内側でテロリズムのような危険が生じ始めると、テロとの対決を口実にして人種差別とみなされるような分断線を引くことも許容されるようになる。このように国外での紛争を根拠として国内で生じる反応は、紛争の拡散現象とも称され、暴力的な反応を伴う場合もあるとされる［Pupcenoks 2017］。テロリズムの恐怖に根差して広がるイスラム教徒への差別は、トランプ大統領の政策によって助長されてはいるものの、より大きくはこうした拡散現象の構図の中で捉えることができる。

（2）ポピュリズムの担い手

　アメリカの二大政党のいずれにも与しない勢力は、かつては第三政党として外側から権力と闘ってきたが、19世紀半ば以降は二大政党の中にその主張を反映させる形で政治に影響してきた。19世紀後半に盛り上がった人民党によるポピュリスト運動が、こうした形でアメリカ政治の改革に影響を与

えたことは上述の通りである。しかし、今日共和党大統領としてその座にあるトランプは、ポピュリストとしての主張を共和党の中に取り込ませたのではなく、逆に自らを共和党候補として党内に取り込ませて選挙戦を戦った。それでは、トランプの政治的立ち位置とはどういうものであったのだろうか。今回の選挙に至るトランプの政治的立ち位置が、どのように変動してきたのかをここで確認しておきたい。

大統領就任までトランプが居住地としていたニューヨーク市での登録に限って振り返ると、トランプは共和党と第三政党（あるいは無所属）の間を揺れ動いただけではなく、2001年からは民主党にも登録していた（図4-3）。トランプが共和党を離れる時期は彼の大統領選挙への出馬時期と連動しており、1999年にはペロー候補の流れをひく独立党からの出馬を検討したが、最終的には辞退をした。2012年選挙に向けても共和党を離れ、無所属で出馬を検討したものの、二大政党制の壁を実感して出馬を断念している。

しかも、W・ブッシュ政権の初期からオバマ政権の初期までは、民主党員として8年間も共和党と対立する立場にあった。テレビ出演などで知名度が上がることが経済的利益に結びついたトランプの思考の中で、出馬することがどこまで実際に当選して統治を行うことに繋がっていたのか、どこまでがそうした営利的な行為の延長であったのかは不明である。しかし、いったん共和党の中に足場を固めることができれば、第三政党の候補として出馬するよりも選挙戦で結果を残すことがはるかに現実的となる。それは彼の過去2回の出馬をめぐる経緯からも明らかであろう。

政治家としての経験のないトランプは、ポピュリズムを自らの支持層として後ろ盾にすることで、共和党候補の間に入り込むすき間作りのための議論を展開することができた。しかし、2016年の大統領選挙でトランプ現象が

図4-3　トランプの所属政党の変遷

1987年7月		1999年10月		2001年8月		2009年9月		2011年12月		2012年4月		(現在)
共和党	→	独立党	→	民主党	→	共和党	→	無所属	→	共和党		

出典：Gillin［2015］より筆者作成。

明白になる前から、アメリカ社会にはポピュリズムの興隆を示すと指摘される動きが既に存在していた。その意味で、トランプ自身が固有の議題設定をしてポピュリズムを巻き起こしたというよりも、人びとの間に既にポピュリズムに繋がっていく不満が燻っていたことを、彼が巧みに利用したと言うべきだろう。

　別稿でも触れたように、当時のポピュリストの興隆として、右からの運動としての「ティーパーティ運動」と、左からの運動としての「オキュパイ・ウォールストリート（ウォール街を占拠しよう）」があった［大津留 2017: 157-160; 162］。発足当初から経済・社会政策において積極的な政策を実施しようとしたオバマ政権に対し、個人の自由を掲げて政府の介入を阻止しようとしたのが、リバタリアンの立場を掲げるティーパーティ運動である。2009年から既に活動を始めていたティーパーティー運動は、第三政党を形成するのではなく、理念的な重複が大きい共和党の内側にリバタリアンの政治家を送り込み、トランプが登場する前から議会共和党内で主流派と対立する勢力を得ていた。

　これに対して2011年に生じたオキュパイ運動は、あくまでもウォール街という経済的パワーが座する場所において抗議運動を行うことに徹し、投票を通して政治的な代表者を送り出すことを目指さないまま、2012年には終息した。それでも、2012年の選挙で当選したエリザベス・ウォーレン上院議員やクリントンと最後まで予備選挙を競ったバーニー・サンダース上院議員は、こうした権力に抗する運動の理念を象徴する政治家とみなされた。

　トランプが従来の民主党支持者をクリントンから奪い取る上で活用したのも、このオキュパイ運動が標的として批判した既存政治家の実態であった。クリントンは、オキュパイ運動の批判の対象であったウォール街から多額の選挙資金を得ていたため、トランプはこうした既存政治家が結局は普通の人びとではなく、強者を代表する存在であるというレッテルを貼ることができた。本選挙でトランプがポピュリストの言説を用いてクリントンを攻撃する際に、それを効果的に後押しする役割を果たしたのが、民主党予備選挙でサ

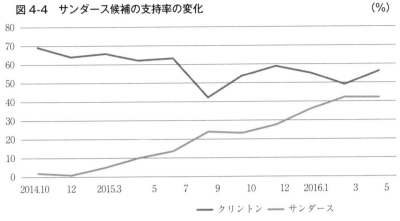

図 4-4 サンダース候補の支持率の変化

出典：ABC/Washington Post 世論調査資料より筆者作成。

ンダースが党内から繰り広げたクリントン批判であった。

　もっとも、トランプ自身は自らが財を成す過程で、法の抜け穴を利用して納税を回避するなど、一般の有権者が当然担ってきた社会の構成員としての責任すら果たしていないことが、選挙中に徐々に明らかになった。それでも、トランプ支持の立場を取る人びとは、トランプ攻撃を行うメディアには権力寄りのバイアスがあると考え、トランプにとって不利な情報を選挙の争点にしようとはしなかった。

　それでは、クリントンはなぜポピュリズムの攻撃対象となったのだろうか。クリントンの前回の大統領選挙を振り返ってみると、2008年の民主党予備選挙に立候補した8人の中で最も有力な候補は彼女であった。しかし、2007年10月に行われた民主党テレビ討論会の場で、非合法滞在者に免許証を発行することの是非をめぐり、クリントンがそれを許容する立場に立った回答をしたことに対し、他の候補から集中的な攻撃を受け安定的であった支持率に揺らぎが見え始めた。クリントンの減速に置き替わるように勢力を伸ばしたのがオバマであった。最終的にクリントンは選挙戦に自ら幕を引くことになったが、その背景には選挙資金の枯渇に始まる自身の陣営の足元の揺らぎもあった。

再び大統領選挙に立つにあたって、予備選挙段階の 2016 年 6 月において トランプの 30 倍以上、本選挙の追い込みの 10 月の段階でもトランプの 2 倍 を上回る選挙資金を蓄えていたと言われるクリントンは、前回の失敗を繰り 返さないための万全の準備を整えていたと言える。ところが失敗を受けて築 き上げた資金力が、今度はサンダースにより弱者の犠牲の上に立つ強者、と いうレッテルを貼られる根拠となったことは、非常に皮肉な展開であった。

サンダースの主張は、民主党としての基本的な路線はクリントンと共有す るものの、全州で最低賃金を時給 15 ドルに引き上げ、グラス・スティーガ ル法のような銀行・証券業務の分離を再導入して人びとの預金を守り、大学 授業料を無償化するなど、クリントンに比べると大幅に経済的弱者の利害に 寄り添うものであった。しかし、そもそもマイノリティの人口比の少ない バーモント州選出のサンダースは、南部のアフリカ系や西部のヒスパニック など、民主党内で拡大しているマイノリティの間で順当に支持を伸ばすこと ができなかった［Thrasher 2016］。最終的には民主党全国大会で、クリン トンがサンダースに対して代議員数で 2,204 対 1,847、特別代議員では 560 対 47 と圧倒的な差をつけ、大統領候補としての座を獲得した。

サンダースが選挙戦を離脱すると、トランプは対立する政党であるにも関 わらず、サンダースを支持していた人びとに対して秋波を送った。つまり、 同じくポピュリストである自分を支持するほうが、元サンダース支持者の利 害に沿っているという論を展開した。それに応じる元サンダース支持者は多 くなかったものの、実際トランプ支持者の間で彼を支持する主な理由として 「ヒラリーではないから」と答えた割合は 3 割を超えており［Smith 2016］、 反クリントンを軸にサンダース票の受け皿になろうとしたトランプの読み は、的外れではなかった。こうして見ると、背景にある理念は対極にありな がらも、サンダースとトランプはいずれもクリントンを権力側に据えること で、自らの選挙戦を有利に繰り広げることができたのだと言える。2016 年 大統領選挙からは、左右両側で勢いを増したポピュリズムが権力の中枢にあ り続けた政治家に対して不信感を投げかけた、という一つの構図が描き出さ

れる。

（3） 共時的現象の相乗効果

　このように2016年選挙で左右からポピュリズムの声が挙がったことを受け、上述したケイジンが示したようなアメリカ社会を二分化する形でのポピュリズムの定義に加え、ジャーナリストのジョン・ジュディスはポピュリズムそのものを右のポピュリズムと左のポピュリズムとに分けて、有権者の内部の力関係を分析する議論を示した [Judis 2016: 15]。左のポピュリズムは中間・下層の人びととトップとが対立する縦型の政治とされ、これは従来のポピュリズムの形態と重なる。これに対して右のポピュリズムでは、エリートに対抗する際に、そのエリートから特別扱いを受ける集団を第三の軸に置き、批判の対象とする三角形の構図を形成するとされる。

　2016年の大統領選挙で、その第三軸として右のポピュリストから一方的に批判を受けた集団が、移民やイスラム教徒、あるいは差別に対し抵抗を試みるアフリカ系であるとジュディスは説明する。言い換えると、自分たちが強者と直接向き合って闘うのではなく、攻撃しやすいスケープゴートを強者に代替させ、そこに怒りをぶつけているのが右のポピュリズムの特徴であるとされる。トランプがヒスパニックやイスラム教徒らマイノリティを攻撃することで支持層を拡大した手法は、まさにこうした三角形の構図を利用した方法であった。アメリカの保守派によるポピュリズムが、このように弱者を攻撃するナショナリズムや人種差別の運動と共振する現象は、ヨーロッパのポピュリズムが移民排斥や反イスラム運動に集結する現象とも共通している。

　これまで何度も第三政党から大統領選挙への立候補を検討しながら、それを見送っていたトランプは、今回は共和党の既存の政治家に置き替わる形で二大政党の中に足場を固めていった。二大政党は第三政党との距離を保ちながら、その異議申し立てを取り込むことで、社会の分断ではなく一体化を保とうとしてきた。しかし、トランプが選挙戦を通して共和党の内部勢力とし

たポピュリスト達は、財界や政治家という権力に抗する運動を展開するのではなく、第三軸の弱者に反感を抱きそれを攻撃対象としていった。こうした選挙の戦い方を通して社会の分断化は進み、従来の二大政党の理念は後景へと押しやられることとなった。

　代議制民主主義において、選挙とは代表を介して合意を形成するために行われる。その手続きが個々人の不満を表す手段として用いられ、その不満を助長することに乗じて政治的権力を握ろうとする者が出ると、選挙後の統治は分断化の方向へとさらに進み続ける。トランプ大統領の誕生が、世界各地で生じるポピュリズムの流れと呼応しながら弾みをつけた側面は否定できない。しかし、アメリカが自ら積み上げてきたリベラルな人権感覚や、それに基づく国際秩序からの後退を繰り返すことに直面した国際社会は、ポピュリズムが資質のない政治家を権力の座に据えたことに驚くに留まらず、その結果として課される代償を痛感することとなった。

3　ポピュリズムを超える政治

（1）　不満の根源を考える

　ポピュリズムは建設的な形で政治の変動に貢献したことがない、と切り捨ててしまうことは簡単であろう。またポピュリズムを支持する人びとを、偏狭で後ろ向きだと批判することも簡単であろう。実際、2016年の大統領選挙がトランプ優位へと傾くのを目にするまで、ポピュリズムとは主流の政治に対する抵抗にすぎないとの見方もされてきた。周辺で抵抗を示すことで主流側に何らかの変化が生じれば、それこそが抵抗運動の意義であり、自らが主体的に政策を展開するものとは考えられていなかった。

　しかし2016年の大統領選挙を振り返ると、ポピュリズムはトランプを共和党の候補の座につける段階では貢献したものの、その後の展開を大きく左右したとは言い難い。トランプの勝利とは、むしろ二大政党がアメリカ社会に揺るぎない土台を持つことを受けた自然な帰結とも考えられる。確かにト

ランプに自党組織を乗っ取られた共和党政治家たちは、党大会後もトランプ不支持の立場を示し続けた。特に自身が大統領の座を狙う政治家たちは、本選挙でのクリントンの勝利を確信し、次の大統領選挙に狙いを定めて勝利を勝ち取ろうと考えていた。ところが、実際にトランプを勝利に導いた一般の共和党有権者は、トランプの主張に同調できない、あるいは明らかに反感を覚えながらも、結局はその88％がトランプに投票したのである［CNN 2016］。

　これはトランプ選出をめぐる特異な現象ではなく、20世紀末からの大統領選挙を振り返っただけでも、それぞれの政党支持者が自党の大統領候補を支持する割合はほぼ9割を保っている（図4-5）。つまり、2016年選挙でトランプがもし第三政党候補として出馬していたならば、たとえ不満を持つ人びとの間にポピュリズムを掻き立てることに成功していたとしても、政治的基盤を持たない泡沫候補として終わっていた可能性は高い。しかし、いったん共和党の候補となった時点で、共和党支持者にとってトランプに投票しないことは、自動的に対立政党のクリントンを大統領とすることに繋がった。

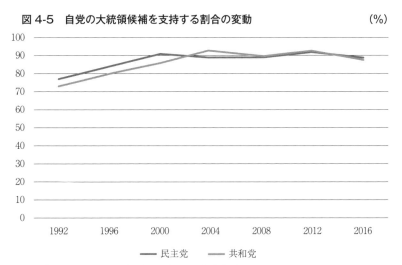

図4-5　自党の大統領候補を支持する割合の変動　　　　（％）

出典：各年の共同出口調査（CNN）より筆者作成。

共和党支持者の多くにとって、そうした選択肢は受け入れられないことだった。トランプは大統領就任以降も度重なる不適切な言動で支持率を下げ、近年の大統領としては珍しく1度も過半数の支持を得ることなく、40%を切る支持率のまま2年目に入った［Gallup 2018］。しかしながら、共和党員の間での支持は不動であり続けており（図4-6）、この隔たりこそが、二大政党制という装置に内在する負の側面を描き出しているとも言える。

　二大政党制において所属政党に対して示される支持の盤石さを前提に考えると、むしろ共和党内に党員の支持を惹きつけるだけの候補がおらず、トランプに入り込む余地を残したことこそが、2016年大統領選挙における共和党の根本的な問題として問われるべきかもしれない。同様の問題は、民主党内の反クリントン勢力が党内の別の民主党候補ではなく、無所属から民主党の指名獲得を目指したサンダースに結集した経緯に関しても当てはまる。さらに、こうした問題は2016年の選挙結果をめぐる解釈を超えて、より長期的にアメリカ政治において二大政党が果たす機能そのものに関わるものであると思われる。

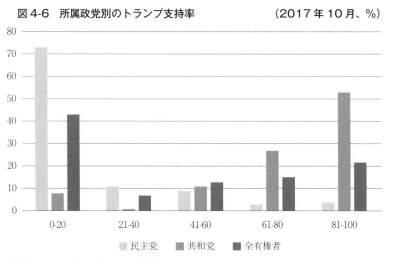

図4-6　所属政党別のトランプ支持率　　　　（2017年10月、%）

出典：Gallup［2017］より筆者作成。

(2) 政党の機能回復

　トランプが真にポピュリストであるか否かを定めるには、今後の政権運営の展開を待つしかないが、現状への不満に答が出されることを求めてトランプに投票し、その後も彼を信じ続ける草の根の人びとが相当数存在するという事実は重要である。それは、本来人びとの声を吸い上げ、それを政策として実現する装置であったはずの政党が、人びとに支持される代表者を組織内から送り出せない、いわば機能不全に陥っていることを示している。20世紀末から「50-50のアメリカ」と呼ばれる妥協なき対立に終始してきたアメリカの二大政党が、その結果十分に果たせなくなっている役割とは何であるかを見直す必要がある。

　ヨーロッパ政治に見られた党派争いを他山の石として、細分化されない政治を目指した建国期の政治家たちは、アメリカの選挙制度の中に二大政党制が定着することを促す要素を盛り込んだ。大統領選挙は人びとによる直接選挙ではなく、州ごとの意向を託された大統領選挙人の投票によって決定されるという間接選挙の仕組みを取っている。その背景には国家連合として独立したアメリカの歴史の名残だけではなく、国家の代表として選出された人物が揺るぎない支持の上に立っていることを示そうとする意志が働いていた。

　しかし、大きな屋根として二大政党制を維持していくことは、政党間での調整が必要なだけでなく、決して均質とはなり得ない政党の内部も、同じように妥協による合意形成の場として機能することが求められた。そして、こうして政党の内部が合意形成の場として機能することを介して、かつては選挙権も被選挙権も持てなかったアフリカ系の人びとが声を持てるような変化が作りだされた。さらには、アフリカ系の大統領までもが選出されるだけの政治力を、マイノリティの人びと自身が獲得したのである。同じように、アメリカ社会の陰に隠れて暮らすヒスパニックの非合法滞在者も、アメリカで生まれた自分たちの子どもたちが有権者となることで、長年にわたって国境を挟んで存在してきた不公正について、政治の場で訴えるだけの力を持てるようになった。しかし、そうした訴えを政策に反映するためには、二大政党

の合意形成が必要なのである。
　このように政治的な代表者を持たないことで、長年にわたって差別を受けてきた人びとが、アメリカ社会で数的に多数派となる日が近づいてくると、今度は現在の多数派が数的には少数派となり、利益が奪われてしまうという懸念を覚え始めた。2016 年の選挙では、こうした現状での多数派である白人側が感じる喪失感が、ポピュリズムという運動に吸収され、アメリカ社会の中で失いかけた力を奪い返そうとするゼロサムゲームが戦われることとなった。しかし、アメリカ社会が 20 世紀後半から着実に進めていた方向性は、ゼロサムの関係を通しては形成することができない、異なるもの同士が互いの価値を認め合う多文化な国民国家のはずであった。そして、互いが自らの違いを主張するだけではなく、共有できる合意を作り出す責任を負っているというのが、建国期に埋め込まれた二大政党制という細分化を回避した枠組みであったはずである。
　長年にわたってアメリカ政治を超党派で共同研究してきたノーマン・オーンスタインとトーマス・マンが、2017 年に E・J・ディオンを含めた 3 名で出版したのが『トランプ後の一つのアメリカ』［Dionne, Ornstein, and Mann 2017a］である。本書の刊行を機にアメリカン・エンタープライズ研究所で開催された討論会では、20 世紀末からアメリカ政治で問題視されてきた分極化は、それでも両者の間に共有できる場を見出すことができる現象であったが、現在のアメリカ政治は本質的な違いによって分断されており、二つの集団に重なり合う場がなくなっていると分析された［Dionne, Ornstein, and Mann 2017b］。トランプ現象がこうした分断を加速させたことは確かであるが、アメリカ社会のさらに深いところに、そもそも共有する場を排除するような動きが存在していなければ、トランプ個人の影響によるだけで、ここまで広範な分断が社会を覆ってしまうことはなかったであろう。むしろトランプ現象という極端な要素が加わることで、今日のアメリカ政治に潜在していた亀裂が拡大し、その弊害が何であるかがより鮮明に示されたと考えるべきであろう。

おわりに

　アメリカは党派の利害によって細分化されるのではなく、むしろ一つの国家へと収斂されることを目指して二大政党制の基盤を敷いた。その既成政治に外側から挑戦していた第三政党は、19世紀半ばを最後に二大政党の一つとして置き替わることはなくなり、いずれかの政党の内側にその主張を取り込ませることで影響力を及ぼす形へと、抵抗の形態が移行してきた。

　二大政党は、社会を構成するどの集団を自党に包摂するのかという外枠をめぐる争いは続ける一方、いったん党内に定着した集団に対しては、その利害を守るために真摯に政策を論じてきたとは言えない。たとえば、現実的な選択肢として民主党以外に行き場のないアフリカ系の場合、彼らの票は民主党の既得権のように見なされてきた。同じように労働者も、レーガン期に大統領のみ共和党に投票したレーガン・デモクラットを例外として、共和党支持の資本家と対立する立場から、民主党支持が揺るがない集団と見なされてきた。二大政党の枠組みの中で立ち位置が定着することで、逆に自らの利害が十分に取り上げられずに集積した不満は、ポピュリズムを潜在的に支持する層を形成していたと言える。

　アメリカのポピュリズムは経済的な利害だけではなく、アメリカ社会が完全に払拭できない人種差別意識、そして近年国内でも件数が増すテロリズムを受けて強まるイスラム教への敵視とも結びついている。アメリカ社会の現況は、ポピュリズムに人種差別、排外主義が混合したものと性格づけることができるが、こうした混合状態はアメリカに限って観察されるものではない。例えばヨーロッパのポピュリズム現象の背景にも、数値で説明できる経済的な利害だけでなく、主観に関わる宗教的な溝がテロという目に見える脅威との相乗効果を持って作用している。

　21世紀のアメリカの政党制が向かう方向として、民主党側は基本的に支持人口であるマイノリティが拡大することを念頭に、民主党多数派の政治が

不動となる日が近いと考えている。他方の共和党は、手中に留まる確信的な有権者の利害をいかに拡大して保持するかという観点から、州政府を通じて自党に有利な選挙区割りを確保しようと試みている。

こうして勢力維持にせめぎ合う両者の間で、アメリカ社会にとって本当に必要なことを話し合うための場、建設的な答えを導くための空間が保てなくなっているのではないだろうか。かつて二大政党は、自他の違いに基づいて形成されながらも、国家としての利益のために両者の入会地を保ち続けていた。ところが、現在は自分たちの利害が理解される集団の内側のみで交わり合い、それを超えて何かを共有する努力を必要としない形態で、新たな公共空間が作られている。ネット上で提供される疑似公共空間は、まさにそうした指向を反映して形成されている。

こうして合意形成の機会が失われる危機を乗り越えるため、予め結論を持たずに話し合いを行う、熟議型民主主義という試みもなされてきた。党派的対立のもとで結論が既に決まっている問題であっても、もう一度相手の結論の根拠を客観的に理解してみようと自分のほうから一歩踏み出すことで、お互いが共有できる空間が私たちの心の中で生まれるのではないか。逆に言えば、人びとが多様な価値を持つ今日にあって、多様性を受け入れない限り、そこに一つの社会というものを構成していくことなどできないのである。相手の意見に耳を傾けることすら裏切りであると切り捨て、自らが信じる結論のみをネットサーフで確認し、むしろ自身の揺るぎない結論から出発して議論を始めるという手法が、残念ながら今日の草の根から政治家まで共通して広がる現象となっている。

二大政党制は、白か黒かを突き付けるという意味で、対話の空間を作るには不利な制度であるとも言われる。しかし、個々の選択肢にそって生まれた多数の政党によって、社会が細分化されることに比べると、選択肢が二つしかないことで個々に求められる許容度の幅を、逆手にとって活用していくことも可能である。W・ブッシュ大統領は、9・11事件からアフガン・イラク戦争という負の歴史と重ね合わされることが多い大統領であるが、彼の大統

領選挙の参謀がキーワードとした言葉が「大きなテント」であった。つまり、さまざまな立場の違いがあっても、あるいは党派の違いを超えても、一つの国として大統領を支えるために力を合わせていくことが必要であると考えられたのである。もしこの考え方が、選挙戦略としてのみの利用に終わるのではなく、選挙後の統治の土台にまで適用されていたならば、今日50-50のアメリカと称される分断の始まりとはならなかったかもしれない。

　ポピュリズムの基本姿勢は、権力を持つ人びとと持たない自分たちを対峙した上で、その権力者を政治家の手を借りて攻撃することにより、現状とは異なる結果を求めるものである。つまりそれは、有権者が自らの手で変化をもたらすという、自らの政治的有用性を信じることができない状況を示している。逆に言うと、意思決定の主体は自分自身である、という民主主義の原点が実際の政治過程の中で実現され、有権者がそれを実感できていたならば、そもそもポピュリズムという運動が生まれる必要はないはずなのである。

　2016年の大統領選挙でトランプを支持した人びとは、自己決定権が自らの手中にあるとは思えない、諦めにも似た疎外感を政治に対して感じていた。ポピュリストを自称して大統領の座につくことになった、いわば「アクシデンタル（偶発的）大統領」［Cf. Mecanic 2017］とも呼ばれる人物が、本当に権力ではなく人びとを代表する大統領であるならば、疎外感から自分に一票を投じた人びとの手に、その自己決定権を戻していく責任を一層重く負っていると言える。ポピュリズムの波に乗って権力の座につく政治家に対し、そうした責任を求めていくことが、今日の国際社会が抱える共通の課題ではないだろうか。

注

1　ポピュリストが強かったミネソタ州では1944年にその名残である農夫労働党と民主党とが合併して民主農夫労働党を形成した。連邦議会に選出された民主農夫労働党議員は民主党の党員集会に所属している。

2 筆者は 2017 年 9 月に同博物館を訪れたが、夏休み最後で全国から観光客が集まっているはずのワシントンで、その時同博物館にいた 9 割以上がアフリカ系であったことは印象深い。

参照文献

ヴァンス、ジェイムス・デイビッド（関根光宏・山田文訳）［2017］『ヒルビリー・エレジー――アメリカの繁栄から取り残された白人たち』光文社。

大津留（北川）智恵子［2017］「分極化するアメリカ」村上勇介・帯谷知可編『秩序の砂塵化を超えて――環太平洋パラダイムの可能性』京都大学学術出版会、139-171 頁。

大津留（北川）智恵子［2016］「やまぬ人種対立、米国の白人を覆う閉塞感」『読売オンライン 深読みチャンネル』（8／9）。

ターナー、フレデリック・ジャクソン（松本政治・嶋忠正訳）［1973］『アメリカ史における辺境（フロンティア）』北星堂書店。

トドロフ、ツヴェタン（大谷尚文訳）［2016］『民主主義の内なる敵』みすず書房。

ホーフスタッター、リチャード（斎藤眞・有賀弘・清水知久・宮島直機・泉昌一・阿部斉訳）［1967］『アメリカ現代史――改革の時代』みすず書房。

水島治郎［2016］『ポピュリズムとは何か』中公新書。

ミュラー、ヤン＝ヴェルナー（板橋拓己訳）［2017］『ポピュリズムとは何か』岩波書店。

横山良［2002］「ポピュリズムと土地問題――アメリカ・ポピュリズムの歴史的源泉（その1）」『神戸大学紀要 近代』90 号：51-98。

ABC/Washington Post. n.d. Archive of Polls, at https://www.washingtonpost.com/wp-stat/polls/postpollarchive.html (last accessed 8/10/2017).

American Communities Project [2017] "How Trump Became President," at http://americancommunities.org/2017/01/how-trump-became-president/ (last accessed 7/10/2017).

The American Presidency Project, University of California, Santa Barbara. n.d. "Election of 1828," "Election of 1892," and "Election of 1912," at http://www.presidency.ucsb.edu/elections.php (last accessed 9/12/2017).

Baker, Peter [2017] "Bound to No Party, Trump Upends 150 Years of Two-Party

第 4 章 21 世紀のアメリカのポピュリズム   167

Rule," *The New York Times* (September 9), at https://www.nytimes.com/2017/09/09/us/politics/trump-republicans-third-parties.html (last accessed 9/20/2017).

Chishti, Muzaffar, Sarah Pierce, and Jessica Bolter [2017] "The Obama Record on Deportations: Deporter in Chief or Not?" Migration Policy Institute, at https://www.migrationpolicy.org/article/obama-record-deportations-deporter-chief-or-not (last accessed 8/20/2017).

Chotiner, Issac [2016] "Is Donald Trump a Populist? Or Is He Just Popular? (Interview of Michael Kazin)" *Slate* (February 24), at http://www.slate.com/articles/news_and_politics/interrogation/2016/02/is_donald_trump_a_populist.html (last accessed 9/2/2017).

Clinton, Bill [1993] "Remarks at the Signing Ceremony for the Supplemental Agreements to the North American Free Trade Agreement" (September 14), at https://www.gpo.gov/fdsys/pkg/PPP-1993-book2/html/PPP-1993-book2-doc-pg1485-2.htm (last accessed 7/15/2017).

Clinton, Hillary Rodham [2017] *What Happened*, New York: Simon & Schuster.

CNN [2016] Election 2016, Exit Polls, National President, at http://edition.cnn.com/election/results/exit-polls/national/president (last accessed 11/30/2016).

Dionne, E. J., Jr., Norman J. Ornstein, and Thomas E. Mann [2017a] *One Nation after Trump: A Guide for the Perplexed, the Disillusioned, the Desperate, and the Not-yet Deported*, New York: St Martin's Press.

Dionne, E. J., Jr., Norman J. Ornstein, and Thomas E. Mann [2017b] "One Nation after Trump," at http://www.aei.org/events/one-nation-after-trump/ (last accessed 9/30/2017).

Federal Election Commission [1993] *Federal Elections 92: Election Results for the U.S. President, the U.S. Senate and the U.S. House of Representatives*, at https://transition.fec.gov/pubrec/fe1992/federalelections92.pdf (last accessed 9/16/2017).

Friedman, Uri [2017] "What Is a Populist? And Is Donald Trump One?" *The Atlantic* (February 27), at https://www.theatlantic.com/international/archive/2017/02/what-is-populist-trump/516525/ (last accessed 9/2/2017).

Gallup [2018] Gallup Daily: Trump Job Approval (January 14), at http://news.

gallup.com/poll/201617/gallup-daily-trump-job-approval.aspx (last accessed 1/18/2018).

Gallup [2017] Trump Presidency Draws Strong Support, Stronger Opposition (October 2-5), at http://news.gallup.com/poll/220262/trump-presidency-draws-strong-support- stronger-opposition.aspx (last accessed 10/10/2017).

Gillin, Joshua [2015] "Bush says Trump was a Democrat longer than a Republican 'in the last decade,'" *PolitiFact* (August 24), at http://www.politifact.com/florida/statements/2015/aug/24/jeb-bush/bush-says-trump-was-democrat-longer-republican-las/ (last accessed 9/20/2017).

Hahn, Steven [2017] "The Rage of White Fork: How the silent majority became a loud and angry minority," *The Nation* (October 16), at https://www.thenation.com/article/the-rage-of-white-folks/ (last accessed 9/27/2017).

Judis, John B. [2016] *The Populist Explosion: How the Great Recession Transformed American and European Politics*, New York: Columbia Global Reports.

Kaufmann, Eric [2017] "Immigration and White Identity in the West," *Foreign Affairs* (September 8), at https://www.foreignaffairs.com/articles/united-states/2017- 09-08/immigration-and-white-identity-west (last accessed 9/15/2017).

Kazin, Michael [2016] "Trump and American Populism: Old Whine, New Bottles, *Foreign Affairs*, at https://www.foreignaffairs.com/articles/united-states/2016-10-06/ trump-and-american-populism (last accessed 7/31/2017).

Kazin, Michael [1995] *The Populist Persuasion: An American History*, Ithaca: Cornell University Press.

Kivisto, Peter [2017] *The Trump Phenomenon: How the Politics of Populism Won in 2016*, Bingley: Emerald Publishing.

Lind, Michel [2016] "Donald Trump, the Perfect Populist," *Politico Magazine* (March 9), at http://www.politico.com/magazine/story/2016/03/donald-trump-the-perfect-populist-213697 (last accessed 9/3/2017).

Mecanic, Jesse [2017] "Donald Trump, The Accidental President: This was never about the job—it was about fame," *HuffPost* (May 19), at https://www.huffingtonpost.com/entry/the-accidental-president_us_591f4d0ee4b07617ae4cbbda (last accessed 9/30/2017).

Packer, George [2015] "The Populists," *The New Yorker* (September 7), at https://www.newyorker.com/magazine/2015/09/07/the-populists (last accessed 9/1/2017).

Pupcenoks, Juris [2017] "Strife Abroad, Responses at Home: Muslims in the West and Conflict Spillover," Migration Policy Institute, at https://www.migrationpolicy.org/article/strife-abroad-responses-home-muslims-west-and-conflict-spillover (last accessed 9/30/2017).

Scherer, Michael [2016] "Person of the Year 2016: Donald Trump," *Time* (December 7) at http://time.com/time-person-of-the-year-2016-donald-trump/ (last accessed 9/1/2017).

SEIU. n.d. "The 8 worst myths about immigration," at http://www.seiu.org/cards/the-8-worst-myths-about-immigration (last accessed 7/15/2017).

Smith, Gregory A [2016] "Many Evangelicals Favor Trump because He is Not Clinton," Pew Research Center Factank (September 23), at http://www.pewresearch.org/fact-tank/2016/09/23/many-evangelicals-favor-trump-because-he-is-not-clinton/ (last accessed 9/30/2017).

Thrasher, Steven W. [2016] "Bernie Sanders isn't winning minority votes – and it's his own fault," *The Guardian* (May 3), at https://www.theguardian.com/commentisfree/2016/may/03/bernie-sanders-failure-diversity-hispanic-black-voters (last accessed 9/15/2017).

Trump, Donald [2017] "Inaugural Address," at https://www.whitehouse.gov/inaugural-address (last accessed 7/25/2017) .

Trump, Donald [2016a] *Trump: The Art of the Deal*, London: Arrow Books.

Trump, Donald [2016b] *Crippled America: How to Make America Great Again*, New York: Threshold Editions.

US Census [2017] "Income and Poverty in the United States: 2016," at https://www.census.gov/library/publications/2017/demo/p60-259.html (last accessed 9/30/2017).

第 5 章

東欧におけるポピュリズムとネオリベラリズム：
ヴィシェグラード諸国の事例から

仙 石　学

はじめに：
東欧におけるポピュリズムとネオリベラリズム

　ハンガリーでは保守ナショナリズム政党「フィデス（Fidesz）」は2010年の議会選挙で大勝した後[1]、党首のヴィクトル・オルバーン（Viktor Orbán）を首班として形成された政府が、憲法を改正して政府に対する各種のチェック機能を有する機関の権限を削減する、あるいは外国資本への課税や基金型民間年金の（再）国有化を行うことで国の財政負担を軽減するなどの非正統的な政治運営を行い、EUなどからの批判の対象となった。だがフィデスはその後の2014年の議会選挙においても、（選挙制度を自らに有利なものに改編したということはあるにしても）大勝し、引き続き政権を維持している。
　その一方でポーランドでは、2007年以降政権の座にあったリベラル保守の「市民プラットフォーム（PO）」が、現在は欧州理事会議長となっているドナルド・トゥスク（Donald Tusk）のもとで比較的堅調な経済運営を行い、経済成長の維持と財政状況の改善の両立を進めていたが、2015年の議会選

挙で保守ナショナリズムの「法と正義（PiS）」に敗北し下野することとなった。その後は法と正義の政権が、フィデスと似たような形での独善的な政治運営を行っている。

　当初は社会主義体制からの転換の成功例と言われていたこの両国において、なぜこのような民主主義からの「逆行」ともみられる現象が生じたのか。本章はこの両国にチェコとスロヴァキアを加えた「ヴィシェグラード4カ国」を事例として[2]、東欧地域におけるポピュリズムの台頭を、ネオリベラル的な経済政策との関係から検討していくこととしたい。

　ここで本章での議論におけるポピュリズムとネオリベラリズムについて、簡単に規定しておくこととしたい。まず、ポピュリズムについては議論をしだすときりがないが、本稿では基本的に「社会が二つのそれぞれが同質的で敵対するグループ、『純粋な人々』と『腐敗したエリート』とに分かれているとみなしていて、かつ政治とは人々の一般意志の表明であるべきだと主張する、中核の弱いイデオロギー」というカス・ミュドの定義を利用することとしたい［Mudde 2017: 68］。ここで「中核が弱い」というのは、ポピュリズムそのものには目指すべき明確な社会像が存在しないために、何らかのより中核的な「ホスト・イデオロギー」を必要としていて、ポピュリズムは依拠するイデオロギーによって右からも左からも主張される可能性があることを意味している［Mudde 2017: 68］。つまりナショナリズムを強調する右派が外国資本への抵抗を主張する場合もあれば、反資本主義や再分配を強調する左派が自国民を優先するという形でポピュリズムに向かうこともある。

　またネオリベラリズムないしネオリベラル的な経済政策については、ここではいわゆる「ワシントン・コンセンサス」に基づき、財政赤字の削減や貿易・金融・外国直接投資の自由化、規制緩和、民営化などを通しての経済の安定化と政府の経済介入削減を進める政策を指すものとする［Manzetti 2009: 9-10］。

　本章がポピュリズムの問題をネオリベラル的な経済政策と結びつけて論じる理由は、以下のとおりである。東欧諸国においてポピュリズム的な現象が

現れた背景には、社会主義体制が崩壊したのちに西欧以上にネオリベラル的な経済運営が行われた結果、そのあり方に不満を持つ層が増えているということがある。そのため東欧諸国におけるポピュリズムの広がりを考えるうえでは、ネオリベラリズムとの関係の検討は欠かせない。

東欧諸国におけるポピュリズムの広がりについては、すでにいくつかの議論が存在する。例えばダン・コエフは、西欧のポピュリズムが反移民を軸とするのに対して、東欧ではエスニシティを基盤とする少数派がその存在を例えば少数民族政党のような形で承認されると、それに対する反発が右派ポピュリズムの活性化をもたらすという議論を提起している［Koev 2015］。だがこの議論だけでは、例えば少数派政党の存在が政治的イシューとならないポーランドや、少数派のハンガリー系の政党が連立政権に参加することもあるスロヴァキアのような事例を説明できないという問題がある。

ジェームス・ドーソンとシーン・ハンレーは東欧におけるリベラル的な価値の浸透に注目し、リベラルな価値観が東欧諸国に十分に浸透していないことがポピュリズムの台頭と結びついているという議論を提起した［Dawson and Hanley 2016］。だがこの議論に対してはイヴァン・クラステフが、ドーソンらの議論を「リベラル指向のアクターが民主主義の維持に不可欠である」とまとめた上で、この議論は「リベラリズムに誤りはない」ことを前提としている点で問題があると指摘している。その上でクラステフは、現代のポピュリズムの拡散はリベラリズムそのものの問題、特にリベラリズムが経済的な繁栄や社会正義を提供できなかったことによりもたらされたもので、この点で東欧と西欧に大きな違いはないとしている［Krastev 2016］。他にも経済的な要因を指摘するものとして、2008年以降の複数の経済危機を経て、東欧において民主主義を維持させる「アンカー（錨）」となるはずだったEUの影響力が弱体化したことを指摘する、マルティン・ブルシスの議論もある［Brusis 2016］。

筆者は別稿において、ポーランドにおけるポピュリズム政党の法と正義の台頭について検討し、ポーランドでのポピュリズムの拡大はネオリベラル的

な経済運営により失業・貧困の状況に置かれる割合が高くなった若年層が市民プラットフォームから離反したことが主な要因であることを指摘した［仙石 2017a］[3]。だがネオリベラル的な経済政策は、程度の差こそあれ東欧諸国においては何らかの形で実施されてきたのみならず、多くの場合西欧よりも先鋭的な形で実施されていて、そのためそれに伴う問題も西欧以上に深刻なものとなっているという状況がある。本章では、その東欧諸国の中でポピュリズムがもっとも先鋭的な形で現れたハンガリーとポーランド、およびこの両国ほど表面化はしていないものの近年ポピュリスト的な政党の影響が拡大しつつあるチェコとスロヴァキアのヴィシェグラード 4 か国を取り上げ、これらの国の状況およびその相違の背景を検討する。

本章の構成は次のとおりである。第 1 節においては国家社会主義期からの東欧諸国におけるネオリベラリズムの浸透について検討し、東欧諸国ではネオリベラル的な経済学が体制転換の前から流入していたこと、および社会主義体制の解体後にはネオリベラル的な経済政策が積極的に実施されてきたことを整理する。第 2 節ではヴィシェグラード 4 か国におけるポピュリズムの現れ方を比較し、その相違には社会主義期以来のネオリベラル的な政策の受容の形の違い、およびそれに由来する「ポピュリストとその敵」の関係のあり方の相違が影響を与えていることを示す。最後に全体の議論をまとめた上で、ポピュリズムとネオリベラリズムの関係について、簡単な議論を行う。

1 国家社会主義からネオリベラリズムへ

東欧諸国にかつて存在していた政治・経済システムは、一般に「国家社会主義」と規定されている［Myant and Drahokoupil 2011: chap.1 and 2］。その具体的な特質としては、政治面における共産党の権力独占と、経済面における国家統制（計画経済）とをあげることができる。対立する階級が存在しない社会主義体制では複数政党制は不要であるとして、労働者を代表とする共産党の一党独裁制が導入される[4]。そして共産党の指導のもとで国家が計

画に従って経済運営を行うことで市場経済のような景気循環がなくなり、安定しかつ豊かな経済が導かれる。これが国家社会主義の政治・経済システムの前提であった。

　社会主義型の経済運営は、資源を生産面に集中的に投資することを通して、第二次大戦後の東欧諸国における経済復興および工業化を進め、またそれにより人々の生活水準や教育水準を向上させた。加えて建前ではあるが労働者のための国家建設を進めるということから、各種の社会保障も段階的に整備されてきた。その結果として1970年前後には、社会主義体制となる前から一定水準の工業国であった旧東ドイツ（ドイツ民主共和国）やチェコスロヴァキアのみならず、東欧の大半の国においてある程度の工業化と消費社会化が達成されるにいたった。

　だが社会主義経済システムには、根本的な問題が存在していた。これを簡潔に整理したのが、ハンガリーの経済学者ヤーノシュ・コルナイ（János Kornai）である［コルナイ 1984］。コルナイの基本的な議論は次のとおりである。まず資本主義市場経済においてはすべてのアクターが「ハードな予算制約」に直面しているのに対して、社会主義経済では消費者のみが「ハードな予算制約」に制約され、企業は補助金を受け取ることでこれに制約されないという「ソフトな予算制約」の状態にある。このソフトな予算制約のもとでは、企業は予算超過や倒産を気にすることなく投資が可能となるが、反面で突然の生産資源割当の削減や新たな追加生産の要求に対応する必要があるため、可能な限り必要な財（原材料や労働力）を内部で確保しておこうとする。そのため企業の内部留保が多くなる一方で、十分な財が市場に供給されないという事態が生じることとなる。

　他方で、計画経済のもとでは価格は固定されているため、特に生活に必要な消費財が不足している場合には、消費者はその財を行列して購入するか、代用品を利用するかを強いられることとなる。このことと生産や売り上げと賃金とが連動していないことが作用して、労働者の労働に対するインセンティヴは一般に低かったとされる。さらにこの「不足」と「需要過多」の状

況は、生産の側における効率性の追求や新たな財の開発へのインセンティヴを弱める方向に作用した。このような要因のために、社会主義体制においては特に1970年代以降経済が停滞し、西側諸国との格差が次第に開いていくこととなる［Myant and Drahokoupil 2011: 11-15］。

　この状況に対処するために、いくつかの国では経済システムの改革が模索された。その早期のものとして、1968年以降ハンガリーで断続的にではあるが実施されてきた経済分権化改革、いわゆる「新経済メカニズム」の導入がある。これはミクロレベルでの政府の直接的な生産指令に代えて、価格や利子率、税金や補助金などの「財政的規制」を通して経済をコントロールすると同時に、企業に生産量や販売先、賃金を決定する権限を認めること、および部分的にではあるが対外開放を行うことを柱とする経済改革である。必ずしも十分ではなかったとはいえ、この改革によりハンガリーは消費財の生産を増加させることに成功し、そこから社会主義後期のハンガリーは「グーラッシュ（グヤーシュ）共産主義」と称されるようになった［Benczes 2016: 148-150］。

　このような改革が実現できた背景には、ハンガリーでは1956年の動乱とソビエト連邦軍の介入ののちに社会主義労働者党（MSZMP）の書記長となったヤーノシュ・カーダール（János Kádár）のもとで、必ずしも政府寄りではない経済学者も取り込む形で党（官僚）と研究者とのネットワークを形成していたことがある。揺り戻しの時期もあったものの、このグループは1970年代末になると市場指向を強め、1980年代にはさらなる分権化に向けての改革を進めることとなる［Seleny 2006: 138-145］。

　ポーランドにおいては、1970年12月の政治動乱の後に統一労働者党（PZPR）の第一書記となったエドヴァルド・ギエレク（Edward Gierek）のもとで、積極的な対外開放を含む新しい開発戦略が採用された［Shields 2012: 48-52］。西側からの借款および技術導入とソ連の安価な資源を利用して工業化を進め、製品を西側に輸出することで経済発展と生活水準の向上を追求するのが基本的な路線で、合わせて大規模な経済組織に一定限度の雇用

や賃金、価格、投資および生産水準の決定権を与えるという変革も行った。

　この改革は当初はある程度の成果を収めたものの、ハンガリーの新経済メカニズムとは異なり中央からの指令による経済システムそのものは維持されていたことから、非効率的な生産が維持される一方で西側からの輸入と債務が増加し、そのため1970年代後半にはポーランドは深刻な経済危機に陥ることとなった。

　他方でこの時期に統一労働者党は、経済の対外開放と合わせて若手の官僚に西側で経済学を学ぶ機会を与えた。その結果としてネオリベラル的な経済学を習得した経済学者の層が形成され、これが体制転換後の経済政策にも影響を与えることとなった。このグループには、1980年の自主管理労組「連帯」の登場後に統一労働者党を離党したレシェク・バルツェロヴィッチ（Leszek Balcerowicz）のほか、体制転換後に統一労働者党から社会民主主義路線に転換した「民主左派同盟（SLD）」の政権において経済運営を担当したマレク・ベルカ（Marek Belka）、グジェゴシュ・コウォトコ（Grzegorz Kołotko）、イエジー・ハウスナー（Jerzy Hausner）なども含まれている［仙石 2017b: 336-339］。

　チェコスロヴァキアは、1968年の「プラハの春」とソ連の軍事介入以後の「正常化」の時期においては、国家の直接指令による計画経済が維持・強化されていた。チェコスロヴァキアにおいても、体制転換の後に首相および大統領となったヴァーツラフ・クラウス（Vaclav Kraus）のように、プラハの春の前に西側で経済学を学んだ者もいたが、そのような人物は正常化のプロセスの中で閑職に追われ、社会主義体制の末期まで表に出ることはなかった。そのためチェコスロヴァキアでは、体制転換まで表立って分権化や経済改革の議論がなされることはなかったが、この時期に個別に経済学の勉強を続けていたグループが、体制転換の後のチェコおよびスロヴァキアにおいてネオリベラル的な経済政策を進める主体となった［林 2013: 139-145］。

　ポーランドにおける1989年の円卓会議の実施とその後の準自由選挙での統一労働者党の敗北により、非共産党系のタデウシュ・マゾヴィエツキ

（Tadeusz Mazowiecki）を首班とする挙国一致内閣が成立したが、この時に最初の本格的な経済変革として実施されたのがいわゆる「バルツェロヴィッチ・プラン」である。これは多額の対外債務や急激なインフレにより不安定化していた経済を安定化させ、また市場経済への移行を円滑に進めるために実施されたもので、政府の歳出削減や、価格コントロールの廃止、賃金の抑制、貿易自由化、民営化など、世界銀行およびIMFが要求するネオリベラル的な「構造調整策」に近いものとなっている。

ただし、このプランは外部から押しつけられたものではなく、1970年代の末にその原案をバルツェロヴィッチと非公式なセミナーを開いていた研究者らが形成したものであるとされている［Stenning et al. 2010: 40-44］。だがバルツェロヴィッチ・プランは経済の安定化には成功したものの、想定以上に経済規模が縮小し倒産が増加して失業や貧困が増加したことで人々の不満も広がり、そのためにマゾヴィエツキ内閣は成立後1年4カ月での退陣を余儀なくされた。

しかしそれでも、体制転換後の東欧諸国においてネオリベラル的な政策の実施が抑制されることはなかった。ポーランドのバルツェロヴィッチ・プランは短期間で急速に行われたためにその副作用も大きかったが、実際には東欧諸国はどの国もほぼ同じような改革を進めていて、現在ではどの国も民営化や自由化ではほぼ西欧と同じ水準に達していることが確認されている［仙石 2013: 167］。

そればかりか、ネオリベラル的な自由化の程度という点においては東欧諸国はむしろ高い方にあり、フラット・タックスや多柱型年金制度の導入[5]、あるいは法人税の大幅な引き下げといった欧米諸国でも実施されていないようなネオリベラル的な政策を実施している国もあることから、現在の東欧諸国は「アバンギャルドなネオリベラリズム」の域に達しているという議論も提起されている［Appel and Orenstein 2016］。またネオリベラル的な政策というといわゆる「右寄り」の政党が採択する政策と考えられがちだが、社会主義期に西側経済学の影響を受けたポーランドとさまざまな改革を進めた

ハンガリーでは、それぞれ旧支配政党の後継政党（民主左派同盟とハンガリー社会党（MSZP））がネオリベラル的な改革を推進する主体となっていた[6]。

　なぜ東欧諸国はこのような形で、ネオリベラル的な政策を積極的に推進してきたのか。この点を議論したのが、体制転換後の東欧諸国における「資本主義の形」には相違があるが、その相違は一定の範囲に収まっていることを指摘するドロテー・ボーレとベラ・グレスコヴィッツである［Bohle and Greskovits 2007］。彼らは2004年にEUに加盟した東欧の8カ国について、スロヴェニアはネオコーポラティズム型の資本主義、バルト諸国はネオリベラル型の資本主義、そしてヴィシェグラード4カ国はネオリベラル的だが福祉にも一定の配慮を行う「埋め込まれたネオリベラル型」の資本主義に分かれていることを示した。その上で、もし国内要因だけが作用するのであれば各国の違いはより大きくなったであろうが、実際にはどの国もある程度はネオリベラル的な政策を実施している点では共通しているとして、その背景にはEUと多国籍企業の存在が影響を与えていることを指摘している。

　社会主義体制が崩壊した後の東欧諸国はEUへの加盟を半ば「悲願」としていたが、EUに加盟するには単一市場および通貨同盟に参加できるだけの条件を満たす必要があり、それには政府財政やインフレ率、失業率、国際収支などのマクロ・ファンダメンタルズを安定化させることが求められていた。また体制転換の直後の国内資本の希少な時期には、外資を導入して経済開発を進めることが求められたが、多国籍企業の投資をひきつけるためにも経済を安定化させることは不可欠であった。このような事情のために、東欧諸国は時として「行き過ぎ」的なものも含めて、ネオリベラル的な政策を推進することとなる。

　だがネオリベラル的な政策は格差や貧困の拡大を伴う可能性が高く、そこから特に政策の恩恵を受けられない層の反発を招くことになる。このネオリベラル的な政策への反発が反エリート・反EUを主張するポピュリズムの形で現れることになるが、その現れ方には東欧諸国の中でも相違がある。次節

ではヴィシェグラード4カ国を事例として、その相違を検討していくこととしたい。

2　ヴィシェグラード諸国におけるポピュリズムとネオリベラリズム

　先に挙げたブルシスは東欧におけるポピュリズムの台頭を、EUに対する信頼の喪失という観点から説明を行なっている［Brusis 2016］。かつてEU加盟が悲願であったのは、欧州の一員としての立場を確実にするのもさることながら、EUに加盟することで経済的な繁栄がもたらされると考えられていたということがある。だが経済危機を通して欧州統合と繁栄との連関が切断され、EUに加盟してもそれが継続した豊かさを保障するものではないことが明らかになると、既存の政党、特にEU統合に積極的だった社会民主主義政党や穏健な保守政党への信頼が失われ、既存のイデオロギーとは距離を置く反エスタブリッシュメント、反EU、あるいは排外主義を標榜するポピュリスト政党へと支持が移動しているとする。

　ただこの場合に「どのような」ポピュリスト政党に支持が向かうかについては、東欧の中でも相違がある。この点について検討するためには、まずそれぞれのポピュリスト政党が何を「我々」と考え、何に「敵対」しているのかについて検討する必要がある。この点について、現在のヴィシェグラード諸国におけるポピュリスト政党は、大きく3つのパターンに分けることができる。

1) 既存の政党がエリートやEU批判などを軸として、ポピュリスト的なレトリックを強めることで支持を獲得している事例：ハンガリーのフィデス、ポーランドの法と正義、スロヴァキアの「方向―社会民主主義（Smer-SD、以下「方向」）」など。
2) 明確な政治的方向性を示さず、反汚職・腐敗、反既存の政治・政党、あるいは直接民主主義の拡大を唱えて支持を獲得している事例：チェコの「ア

ノ 2011（ANO2011）」、海賊党（Piráti）、「公共（VV）」、ポーランドの「クキス 15（Kukis'15）」、スロヴァキアの「普通の人々と無所属の個人（OL'aNO）」など。

3）反ロマ・反ユダヤ・反移民など、排外主義的な主張を前面に出して支持を獲得している事例：チェコの「自由と直接民主主義（SPD）」、ハンガリーの「ヨッビク—よいハンガリーのための運動（Jobbik、以下「ヨッビク」）」、スロヴァキアの「コトレバ—人民党我らがスロヴァキア（Kotleba-L'SNS、以下「コトレバ」）」および「我らは家族（SME RODINA）」など。

次にこれらの政党の「現れ方」であるが、ハンガリーとポーランドではそれぞれ既存の政党であるフィデスおよび法と正義が一定の支持を集めていて、それ以外のポピュリスト政党の出現は限定的であるのに対して、スロヴァキアでは方向がナショナリズム的な主張も行うことで支持を集めている一方で、近年は排外主義を強調するポピュリスト政党が議会で議席を獲得するようになり、またチェコでは既存の政党が全体に支持を失う中で新しいポピュリスト的な政党が次々に現れているという状況にある。

なぜこの 4 カ国の間で、ポピュリスト政党の現れ方に相違が生じたのか。この問題については、筆者が別稿において行った、ネオリベラル的な改革の政治争点化に関する比較の議論を拡張することで、説明が可能となると考えられる［仙石 2013］。前の議論においては、社会主義期の支配政党の後継政党がネオリベラル的な政策を実施したハンガリーとポーランドでは、これに対抗する勢力は保守ナショナリズム的な路線をとったのに対して、かつての共産党が弱体化したチェコとスロヴァキアではネオリベラル的な経済政策が政治的争点となり、リベラル系の政党と社会民主主義系の政党の間でこれを軸とした対立が形成されていることを整理した。この議論そのものは 2010 年ごろまでの状況を元にしたものであるが、この政治対立の形の違いが、その後のポピュリスト政党の現れ方の違いにも結びついている可能性が高い。つまり、保守ナショナリズムの政党がある程度定着しているハンガリーとポーランドでは、これがネオリベラル的な政策を追求する勢力を「敵」とし

て支持を広げているのに対して、経済軸での対抗関係が存在していたチェコとスロヴァキアでは、単に反ネオリベラルを主張するだけでは社会民主主義系の政党と差別化ができないことから、経済軸以外の問題を争点化することで「敵」を作り出そうとする状況が生じていると考えられる。以下この点を整理していく。

　ハンガリーに関しては、2010年まで政権を担当していた社会党が、財政危機と世界経済危機に対処するために賃金凍結や財政赤字削減などの緊縮策を実施したことに対して、ネオリベラル的な政策に反対してブリュッセルと「自由のために戦う」ことを主張したフィデスが選挙で勝利したことでネオリベラル的な政策の深化が進まなかったことについては、先に挙げた別稿でも指摘している［仙石 2013: 184; Benczes 2016: 155-158 も参照］。ただこの時の争点化は単にネオリベラル的な政策の是非にとどまるものではなく、そこにナショナリズムが結びついていること、およびそれは2002年以降のフィデスの戦略の変化と関連していることが、いくつかの研究で明らかにされている［Krekó and Mayer 2015; Benczes 2016; Enyedi 2016］。

　具体的には、2002年に選挙で敗北したのちのフィデスは単に社会党を批判するのみでなく、同時に銀行やエリート、あるいは多国籍企業に対する批判を強め、EUや外国資本と結びついた社会党に代わりフィデスが政治をエリートと国際組織の拘束から開放して、国民を守る強力な国家を形成するという形で、反ネオリベラリズムをナショナリズムおよび経済ポピュリズムと結びつける議論を提起し、現状に不満を持つ人々の支持を集めてきたということがある［Enyedi 2016: 215-217］。

　加えて、ハンガリーでは2000年代に入り経済成長が鈍化する中でカーダール時代に対する再評価の動きが強まるが、その時代を担っていたはずの社会党はネオリベラルな政策を実施する主体となっていたことで、特に右派の間で、体制転換は社会党のエリートと外資およびユダヤ人に「盗まれた」もので、これをハンガリー人の手に取り戻す必要があるという議論が広まっていた［Krekó and Mayer 2015: 185］[7]。このようにハンガリーでは2002

年以降、反ネオリベラリズムとポピュリズムおよびナショナリズムとが結びつく形での争点化が進んでいくことになり、これと有効政党の少なさとが相まって、選挙が「政治体制の選択」という方向に向かうようになる［Enyedi 2016: 217］。

またこの二つの軸が結びつくことで、ハンガリーではフィデスよりもナショナリズム、反資本主義、反リベラルを強調し、また反ユダヤおよび反ロマというエスニック軸をも争点化した極右政党のヨッビクが次第に勢力を広げ、2010年には議会で議席を獲得するにいたる。ヨッビクに対してフィデスは、銀行や多国籍企業に対する課税や「国民連帯の日」の導入などヨッビクの政策を取り込むことで両者の政策を収斂させ、ヨッビクの成功を「簒奪」する形で支持を確保したとされる［Krekó and Mayer 2015: 191-193］[8]。それでもヨッビクはフィデス以上に反ユダヤ・反ロマを強調することで、現状に不満を有する層や社会的な転落を危惧する層からの支持を維持している［Krekó and Mayer 2015: 191-193］[9]。

次にポーランドの事例であるが、ここではネオリベラリズムが「再争点化」されたことが、ポピュリズムの台頭と結びついている。ポーランドでは2000年代前半に政権の座にあった民主左派同盟が経済運営の失敗や大規模な汚職により支持を失ったのちは、2005年から2007年までの法と正義を中心とするポピュリストとナショナリストの連立政権の時期を経て、2007年の選挙以降は市民プラットフォームが中道保守の農民党（PSL）と連立で政権を担当していた。

市民プラットフォームはリベラル系の「自由連合（UW）」から分裂して2001年に形成された政党で、基本的にはネオリベラル的な政策を追求しているが、経済危機の際には財政出動により景気の冷え込みを抑えるなどの柔軟な対応をとる「プラグマティックなリベラリズム」路線に依拠し、財政状況も考慮しつつ経済成長も追求するという路線をとっていた［仙石 2017b: 339-342］。また市民プラットフォームと法と正義が二大勢力化していく中で、法と正義の権威主義的な路線を嫌う都市住民、高等教育層、若年層など

が市民プラットフォームの支持に回ったことで、市民プラットフォームは「包括政党」となり極端な路線をとりにくいという状況にもあった［Jasiewicz and Jasiewicz-Betkiewicz 2013］。

　だが市民プラットフォームは、2011 年の選挙で勝利したのちには EU から要求されていた財政の健全化（政府債務残高および財政赤字の引き下げ）を進めるために、ネオリベラル的な政策を積極的に実施するようになった。具体的には、財政規律の強化、危機への対応、年金制度の改革の継続、および税負担の軽減措置の変更という四つの方向性を提示し、あわせて 2015 年までに政府債務残高を対 GDP 比で 42%に、財政赤字を同じくマイナス 1%とすることが表明された［Rae 2013: 423］。そしてそのために、高額所得世帯への出産手当の支給停止や子育て減税措置の縮小、農業者向けの年金および保険の改編、女性 60 歳、男性 65 歳となっている年金受給年齢の 67 歳への引き上げ、事業者の社会保障負担比率の引き上げなどが実施された［仙石 2017b：342-346］。

　これらの施策の結果、ポーランドの財政状況は徐々に改善に向かうが、他方でこの時期には、労働法の改定により期間雇用の規制が緩和されたのちに労働市場に参入した若年層の多くが不安定な雇用状況に置かれ、その結果として若年層の貧困・失業が増加するという状況が生じていた。このことが特に若年層の支持を、市民プラットフォームから奪っていくこととなる［仙石 2017a: 144-146］。

　これに対して法と正義は 2015 年の選挙の際に、これまでのナショナリズム的な主張を弱めて経済政策を争点化し、市民プラットフォームの経済政策に不満を持つ層に対して、年金受給年齢の引き上げ中止、家族手当および税控除の拡充、最低賃金の引き上げなどの経済的な恩恵を与える施策を提起した。この戦略は功を奏して、議会選挙においては法と正義が議会第一党となり、過半数の議席を獲得するに至る[10]。ただし市民プラットフォームから離れた若年層、特に男性の支持は法と正義のみでなく、既存政党による政治の打破と下院への小選挙区制の導入を主張するタレントのパヴェウ・クキス

(Paweł Kukiz) が結成したポピュリスト的な政治運動クキス 15 にも流れている［仙石 2017a］。

　このようにハンガリーとポーランドでは、保守ナショナリスト政党が EU 指向でネオリベラル的な政策を実施した政党を「敵」とすることで支持を調達したが、チェコとスロヴァキアの場合はもともと経済軸での対立が存在していたことから、ネオリベラル的な政策を推進する勢力を単純に「敵」とするわけにはいかなかった。そこからこの両国では、先の 2 国とは異なる形でポピュリスト政党が現れてくることとなる。

　まずチェコにおいては、主流派であった再配分・欧州指向の社会民主党（ČSSD）と正統派リベラル政党で欧州懐疑派の市民民主党（ODS）の対抗関係が明確で、どちらか勝利した方が中道のキリスト教民主同盟―チェコスロヴァキア人民党（KDU-ČSL、以下「キリスト教民主同盟」）と連立を形成するのが一般的であった。だが 2010 年の選挙において、社会民主党と市民民主党はそれぞれ第 1 党、第 2 党となったものの、両党とも得票率を前回選挙より大きく落とし、またキリスト教民主同盟が阻止条項の 5％の得票を得られずに議席を喪失するという事態が生じた。その一方でこの選挙では、「トップ 09（TOP09）」と公共が新たに議席を獲得している。この中でトップ 09 は、キリスト教民主同盟内のスキャンダルにより支持率が低下したことを懸念したメンバーが同党を離れて形成したもので、経済リベラル、親ヨーロッパということもありポピュリスト政党には該当しないが［Linek 2011: 951］、公共の方は腐敗との戦いや直接民主主義の推進を掲げて既存政党・政治家の追放を訴えているという点で、ややポピュリスト性を有する政党となっている［Linek 2011: 952］。ただしこの時の公共はトップ 09 とともに市民民主党と連立政権を形成したものの、その後分裂して勢力を失っている。

　既存政党の退潮と、これに挑戦する政党の議会進出という傾向は、2013 年の選挙でさらに明確になる。キリスト教民主同盟は 6.8％の票を得て議席を復活させたものの、社民党は第 1 党ながら得票率は 20％ほどにとどまり、

市民民主党は 7.7%で第 5 党と大きく後退、トップ 09 も得票率を減らしている。その分を埋めたのが社会民主主義に転換せず独自路線を追求してきた共産党（KSČM）と、新たに議席を獲得したアノ 2011 および「トミオ・オカムラの直接民主主義の夜明け（Úsvit přímé demokracie Tomia Okamury、以下「夜明け」）」である[11]。前者は「チェコのベルルスコーニ」とも称される実業家のアンドレイ・バビシュ（Andrej Babiš）が設立した政党で、「不満を持つ市民の行動」というチェコ語の表現の略称から党名がつけられている[12]。バビシュの成功イメージと反政治的な「我々は政治家ではない、我々は働く」というスローガンで既存政党に不満を有する層の支持を集め、19%近くの得票を得て第 2 党となった［Linek 2014: 95-96］。後者の夜明けは、政治腐敗の一掃を掲げて大統領選に出馬することを試みたトミオ・オカムラ（Tomio Okamura）が設立した政党で、住民投票を通しての政治参加という直接民主主義を掲げ、また選挙戦では増税反対、反ロマの立場を示して支持を獲得した［Linek 2014: 96］。

　2017 年選挙では、この傾向がさらに加速された。この選挙では、長年の政争に強い不満を抱いているとされる高齢者層・農村住民層などを中心に支持を集めたアノ 2011 が他の政党に大差をつけて第 1 党となったが[13]、これ以外にも市民の権利侵害に反対し市民の自由、透明な政府、直接民主主義の実現を主張する海賊党[14]、オカムラが新たに立ち上げた、反イスラムを掲げ夜明け以上に排外主義を強めた自由と直接民主主義が、それぞれ 10%以上の票を獲得してともに同数の議席で議会第 3 党となっている。その一方で既存の 3 政党は、市民民主党がやや持ち直したとはいえ全体に低調で、特に社会民主党は大きく得票および議席を減らしている。

　先にも述べたように、チェコでは社会民主党と市民民主党の対抗関係が存在していたが、社会民主党は欧州指向という点で、市民民主党はネオリベラル指向という点で、ともにポピュリスト政党の「敵」となりえる存在であった。これに両者の政権それぞれにおいて生じた汚職・腐敗問題が結びつくことで両党への支持が弱くなり、新しい政治と古い政治という対立軸をもと

に、両党から距離を置き反腐敗や直接民主主義、あるいは排外主義を主張するポピュリスト政党が現れてくることとなった。

　最後にスロヴァキアの事例であるが、ここでは一応チェコと同様の社会民主主義系の政党とリベラル系の政党の対抗関係が形成されていたものの、チェコと異なりリベラル系の政党の形成が遅れたこともあり［林 2013: 141-145］、その影響力は必ずしも強くはなかった。特に 2006 年以降は、すべての選挙で方向が第 1 党となり、かつ 2010 年から 2012 年の間を除いて党首のロベルト・フィツォ（Robert Fico）を首班とする政権を形成しているのに対して、リベラル系の政党は選挙のたびに議席を減らし、2016 年の選挙では議席を喪失するに至る。

　このような状況の中でフィツォは、リベラルと対抗するというより、むしろ経済的な再配分と緩やかなナショナリズムとを結びつけた「ソフトなハイブリッド」と称される路線へと傾いていく［Deegan-Krause, Kevin 2013: 273］。方向がこのような路線を採択したのは、もともとスロヴァキア政治が民主スロヴァキア運動（HZDS）と民主主義指向グループとの対抗関係にあった時期に、再配分および法と秩序、反腐敗を強調するという「第三の道」を提起して支持を高めてきたこと、および同時にその過程で「親スロヴァキア」的な路線を取ってきたことで、労働者のみならずナショナリスト政党の国民党（SNS）や民主スロヴァキア運動の支持者からも支持を得られることが作用している［Rybář and Deegan-Kraus 2008］[15]。そして実際、方向と国民党については、選挙では票を取り合う関係にあるが、国民党が議席を獲得した場合は連立を組むことも可能となっているという、競争と共存とでも称することができる状態にある［Gyárfášová and Mesežnikov 2015］。

　ただしこのようにナショナリスト的な空間が広がると、ピトラスとコシャックが指摘するように、伝統的・権威的ナショナリストに依拠する新たな政党が台頭してくる可能性がある［Pytlas and Kossack 2015］。そして実際スロヴァキアにおいても 2016 年の選挙では、国民党よりも反ロマおよび

反エスタブリッシュメントを強調し過激な主張を行うコトレバ、および実業家のコラール（Boris Kollár）により結成された反移民と反エスタブリッシュメントな主張を行う我らは家族が議席を獲得している。

この 2016 年の選挙の際には、移民・難民危機が影響を与えたことも否定できない［Malová and Dolný 2016: 306-309; Rybář and Spáč 2017: 154-155］。これまでのスロヴァキアの政党政治は基本的に、ネオリベラル的な政策を軸として複数の中道右派政党が方向およびナショナリスト政党と対抗するという形で展開されてきたが、この選挙においては中道右派の側が経済問題や腐敗をキャンペーンの焦点としたのに対して、方向の側は支持をつなぎとめるために「スロヴァキアのために」路線を強調し、難民排除の主張や割当を決めた EU への批判を軸としてキャンペーンを行っていた。だが方向のキャンペーンは中道右派の票を減らす効果はあったものの、経済に代えて難民を争点化したことは方向よりもより過激なナショナリスト政党への投票を増やすこととなり、その結果として 2012 年に議席を失っていた国民党が再度議席を獲得するとともに、コトレバや我らは家族といった反移民・難民姿勢を強調する政党が新たに議席を獲得することとなった[16]。

このようにみると、「敵」が比較的明確なハンガリーとポーランドではこれに対抗するポピュリズムもまた明確な形で現れたのに対して、チェコとスロヴァキアではポピュリズムの敵が明確ではなかったことで、これがチェコでは既存政治に対する抵抗に向かい、スロヴァキアでは「外敵」を強調する方向に向かうこととなったと考えられる。

最後に近年の 4 カ国における、政党の支持動向について確認しておくこととしたい。図 5-1 にはハンガリーの状況を挙げているが、ここではフィデスが一時期落としていた支持率を回復させ、近年では 50％以上の支持を獲得していて、またこれにヨッビクが 20％前後の支持で続いていることから、現在では有権者の 3 分の 2 以上の支持がポピュリスト政党に向かっていることとなる。次にポーランドにおいては、法と正義の支持率が 40％前後で推移し、一時期支持を落としていた市民プラットフォームに回復の兆しが見られ

るが、それでも3番目は15～20%の支持を集めるクキス15であり、これを合わせるとやはりポピュリスト政党に有権者の半分以上の支持が集まっているという状況にある（図5-2）。これに対してチェコでは、しばらくは社会民主党がアノ2011と支持を二分していたが、最近では支持がアノ2011に集中しつつあり、また2017年の選挙の直前には海賊党と自由と直接民主主義が急激に支持を伸ばしている（図5-3）。最後にスロヴァキアであるが、ここでは方向への支持は高いものの近年は他党との差が埋まりつつあり、コトレバなどの新しいポピュリスト政党への支持が増えている（図5-4）。ハンガリーとポーランドでは敵対関係が明確であることから比較的少数の政党に支持が集中しているのに対して、敵が明確ではなかったチェコとスロヴァキアでは、ポピュリスト政党への投票そのものは増えているがその支持の方向性は分散している。ポピュリズムの形成のされ方の違いが、政党の支持傾向にも反映されていると考えられる。

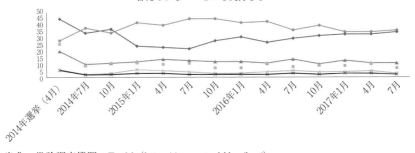

図 5-1　ハンガリーの政党支持率の変遷

出典　世論調査機関　Tarki（http://www.tarki.hu/hu/）

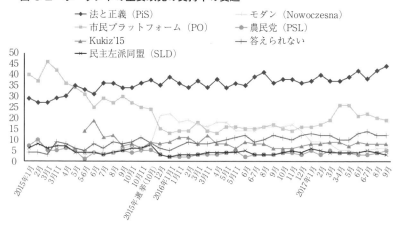

図 5-2　ポーランドの主要政党の支持率の変遷

出典　世論調査機関　CBOS（CBOS88/2017, 101/2016）

注　なおここであげた4ヵ国の調査は、「次に選挙があるとしたらどこに投票するか」という形で質問がなされているが、他の3ヵ国では「答えられない」と「どこにも投票しない」という選択肢があるのに対して、ポーランドのみは「投票しない」という選択肢がないため、他の国のデータとはやや異なっている。

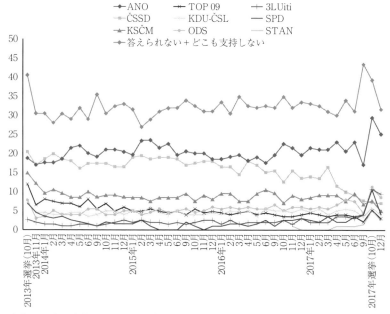

図 5-3　チェコの政党支持率の変遷

出典　世論調査機関　CVVM（https://cvvm.soc.cas.cz/）

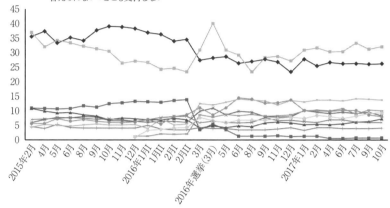

図5-4 スロヴァキアの政党支持率の変遷

出典 世論調査機関 FOCUS（http://www.focus-research.sk/?section=show&id=10）

おわりに：
ポピュリズムでネオリベラリズムは抑制されるのか

　ここまでの議論でみてきたように、ヴィシェグラード諸国におけるポピュリズムの位相には明確な違いがあり、その違いは社会主義期からのネオリベラリズムをめぐる各国の政治を経て形成されてきたものである。早期からネオリベラル的な政策を取り込んでいたハンガリーとポーランドでは、それに依拠する勢力（ハンガリーでは社会党、ポーランドでは当初自由連合と民主左派同盟、のちに市民プラットフォーム）と反対する保守ナショナリスト（フィデスおよび法と正義）という明確な対抗関係が形成され、前者への不満と後者のポピュリスト的言説、およびハンガリーの場合はナショナリスト的言説が結びつくことで保守ナショナリストに支持が向かったという状況が

ある。

　これに対してネオリベラリズムの受容が遅くなったチェコとスロヴァキアでは、体制転換の中で初めて両者の対抗関係が形成されてきたが、社会民主党と市民自由党がいずれも批判の対象となったチェコでは既存政治の打破を訴える政党が台頭してきたのに対して、もともとリベラルの基盤が弱かったスロヴァキアではナショナリスト的な方向からのポピュリスト政党が現れてきている。4 カ国の状況は、おおよそこのようにまとめることができるであろう。

　ただし、ネオリベラル指向の政党に代えてポピュリスト政党を政権につけることでネオリベラル的なものの抑制になるかという点については、疑問も提起されている。例えばスチュアート・シールズはポーランドの事例を取り上げ、ナショナリスト・ディスコースはネオリベラル的なものを否定するわけではなく、市場がグローバルでなくナショナルなものであれば問題の解決に有効であること、そこから国家が「市場を強制する」ことでネオリベラル的なテクノクラート政策を否定しつつ市場そのものは受容しているという指摘をしている［Shields 2015］。

　また、ダリナ・マロヴァーらはスロヴァキアの事例について、小国であるスロヴァキアは EU 市場および EU からの基金に依存せざるをえず、そのため方向も含めて主要な勢力は EU を受容せざるを得ないこと、フィツォでさえ「EU の言葉」に合わせた債務削減や財政均衡の議論をしなければならなかったことを指摘している。実際に方向はリベラル政権が成立させようとした欧州金融安定基金への参加を、早期退陣と引き換えに受け入れたこともある［Malová and Dolný: 2016］。他方でハンガリーでは、2010 年以降に格差と貧困がそれまでよりも増加しているが、これももしかしたらフィデスがネオリベラル的な政策と無縁なわけではないことを示しているかもしれない[17]。アノ 2011 が経済面ではネオリベラル的な路線をとる可能性が高いことも含めて、ネオリベラリズムがポピュリズムをもたらしたかもしれないが、ポピュリズムはネオリベラリズムに対抗するとは限らないかもしれない

ということも、また別に検討すべき問題かもしれない。

［付記］本稿は科学研究費補助金・基盤研究（B）「ポストネオリベラル期における新興民主主義国の経済政策」（研究代表者仙石、課題番号16H03575、2016年度〜2019年度）、および京都大学東南アジア地域研究研究所CIRAS共同研究プロジェクト「新興国の経済政策比較」（2017年度〜2018年度）の成果の一部である。

注

1 以下、政党名で〇〇党という名称でない政党については、初出の際のみ「　」をつけて表記する。
2 ヴィシェグラード諸国という名称は、体制転換後の1991年にハンガリー、ポーランドおよび当時のチェコスロヴァキアの大統領が、ハンガリーのヴィシェグラードにおいて今後の地域協力に関する協議を行ったことに由来する。
3 ただし2015年の議会選挙に関してはその実施時期（10月末）もあり、移民・難民問題も副次的な影響を与えていた［仙石 2017a: 138-140］。
4 支配政党の名称は共産党ではない場合も多い。なお、実際には東欧諸国の多くでは、農民や小規模な商工業者、あるいは知識人を代表するとされる政党が存在していたが、これらの政党は原則として支配政党の共産党に対抗することはできず、政党システムとしてはいわゆるヘゲモニー政党制の状態にあった。
5 「多柱型年金制度」は、第1段階の公的基礎年金と、第2段階の確定拠出、積立方式による民間機関利用の基金型年金を軸として、多様な年金制度を組み合わせる制度のこと。その概要と動向については仙石［2017c］を参照。
6 ポーランドの場合、バルツェロヴィッチと民主左派同盟のリベラル系のメンバーとの間での経済政策の指向性には大きな違いがないことは確認されている［仙石 2017b］。どちらかといえば社会政策重視で、バルツェロヴィッチに対抗して『「ショック」から「真の療法へ」』という本を書いた元財務相のコウォトコも、自分の政策は古典的なリベラル・アプローチと違いがないことを認めている［Stenning et al. 2010: 45］。
7 イステヴァン・ベンチェスはこのような傾向を「グーラッシュ・ポピュリズム」と称している［Benczes 2016］。

8 「国民連帯の日」は6月4日で、これは1920年に第一次世界大戦の連合国とハンガリーとの間で調印されたトリアノン条約の調印日である。この記念日の制定を含む近年のハンガリーにおけるナショナリズムの動向については、辻河［2012］を参照。

9 なお2010年の選挙では他に、リベラルだが既存政治のあり方に疑問を呈する政党「違う政治が可能（LMP）」が議席を獲得した一方で、1991年以来国会に議席を保有していた穏健保守の「ハンガリー民主フォーラム（MDF）」およびリベラルの「自由民主連盟（SZDSZ）」がいずれも議席を喪失している。

10 ただし法と正義が過半数を獲得したのは、得票率ではなく選挙制度の作用による［仙石 2017a: 144］。2015年の選挙で民主左派同盟をはじめとする左派系の政党は合同で「統一左派（ZL）」という政党連合を形成して選挙に臨んだが、単独の政党の議席獲得条件が5％以上の得票であるのに対して、政党連合の場合は8％の得票が必要で、この時の選挙で統一左派の得票は7.55％と8％に満たなかったために議席が獲得できなかった。そしてその分が議席を獲得した他の政党に配分されたことで、法と正義は過半数を得ることとなった。

11 同党はその後トミオ・オカムラの名称を取り「直接民主主義の夜明け（Úsvit přímé demokracie）」と改称したのち、さらに「夜明け－国民連合（Úsvit - Národní koalice）」と改称したが、その後内部の路線対立から同党は分裂し、オカムラは新たに自由と直接民主主義を立ち上げた［Kudrnáč et al. 2015: 71］。

12 なおチェコ語の"ANO"には"Yes"の意味もあり、そこもかけられている。

13 *New York Times* 電子版2017年10月21日の記事（https://www.nytimes.com/2017/10/21/world/europe/andrej-babis-ano-czech-election.html）および世論調査機関 median の調査結果（http://showme.median.cz/volby-2017/）による（なお本稿における URL は、すべて2018年2月1日アクセス）。

14 海賊党の英語版ホームページの情報より（https://wiki.pirati.cz/en/start）。なお同党はドイツやスウェーデンなどの海賊党が参加する、「海賊党インターナショナル」に参加している（https://pirate-parties.net）。

15 有権者は国民党をナショナリズムに関する単一争点政党と考えているため、経済社会面を重視した有権者の票が方向に流れたり、より急進的な主張をするナショナリスト政党が出てきたりすると、支持を失い議席が獲得できなくなる場合もある（2002年および2012年）［Gyárfášová and Mesežnikov 2015: 240-242］。

16 ただしこの選挙で第2党となったのは、経済リベラル路線を追求する新党の

「自由と連帯（SaS）」なので、経済軸が全く機能しなかったわけではない。
17　Eurostat のデータによれば、2010 年に 24.1 であったハンガリーのジニ係数は 2015 年に 28.5 まで上がっているし、下位 20％に対する上位 20％の所得比も 2010 年の 3.4 から 2016 年には 4.3 まで上昇している <http://ec.europa.eu/eurostat>。

参考文献

コルナイ、ヤーノシュ（盛田常夫訳）［1984］『「不足」の政治経済学』岩波書店。

仙石学［2013］「中東欧諸国における『ネオリベラリズム的改革』の実際──『さらなる改革』が求められるのはいかなる時か」村上勇介・仙石学編『ネオリベラリズムの実践現場──中東欧・ロシアとラテンアメリカ』京都大学学術出版会。

仙石学［2017a］「ポーランド政治の変容──リベラルからポピュリズムへ？」『西南学院大学法学論集』49 巻 2・3 合併号。

仙石学［2017b］「ポーランドにおける財政規律──1997 年憲法・3 人の経済学者・トゥスクの功罪」西南学院大学法学部創設 50 周年記念論文集編集委員会編『変革期における法学・政治学のフロンティア』日本評論社。

仙石学［2017c］「『ポストネオリベラル』期の年金制度？──東欧諸国における多柱型年金制度の再改革」仙石学編『脱新自由主義の時代？──新しい政治経済秩序の模索』京都大学学術出版会。

辻河典子［2012］「現代ハンガリー・ナショナリズム試論──2010 年のカーロイ・ミハーイ像をめぐる論争から」『比較文学・文化論集』29 号。

林忠行［2013］「スロヴァキア政党政治における『第二世代改革』」村上勇介・仙石学編『ネオリベラリズムの実践現場──中東欧・ロシアとラテンアメリカ』京都大学学術出版会。

Appel, Hilary, and Mitchell A. Orenstein［2016］"Why did neoliberalism triumph and endure in the Post-Communist world?" *Comparative Politics*. 48: 3, pp.313-331.

Benczes, István［2016］"From goulash communism to goulash populism: the unwanted legacy of Hungarian reform socialism." *Post-Communist Economies*. 28: 2, pp.146-166.

Bohle, Dorothee, and Béla Greskovits［2007］"Neoliberalism, embedded neoliberalism and neocorporatism: Towards transnational capitalism in Central-Eastern Europe." *West European Politics*. 30: 3, pp.443-466.

Brusis, Martin [2016] "Democracies adrift: how the European crises affect East-Central Europe." *Problems of Post-Communism*. 63: 5-6, pp.263-276.

Dawson, Hanley, and Seán Hanley [2016] "The fading mirage of the 'liberal consensus'." *Journal of Democracy*, 27: 1, pp.20-34.

Deegan-Krause, Kevin [2013] "Slovakia." In Sten Berglund, Joakim Ekman, Kevin Deegan-Krause and Terje Knutsen (eds.) *The Handbook of political change in Eastern Europe*. Cheltenham: Edward Elgar, pp. 255-290.

Enyedi, Zsolt [2016] "Populist polarization and party system institutionalization: the role of party politics in de-democratization." *Problems of Post-Communism*. 63: 4, pp. 210-220.

Gyárfáśová, Oľga, and Grigorij Mesežnikov [2015] "Actors, agenda, and appeal of the radical nationalist right in Slovakia." In Michael Minkenberg (ed.) *Transforming the transformation: the East European radical right in the political process*. London: Routledge, pp.224-248.

Jasiewicz, Krzysztof, and Agnieszka Jasiewicz-Betkiewicz [2013] "Poland." *European Journal of Political Research Political Data Yearbook*, 52, pp. 183-188.

Koev, Dan [2015] "Interactive party effects on electoral performance: how ethnic minority parties aid the populist right in Central and Eastern Europe." *Party Politics*, 21: 4, pp.649-659.

Krastev, Ivan [2016] "Liberalism's failure to deliver." *Journal of Democracy*, 27: 1, pp. 35-38.

Krekó, Péter, and Gregor Mayer [2015] "Transforming Hungary-together?: an analysis of the Fidesz-Jobbik relationship." In Michael Minkenberg (ed.) *Transforming the transformation: the East European radical right in the political process*. London: Routledge, pp. 183-205.

Linek, Lukáš [2011] "Czech Republic." *European Journal of Political Research Political Data Yearbook*. 50, pp.948-954.

Linek, Lukáš [2014] "Czech Republic." *European Journal of Political Research Political Data Yearbook*. 53, pp.92-103.

Malová, Darina, and Branislav Dolný [2016] "Economy and democracy in Slovakia during the crisis: from a laggard to the EU core." *Problems of Post-Communism*. 63: 5-6, pp.300-312.

Mareš, Miroslav [2015] "The impact of the Czech radical right on transformation and (de-) consolidation of democracy after 1989." In Michael Minkenberg (ed.) *Transforming the transformation: the East European radical right in the political process*. London: Routledge, pp.206-223.

Manzetti, Luigi [2009] *Neoliberalism, accountability, and reform failures in emerging markets: Eastern Europe, Russia, Argentina, and Chile in comparative perspective*. Pennsylvania University Press: Pennsylvania.

Mudde, Cas [2017] *On extremism and democracy in Europe*. London: Routledge.

Myant, Martin, and Jan Drahokoupil [2011] *Transition economies: political economy in Russia, Eastern Europe, and Central Asia*. Hoboken: John Wiley and Sons, Inc.

Rae, Gavin [2013] "Avoiding the economic crisis: pragmatic liberalism and divisions over economic policy in Poland." *Europe-Asia Studies*, 65: 3, pp.411-425.

Rybář, Marek, and Kevin Deegan-Kraus [2008] "Slovakia's Communist successor parties in comparative perspective." *Communist and Post-Communist Studies*. 41: 4, pp. 497-519.

Rybář, Marek, and Peter Spáč [2017] "The March 2016 parliamentary elections in Slovakia: a political earthquake." *Electoral Studies*. 45, pp.153-156.

Seleny, Anna [2006] *The political economy of state-society relations in Hungary and Poland: from Communism to the European Union*. Cambridge: Cambridge University Press.

Shields, Stuart [2012] *The international political economy of transition: neoliberal hegemony and Eastern Central Europe's transformation*. London: Routledge.

Shields, Stuart [2015] "Neoliberalism redux: Poland's recombinant populism and its alternatives." Critical Sociology, 41:4-5, pp. 659-678.

Stanley, Ben [2013] "Poland." In Sten Berglund, Joakim Ekman, Kevin Deegan-Krause and Terje Knutsen (eds.) *The Handbook of political change in Eastern Europe*. Cheltenham: Edward Elgar, pp.167-215.

Stenning, Alison, Adrian Smith, Alena Rochovská, and Dariusz Świątek [2010] *Domesticating neo-liberalism: spaces of economic practice and social reproduction in post-socialist cities*. Chichester: Wiley-Blackwell.

第3部　アジア・ユーラシアの事例

第6章

タイにおけるポピュリズムと脱民主化

玉 田 芳 史

1 はじめに

(1) ポピュリズムとタックシン

　タイでポピュリズムといえば、タックシン・チンナワット元首相（在任期間 2001-2006 年）を抜きには語れない。多くの者が彼をポピュリストとみなし、彼を題材としてポピュリズムの功罪を論じてきた。ポピュリズムの訳語「プラチャーニヨム（prachaniyom）」は、タックシンを形容するために作られ、瞬く間に人口に膾炙するようになった［Anek 2006: 23, 76-80］。

　ポピュリズムは、本書の序章で論じられるように、多義的である。しかしながら、タイでは、独特の意味を帯びて用いられている。第一に、プラチャーニヨムという訳語は、「人民（pracha）＋愛好・主義（niyom）」という原義から逸れて、大衆迎合主義という意味に限定して用いられている。第二に、この訳語はタックシン政権を批判するために用いられてきた。2005年以後タックシンへの批判が、倦むことなく続いている。タックシン批判の定型句は「汚職」と「ポピュリズム」である。ポピュリズム擁護は、タックシン擁護に等しいため、憚るべきタブーになっていると述べても過言ではない。

ポピュリズムに依拠してタックシン政権を批判したのは、ポピュリズムへの懸念ゆえではなく、同政権の高い人気のゆえであった。タックシンが2005年に下院議席の4分の3を獲得したことが、多くの人々の不安や憤りをかき立てた。選挙で支持を得る政権を、「非民主的」あるいは「権威主義的」と批判しても説得力に乏しい。そこで、彼らは汚職・腐敗とポピュリズム（大衆迎合主義）の2点からタックシン政権への攻撃を試みた。

（2）ポピュリズムとは

本章では、タイにおいて、ポピュリズムが脱民主化にどのように利用されてきたのかを明らかにしたい。議論の補助線とするために、ポピュリズムが何を意味するのかを先行研究に依拠してあらかじめ確認しておきたい。

大嶽秀夫によれば、現代政治におけるポピュリズムには利益誘導型と劇場型がある。前者は大衆迎合主義であり、「しばしば大衆に甘い期待を抱かせ、かつ長期的展望を無視して短期的な利益供与を散布する」タイプである［大嶽 2006: 序章］。後者については、「政治を利害対立の調整の場としてではなく、善悪の対立というモラリズムの観点から、しかもドラマとしてみる」という特徴があり、「そこには常に、人民の道義性を体現・象徴し、『悪』『敵』に対する『道徳的戦い』、聖戦のリーダーになるヒーローが登場する」［大嶽 2003: 112］。そのリーダーが「『普通の人々（ordinary people）』の一員であることを強調する（自らを people にアイデンティファイする）と同時に、『普通の人々』の側に立って彼らをリードし、『敵』に向かって戦いを挑む『ヒーロー』の役割を演じてみせる」、これが劇場型である［大嶽 2003: 118-119］。島田幸典は、後者の立場から、「ポピュリストは非日常的・非制度的・非間接的な方法によって大衆の、とくにルーティン化された経路では見解や利益を十分に表出できないと感じている周縁化された未組織の人々の支持を獲得する」と述べる［島田 2009: 4-5］。水島治郎は、前者を「固定的な支持基盤を超え、幅広く国民に直接訴えかける政治スタイル」、後者を「『人民』の立場から既成政治やエリートを批判する政治運動」と簡潔に説明

する［水島 2016: 6-7］。

　エリートへの挑戦という後者の観点から、明快な定義を試みたのがヤン＝ヴェルナー・ミュラーである。彼は「ポピュリズムとは、ある特定の政治の道徳主義的な想像であり、道徳的で純粋で完全に統一された人民……と、腐敗しているか、何らかのかたちで道徳的に劣っているとされたエリートとを対置するように政治世界を認識する方法である」と定義する。彼はさらに「ポピュリズムの核心的な主張は、反多元主義の道徳化された一形態である」と断じる。ポピュリストは、「自分たちが、それも自分たちだけが、人民を代表すると主張する」点において、「つねに反多元主義者である」［ミュラー 2017: 27］。こうした「ポピュリストは、道徳的な者と非道徳な者、純粋な者と腐敗した者……これらを区別するような基準を用いて、政治の道徳主義的な概念化を進めている」。「ポピュリストが道徳と非道徳を区別する手法は様々だ。だが、つねに必要とされるのは、道徳的に純粋な人民とその敵との何らかの区別である」［ミュラー 2017: 32-33］。ポピュリストは人民を道徳的に代表していると主張することで、「一部の人民のみが法による十全な保護を享受する一方で、人民の一員ではない者、さらに言えば、人民に反する活動に従事していると疑われた者は、厳しく扱われるようになるだろう。……それが『差別的法治主義』である」［ミュラー 2017: 60］。

（3）　タイにおける2つのポピュリズム

　タイでは利益誘導型と劇場型の両方のタイプのポピュリズムが観察されてきた。前者は国政選挙で勝利し、大衆迎合主義者と批判されるタックシンである。後者は、タックシン派政権の道徳欠如を糾弾し、その打倒を目指す運動である。

　そうした2つのポピュリズムの衝突を引き起こしたタイ政治の底流には、⑴ 1990年代からの政治の民主化と、⑵ ASEAN諸国でもかなり悪い部類に入る経済格差がある。貧困層は代議政治を通じた利益表出ないし救済の機会に久しく恵まれなかったものの、2001年以後そうした機会に遭遇すると、

もの言わぬ臣民から権利意識に目覚めた有権者へと変わり、選挙への拘りを強めた。覚醒の触媒は、(1)マニフェスト政治を始めたタックシン、(2)選挙政治を軽視・無視する反タックシン派、この両者であった。

覚醒したのは下位中間層である。下位中間層の多くは地方の中間層であり、都市部の下層民も含まれる。この階層は人口規模でいえば最大である。彼らは、高学歴の都市富裕層から「愚昧・貧困・不健康」といった定型句 [Phasit 2016] をともなう「侮蔑的なまなざし」を向けられてきており、水島が紹介する「置き去りにされた」人々に近いといえる [水島 2016: 173, 186]。

政治上の格差は、政治の民主化にともない、縮小し始めた。しかし、社会経済エリートは平等化に反発し、普通平等選挙をこき下ろした。反タックシン派に荷担する政治学者ソムバット・タムロンタンヤウォン（国立大学 NIDA の前学長）は 2013 年 12 月 11 日に、「1 人 1 票という民主主義の原則をタイで用いるとなぜだか悪い政治家のほうが多くなってしまう」。「タイ国民は間抜けというわけではないけれども、日々の暮らしで精一杯であり、善人（khon di）の選び方についてあまり考えることができない」と語った。ソムバットは 2013 年 12 月 15 日付けの経済紙に掲載されたインタビューで、「与党は選挙で獲得した 1,500 万票が多数派の声だと主張している。しかし、タイの人口は 6800 万人であり、1,500 万で多数派などとなぜ言えるのか。それはレトリックに過ぎない」と述べている。また、反タックシン派のデモ集会に日参した学者セーリー・ウォンモンター（タムマサート大学の元ジャーナリズム学部長）は、「バンコクの 30 万票は上質な票である。地方の低質な 1500 万票よりも優れている」と語った。経済界でも、大手製薬会社の御曹司ペット・オーソッターヌクロ（私立バンコク大学学長）は「地方住民は、教育水準が低く、騙されやすく、カネに目がくらんでタックシン支持派の政治家に票を売る。だから、選挙には意味がない」と語った。老舗ビール会社の令嬢チットパット・ブンロートは、マレーシアのスター紙が 2013 年 12 月 17 日に報じた記事の中で、「[選挙政治の問題点は] 多くのタイ人、とりわ

け地方の住民が、民主主義をきちんと理解していないことである」と語っていた［玉田 2014: 10-11］。欧米留学経験もあるエリートたちが包み隠すことなく庶民蔑視を口にできるのは、強烈な差別意識がタイ社会に蔓延しているからであり、数の多寡よりも道徳の優劣が大切というミュラー流のポピュリズムのおかげであろう。彼らは自分たちだけが参政権に値する人民だと考えているのである。

こうした人々が荷担するデモ隊を先導役として、司法機関と軍隊が協力することで、タックシン派の政権を2006年、2008年、2014年に打倒した。政権奪取後に、タックシン派の政党を解体し、選挙制度を見直しても、タックシン派が選挙では再び勝利してしまう。反タックシン派が、庶民の無知や政治家の汚職を批判しつつ、自らの善人としての道徳的優位性を強弁しても、多数の有権者は参政権の蹂躙に納得しないからである。むしろ、有権者の多数派は参政権を踏みにじるエリートへの抗議としてタックシン派に投票している。

以下では、まずタックシンが有権者から高い人気を得た理由と、大衆迎合型のポピュリズムと批判される理由を考える。次に、反タックシン派が用いてきた戦術は劇場型のポピュリズムに近いことを説明する。続いて、ポピュリズムと民主化をめぐる争いは、君主制と関係していることを示す。最後に、2014年クーデタ以後、軍事政権が取り組んでいる官民協力政策が看板を付け替えた大衆迎合主義であること、その狙いが脱民主化であることを明らかにする。

2 民主的ポピュリズム

（1） 民主化と選挙制度改革

タックシンにはポピュリストを髣髴させる点が多々あった。第一に、タックシンはタイを代表する新興実業家であり、1990年代に中央政界に登場するものの、本格的な進出は2001年以後であった。政界の主流派からすれば、

アウトサイダーや新人と見なしうる人物であり、政界に新風を吹き込む可能性があった。第二に、タックシンは有権者に支持を積極的に訴えかけ、しかも類稀な成功をおさめた。彼が力を注いだ支持調達方法とその成果としての絶大な人気に着目すると、彼はポピュリストという形容が似つかわしいように思われる。ポピュリズムが選挙において支持を調達するために人民のご機嫌を取ろうとする方法や政策を意味するのであれば、タックシンはポピュリストであった。タックシンが、自らの政権を国民重視という意味での「ポピュリズム政権」だと述べたこともあった［Supphawan 2003: 55］。しかし、有権者の支持を求めるのは民主政治では自然なことである。他方、ポピュリズムにつきものとされるエリートへの挑戦と対立図式の演出については、該当するかどうか検討の余地がある［玉田 2009］。

　タイでこうしたタイプの政治指導者の登場が可能になったのは、1990年代からの民主化と、1997年憲法による選挙制度改革のおかげであった。他方、有権者の側にも変化があった。経済格差が拡大して、貧困層が政府に支援や救済を求めるようになったことがとくに重要であった。民主化はこうした要望に応えられる指導者の登場を可能にした。つまり、ポピュリズム型の政治指導者の需要（待望論）と供給（政治制度と人物）とが偶然嚙み合ったのである。これについて少し見てみよう。

　タイでは1932年に絶対王政が打倒されて憲法が公布施行され、1933年からは国政選挙も始まった。しかし、軍事クーデタと憲法改廃が繰り返されたため、自由で公平な選挙を通じて国家指導者が選ばれるようになるまでの道のりは遠かった。民主化にとって重要な契機となったのは、第一に1973年10月の政変である。憲法制定を要求する学生デモに軍事政権が発砲して多数の死傷者を出した。このとき国王が介入して政権を退陣させ、民主政治への道筋をつけた。こうして国王の権威が飛躍的に高まる一方、以後は総選挙が数年ごとに実施されるようになった。

　第二は1992年5月の政変である。軍指導者の首相就任が抗議運動を招き、軍隊がデモ集会への発砲で多数の死傷者を出すと、国王が収拾に乗り出し、

首相を退陣させた。この政変の甚大な影響として、以下のものがあげられる。(1)軍隊が政治の表舞台から退いた。(2)中間層の政治的発言力が高まった。(3)国王の権威を再確認するとともに、反政府デモ隊に死者が出ると引責辞職につながると考える者が増えた。(4)憲法が改正され、首相が民選議員に限定された。民選議員限定は1974年憲法（施行期間は1974年10月〜1976年10月）以来のことであった。首相が民選議員から選ばれるのは通算しても6年に満たず例外にすぎなかったものが、1992年9月以後は一転して非民選首相が例外になった。

　第三に、地方分権が1995年からの区自治体設置を皮切りに急速に進んだ［永井2008］。こうして選挙の機会が増えると、有権者は投票によって生活が変わることを実感し、選挙への拘りを強めた。

　第四に、政治改革を目的とした1997年の新憲法起草も重要であった。選挙制度は、定員ほぼ400名の中選挙区から比例区100名と小選挙区400名に改められた。比例区は拘束名簿式が採用された。首相候補は比例区候補者名簿第1位である。比例区は全国区であり、有権者は投票に際して、どの党首が首相に相応しいのかを判断していた。それは首相公選制に似通った制度であった。

　1997年憲法では、政権を安定させるための工夫が凝らされた。(1) 下院議員は従来通り無所属を禁止され、新たな縛りとして現職議員は任期途中に辞職しない限り所属政党変更が不可能になった。政党は造反議員に対しては次の総選挙で非公認つまり立候補機会剥奪という制裁を加えることができるようになった。(2) 国会議員と閣僚の兼任が禁止された。小選挙区議員の閣僚就任の可能性を限りなく小さくし、選挙区議員が閣僚人事をめぐる不満から造反を起こすのを阻止するのが狙いであった。(3) 不信任案の提出には、一般の閣僚については下院議員100名の同意で足りるものの、首相に限っては200名以上の賛同者が必要と規定された。

（2）　政権公約と大統領制化

　タックシンは「タックシン体制」［Kasian 2014］と呼ばれることのある新しい統治スタイルを作り上げた。それはマニフェスト選挙、政権獲得後のマニフェスト実行、高い人気、国会・内閣・官庁への強い統制といったところに特色があった。

　タックシンは、1997年憲法に基づく総選挙に備えて、1998年にタイラックタイ党（タイ愛国党と訳されることがある。以下ではTRT）を結成した。TRTは2001年総選挙では500議席中248議席を獲得し、4年の任期満了後の選挙では500議席中377議席という圧倒的な勝利をおさめた。これ以前に総選挙で特定の政党が過半数の議席を獲得した例は1957年2月の一度しかなく、3割を超えることすら珍しかった。大勝の一因はマニフェスト選挙であった。

　タックシンが繰り返し表明した認識によれば、タイは二つの社会から構成されている。貧しく教育水準の低い農村社会と、それよりも豊かで教育水準も高い都市社会である[1]。これまでの政権は都市社会を優先し、多数派の農村社会を軽視してきた。それが1997年の経済危機の要因となった。二つの社会の問題を同一の方法や政策で解決することはできないので、それぞれの社会に対応して「二つの方針を用いる」。それがタクシノミクス（Thaksinomics）であり[2]、タックシン自身が語るところによれば、都市部と農村部の両方を対象とする両面政策（dual track policy）である［玉田 2005: 179-180］。

　両面政策についてタックシンは次のように述べている。「一方では、輸出主導の経済部門を強化する措置が講じられねばならない。外国の投資家を安心させるために通貨の安定が図られねばならない。外国からの借り入れや輸入を減らすように努めねばならない。観光、輸出、外国からの投資を増やさねばならない。…他方において、経済の基盤、草の根（grassroots、農村部住民）、内需主導経済成長を強化しなければならない。両面政策のうちこの面は草の根に力を与え、資本へのアクセスを提供する」［玉田 2005: 180］。

タックシンは両面作戦のうち、農村部の重視を繰り返してやまなかった。彼の表現を借りると、「政府は貧民の問題解決を優先する。根に水をやれば先端まで届くものの、先端に水をやっても根には届かないと考えるからである。それゆえ、政府はまず貧民の問題解決から取り組む」ということである。言い換えるならば、「農村社会の経済が上向けば都市社会の経済も自ずと上向く。都市社会の経済が上向いても農村社会の経済は上向かないので、格差が拡大するばかりである。それゆえ、農村社会の経済の潜在的な可能性を高めて格差を縮めることが重要である」というのがその意図であった。また、「今［2003年1月］タイの人口は6,300万人である。うち900万人あまりは貧民である。貧困ではないもののあまり芳しくないものが2,000万人いる。その大半は農民である」、「今や1,000万人がお荷物である。2,000万人はお荷物とまではいかない。この1,000万人と2,000万人を合わせた3,000万人を力に変えることができれば、経済は成長するだろう。実現のために投資をしてみるに値する」とも述べ、農村社会重視の政策を進めた［玉田 2005: 180］。

そうした政策実行力に加えて、政治アクター間の権力関係の変化も重要であった。タイの政党はたいていが党首の、党首のための、党首による政党であり、議員派閥で構成される。規模の大きな政党は必然的に派閥の寄り合い所帯である。TRTもそうした例に漏れなかった。しかしながら、1997年憲法の現職議員囲い込みと選挙区議員入閣阻止の2規定は、所属議員に対する党の統制強化を助けた。TRTの場合には、党首が党の顔として集票に寄与し、さらに抜群の資金力を備えて、所属議員への統制を保った。TRTが他党を吸収合併し、政治家が所属可能な政党の選択肢を減らしたことも、党の統制強化に寄与した。

執政府との関係における首相の指導力の強化は閣僚人事に端的に示されていた。組閣は従来と比べると派閥力学から格段に自由になった。これは、党の規模拡大によって派閥の力が稀釈され、党首の資金提供能力が派閥領袖を凌駕しており、選挙区議員を入閣させる必要がないといった事情によってい

た。政策立案に関しては、2001年総選挙以前からSHIN社幹部[3]、学者、NGO活動家などを集めて検討しており、政権担当後それを下敷きにして政府の政策としたことが重要であろう。立案における官庁への依存低下は、下院の安定多数掌握と相まって、官庁に政策の実施を強く迫ることを可能にした。

　立法府にも執政府にも有力な対抗勢力がなく、強い指導力を発揮して国家運営に辣腕をふるうタックシンは、大統領のような首相と受け止められるようになった。強い指導力に加えて、比例代表制の二つの特色、つまりa）各党の立候補者名簿の筆頭には首相候補の党首が掲載されたこと、b）選挙区が全国区であったことが肝心であった。有権者にとって、党の選択は首相の選択に等しく、王政や軍政のもとで無視・軽視されていた国民主権を実感する瞬間でもあった。実際のところ、タックシンは1,900万票（2005年）、1,600万票（2006年）といった比例区でのTRTの得票に言及して、国民からの支持の厚さを誇示した[4]。下院の支持による首相選出という制度上の正当性に加えて、事実上は国民によって直接に選ばれた首相という正当性も得ることによって、与党ならびに執政府における首相の地位は著しく高まった。ここで「大統領のような」という形容には、君主制を蔑ろにする共和制論者という重大な批判の意味も込められていたことに留意する必要がある［玉田2008］。

　企業家出身のタックシンにすれば、公務員は民間企業の従業員と同様に、CEO（最高経営責任者）たる首相が設定する戦略目標の達成に邁進すべきであった。しかし、官庁優位の時代が長く続いてきたため（官僚政体）、一朝一夕の変化は容易ではなかった。そこで、タックシンは迂回戦術でマニフェスト実行を目指した。一つには新しい政策を担当する新たな部署を設置した。もう一つには、執行過程で内閣の裁量が働く予備費の枠を拡大したり、政府系金融機関から借り入れたりして、必要な予算を捻出した。当座しのぎに加えて、タックシンは2002年10月に官庁を15省庁から20省へと大きく改組した。時代に即した組織再編とともに、事務次官や局長といった行

政幹部が大幅に交代したことも重要である。幹部は任命してくれた政権に従順になりがちである。また、官庁の縦割りの弊害を緩和するために、地方出先機関や在外公館の代表者の統括権限を強化した（CEO 県知事と CEO 大使）[5]。

（3） ポピュリズム批判

2003 年 3 月 1 日にタックシンは、「[政権発足からの 2 年間] 貧困対策を最優先してきた」と述べた。具体的には、通院 1 回あたり 30 バーツの医療制度、農民の債務返済猶予（2001 年 4 月 1 日から 3 年間）、1 村あたり 100 万バーツの村落基金（2001 年 7 月入金開始）、「一村一品」事業、ゴムや米などの価格維持[6]、人民銀行（2001 年 6 月発足）[7]などである。これらの事業は、農村部住民の雇用創出、所得増加、消費拡大をねらっており、それにより国の経済を成長させようと意図していた。これらの事業のために、政府予算のほかに国営の貯蓄銀行や農業・協同組合銀行の資金が投入された。2004 年 1 月に入ると、貧民登録を全国で実施し始めた。これは貧困対策策定のための参考情報を得ることを目的としており、同年 3 月までに 721 万人ほどが登録した［玉田 2005: 180-181］。

タックシンは政府の売り込みのための能書きとして数字、とりわけ経済成長率に執着してきた。それゆえに、農村部ばかりに傾注しているわけにはゆかない。そこで内需拡大の方策として、不動産価格や株価の上昇を目論むことになる。2001 年末には公務員向けに頭金なし、低金利の住宅取得資金融資事業を始め、2002 年 1 月には外国人の土地所有を認める方策の検討に乗り出す。さらに 2003 年に入ると、低所得者向け住宅を 5 年間で 100 万戸供給すると謳い始めた［玉田 2005: 181-182］。

タックシンは毎週土曜日の朝に全国向けのラジオ放送を担当した。政府がそれまでの 1 週間に何をしたのか、これからの 1 週間に何をやるのかを、首相が自ら 1 時間弱にわたって国民に直接語り聞かせたのである。首相がこれほどの頻度で国民向けに語るのはタイの歴史上前例のないことであった[8]。

選挙が近づくと、タックシンは農村部に宿泊してその様子をテレビで生中継させた。自ら陣頭指揮を執った売り込みである。国民が、エリート然としたほかの指導者よりも、庶民の目線で語りかけるタックシンに好感を抱くのは自然なことであろう。しかも、タックシンが売り込もうとしたのは、前述のように、貧困救済や経済成長に主眼をおいた人気のある政策であった。政策の内容ならびに売り込み方法において、タックシンはポピュリストと形容されるにふさわしい政治家であった。

　たとえば、タイを代表する研究者パースック・ポンパイチットとクリス・ベイカーは、既成の支配者層への挑戦、善悪対立図式の演出という定義を念頭においた上で、タックシンがポピュリストであったと判断する。彼女たちはポピュリズムの社会経済的な背景として、タイ政府が1960年代から進めてきた開発政策による格差拡大をあげる。ジニ係数は、1960年には0.413であったものが1990年には0.536へ上昇し、その後やや改善したものの0.5ほどと高止まりしており、ASEAN諸国ではもっとも高い部類に属する［Pasuk and Baker 2016: 7-15］。開発の恩恵は、2004年時点で労働人口の41％を占める農業従事者、26％を占める都市部インフォーマル部門従事者には十分に行き渡らなかった。有権者の3分の2を占めるこれらの人々は、政府が1997年の経済危機の後に都市部のフォーマル部門の救済に熱心であったことに憤りを覚えた。そこに登場したのが1998年結成のTRTであった［Pasuk and Baker 2009: 70-73］。TRTはこれらの人々も救済しうる包括的な選挙公約を掲げて支持を得た。

　パースックたちによると、タックシンが庶民の支持を求めたのは、エリートに挑戦するためであった。エリートとは、中間層・富裕層、既存政党（野党の民主党）、王室だと指摘される。タックシン政権の登場によって、それまで政界で権力や影響力を誇ってきた勢力が衰退の脅威にさらされたことは否定しがたい。しかし、タックシンがその衰退を狙っていたとか、こうした勢力の打倒を目標に掲げて人民の支持を調達しようとしていたという事実は確認できない。タックシン政権下では、挑戦のために人民を懸命に動員しな

ければならないエリートといえば、王室かタックシン自身のほかには想像しづらい。国民から絶大な敬愛を受ける王室を打倒するべく国民を動員することは容易ではなく、王室への公然たる挑戦は百害あって一利なしである。またタックシンを支持する有権者の大半も、王室への挑戦をまったく意図していなかった。彼らはタックシンを支持しつつ、王室を敬愛していた。これは有権者の目線からすれば、何ら矛盾のないことであった。

　ポピュリストという指摘は、多分に先入観に基づいており、事実の裏付けが乏しかった。第一に、タックシンは貧困層を買収していたという非難が繰り返されているが、それは正しくない。タックシンが貧困対策を重視したのは事実だが、彼は貧民ばかりに恩恵をもたらしたわけではない。富裕層や都市部住民にも恩恵があった。首都バンコクにおける2001年と2005年の総選挙の結果を比較すると、小選挙区の獲得議席はTRTが29から32へ増加し、民主党が8から4への半減であった。比例区でのTRTに対する民主党の得票率は、63%から58%へと減少していた。これはTRTが貧困層の政党ではなく、富裕層からも支持を受ける包括政党であったことをよく示している。

　第二に、知識人は、過剰に気前のよい政策によって国家財政に過大な負担を強いることによる破綻、つまり経済破綻を招く危険性に警鐘を鳴らしてきた。このため、タックシン政権下の5年間で政府の歳入がほぼ倍増しており、それが気前のよい政策を財政的に支えていたという事実に言及されることはほとんどなかった。タックシンが公的な債務に著しく消極的であったという事実に言及されることもない［末廣 2008: 244-245］。そもそもタイを代表する企業家として、健全なマクロ経済運営に関心を抱くタックシンが首相である限り、放漫財政を原因とする経済の破綻を懸念する必要はほとんどなかった。

　事実を黙殺したポピュリスト批判が続くのはなぜか。タイの民主化は1990年代以後加速し、同じ時期に中間層およびその一角を占める知識人の発言力が高まった。都市中間層は少数派であるにもかかわらず、言説権力つまりマス・メディア上の論調を支配した。1997年憲法に結実する政治改革

はその最たるものであった。彼らは改革や民主化の美名のもと、政治の大衆化に歯止めをかけようとした。ところが、タックシンは大衆から圧倒的な支持を獲得することによって、知識人の言説に左右されにくくなった。知識人は言説支配力低下への憤りから、タックシン批判に荷担したという面もあろう。

3　反民主的ポピュリズム

（1）　プーミポン体制

　1973年以後のタイの政治体制は「国王を元首とする民主主義体制」と公称される［加藤1995］。国王が政治的ヘゲモニーを握る体制であり、「プーミポン体制」と呼びうる。君主は象徴にとどまることなく、政治に関与してきた。このことを正当化するために、君主と国民が主権を共有するという君民共治論が唱えられてきた。主権は国民にあるものの、君主はその主権を国会・内閣・裁判所を通じて行使すると主張される［玉田2015］。

　ただし、君主の絶大な権力は憲法には明記されてこなかった。プーミポン国王が、臨機応変な対応を可能にするため、憲法への明記を嫌ったからである。その結果、君主の権力は制度化されないことになった。国王が政治に実際に関与しうる幅は、君主自身の人徳や人望、首相との関係、国民からの敬愛という三つの要素に依存していた［Kasian 2011: 103-104］。君主にとっては、弱体な首相が好ましい。軍事政権首班は民主的な正当性の欠如ゆえに国王に依存する。1990年代の政党政権は民主的な正当性があっても、著しく不安定なため、王室にすがって延命を図ろうとした。一方で、君主が高齢になったり病弱になったりすれば、あるいは交代すれば、君主の権力は低下する可能性がある。そうした変化が迫り来る時期に登場したタックシン政権は、前述のように下院による支持と国民による選抜という二重の民主的な正当性があり、都市部でも農村部でも高い人気を博して、抜群の安定を誇って

いた。このタックシンがプーミポン体制の擁護者から不評を買ったとしても不思議ではない［玉田 2013: 21-24］。

　政治学者のアネーク・ラオタムマタットは、「"ポピュリズム"が"国王による扶助"を損ねるかもしれないことを認めなければならない。"ポピュリズム"を不注意に用いると、意図せずして、"国王による扶助"と競合しかねない、つまり威徳（barami）を競うことになるかも知れない。筆者自身、東北地方の住民が『国王陛下は即位されて60年になる。貧しいものたちをずっと助けてくださった。でも、病気の治療に関しては、国王陛下からの扶助は、首相の"30バーツですべての病気を治療する事業"には敵わない』と率直に語るのを聞いたことがある」［Anek 2006: 100-101］と記して、タックシンの貧困層支援策が君主を凌駕してしまう可能性を指摘した。

　また英字紙の記者であるスッパラック・カーンチャナクンディーはより単刀直入に、「注目すべきは、国王が昔から農村部住民に対して果たしてきた役割の多くが、タックシンのポピュリズム時代に奪い取られたことである。このため、国王ポピュリスト（royal populist）と選挙ポピュリスト（electoral populist）という2種類のポピュリストの衝突が生じた。その結果、［軍が2006年に］権力を奪取し、国王ポピュリストを補強し存続させようとした」［Supphalak 2007: 273］と指摘した。タックシンと君主はともにポピュリストであるため衝突するというのである。

　TRTによる農村部支援策は、農村開発に従事するNGOの多くに打撃を与えた。住民は従来ほどNGOに頼る必要がなくなったからである。その政策はまた、当初は共産主義に対抗するために、後には自らの人気を維持・獲得するために農村部で開発事業に従事した王室にも打撃を与えた。興味深いことに、アネークがタックシンのポピュリスト政策を批判的に分析したとき、批判の俎上にのせたのは再配分政策そのものではなく、そうした政策に由来する正当性や人気であった。このためタックシンを駆除する試みが始まり、ついにはクーデタに至ることになった。左派の学者チャイ・ウンパーコーンが指摘するように、「［2006年］9月19日クーデタは、タックシンの

ポピュリスト政策をタックシンに過大な権力を付与するがゆえに毛嫌いする反タックシン派のエリートによる企てであった」［Ji 2007: 29］。タックシンがポピュリストだとして断罪されたのは、彼の民主的な正当性を稀釈しようという政治的な意図のゆえであったといえよう。

プーミポン体制の擁護者は、2005年総選挙に大きな衝撃を受けたと想像される。タックシンは2003年4月のTRT大会で「私は首相を2期8年務める。私が退いた後にもTRTから首相を出して8年政権を担当する。国民はおまけとしてさらに4年タイラックタイ党に政権を担当させてくれて20年ということになる」と語った［玉田 2005: 187］。

TRTのタックシンは、PAPのリー・クワンユー（シンガポール）やUMNOのマハティール・モハマド（マレーシア）に比肩しうる指導者になると思われた。王党派［McCargo 2005］は国王の影を薄くしかねない大統領のような首相がいつまでも政権を担当することに不安を募らせた。2005年総選挙の結果は、タックシンの豪語に現実味を感じさせるものであった。このため、政権打倒運動は2005年から本格化した。打倒劇はこれまでのところ3度繰り返されてきた。タックシン派は政権を打倒されても解党処分を受けても、選挙では再び勝利するからである。

（2）　王党派ポピュリズム

王党派は君主制を蔑ろにする勢力を駆除しようとした。君主制のための戦いは、デモ隊、司法機関、軍隊によって遂行された。まずデモ隊が登場して政治家の汚職・腐敗を不道徳と批判する。続いて、司法機関が政治家に有罪判決を下して不道徳であることを確証する。それでも政権が倒れなければ軍隊がクーデタを決行する。これは2006年、2008年、2014年の3度にわたって生じたことである。

王党派は、ポピュリズムの手法を闘争に用いていた。彼らは友敵の色分けをし、敵を実像以上に悪役として描き出す戦術を積極的に採用した。それは、君主制をタックシンから、ひいては代議制民主主義から守ろうとする聖

戦であった。彼らは君主を錦の御旗とした。君主は仏教の正法王として最高の徳を備えていると称えられているため、戦いへの参加者は主観的には徳性を帯びていた。

　デモ隊の核になってきたのは、2006年2月に結成された「民主主義のための国民連合（いわゆる黄シャツ派、以下PAD）」である。PADは、タックシンを敵役として、モラルの欠如を批判した。彼らは道徳的な「善人」を自称した。彼らは明快な善悪対立図式を描き出し、国民に二者択一を迫った。「容易に買収されてしまう暗愚な庶民なのかどうか。そうでなければPADに加勢しなければならない。PADに背を向けるのは、愚民かタックシンの奴隷であって、反道徳的不道徳的である」というわけである。PADはあらゆるメディアを通じて反対派に集中砲火を浴びせて沈黙を強いようとした。

　重鎮の政治学者チャイアナン・サムッタワニットは2006年3月のセミナーで「共産党は40年を費やして国民を二分したが、タックシンはわずか5年で国民の二分に成功した」と指摘した［玉田 2009: 85］。「二分」を既成事実として語ることは二分の勧めに等しく、しかも地方住民がタックシンの側にいると明示すれば、都市部住民に残された選択肢は反タックシンしかなかった。二者択一を無理強いする作戦はかなり成功したように思われる。

　PADは、2006年には首相府脇の幹線道路で100日以上露営して反政府集会を開いた。2008年には首相府を数か月間占拠し、首都の国際空港を1週間にわたって封鎖した。2014年にはPADが民主党支持者と合流して結成した「国王を元首とする完璧な民主主義体制へと国政を改革する人民委員会」（以下では、PDRC）が首都の主要交差点を何日間も封鎖した。彼らは、民刑事責任を問われる明白な違法行為を犯していたにもかかわらず、排除されなかった。政府が強引に排除しようとして流血になれば、1973年や1992年のように国王によって退陣を命じられる可能性があったからである。この免責特権は王党派であるがゆえに享受できるものであった。それというのも、タックシン派を支持する別のデモ隊（UDD、いわゆる赤シャツ派）は2009

年と 2010 年に首都で路上集会を開いた折、軍隊によって掃討されたからである。とりわけ 2010 年には 100 名ほどの死者が出たにもかかわらず、君主は沈黙を通した。こうした好対照な処遇は、「PAD ＝王党派＝守られる善人」、「UDD ＝駆除される暴徒」という印象の構築に寄与していた。

どのような人々がデモ集会に参加していたのであろうか。アジア財団は、反タックシン派の PDRC とタックシン派の UDD がバンコクで 2013 年 11 月 30 日に開いたそれぞれの集会への参加者を調査し、12 月に結果を発表した。顕著な差違を探すと、第 1 は学歴である。大卒者の割合は UDD が 27％、PDRC が 68％であった。第 2 は住所である。バンコク在住者が UDD は 32％、PDRC は 57％であった。バンコク以外からの参加者には極端な地域差があった。北部は UDD28% PDRC3％、東北部は UDD20% PDRC10％であった。他方、南部は PDRC26% UDD5％、東部は PDRC14% UDD4％であった。第 3 は職業と収入である。PDRC はホワイトカラー労働者の割合が高かった。世帯収入は、月 3 万バーツ（約 9 万円。ちなみに大卒公務員の初

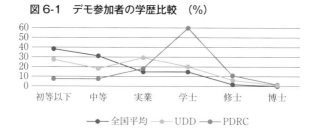

図 6-1 デモ参加者の学歴比較 （％）

図 6-2 集会参加者の居住地 （％）

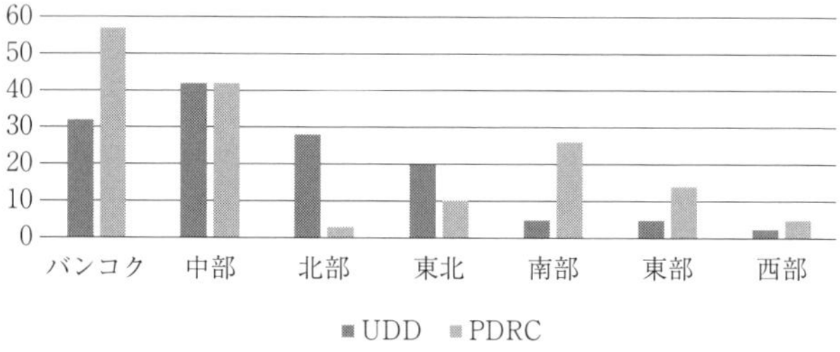

第6章　タイにおけるポピュリズムと脱民主化　219

図 6-3　集会参加者の所得比較　（%）

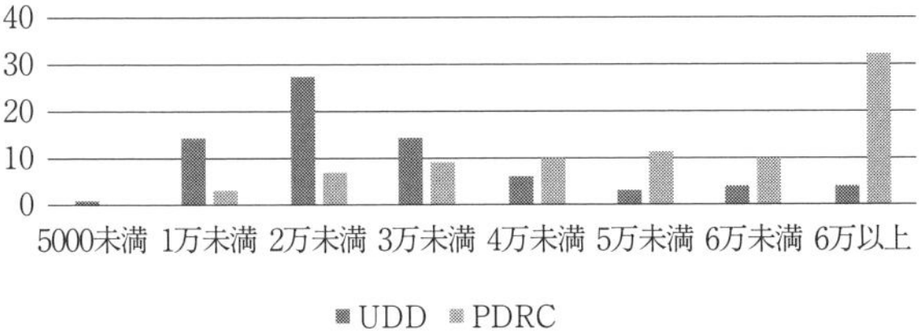

5000未満　1万未満　2万未満　3万未満　4万未満　5万未満　6万未満　6万以上

■UDD　■PDRC

任給は 1.5 万バーツであった）以上が PDRC の 63％に対して、UDD は 17％にすぎない［Asia Foundation 2013］。まとめると、UDD は地方住民、PDRC は首都住民が多く、相対的には UDD の方が学歴や所得が低く、たいていの観察者が共有してきたイメージと合致していると言えよう（図6-1、6-2、6-3 参照）。

　政治意識にも顕著な違いがみられた。第1に、集会参加の動機は、PDRC ではタックシン一族の支配打破 48％、王室防衛 14％、他方 UDD では民選政権防衛 39％、民主主義防衛 38％となっていた。第2は民主政治観である。選挙や多数決を支持するのは、UDD の 23％に対して、PDRC は 5％にすぎない。逆に、少数派の意見や全員の意見に政府が耳を傾けるべきというのは、PDRC が 14％であるのに対して、UDD は 3％にすぎない。PDRC が少数派、UDD が多数派であることをてきめんに反映した数字といえよう。第3に、政治が混乱した場合には選挙によらない指導者でもよいと認めるものは、PDRC の 46％に対して、UDD は 8％にすぎない［Asia Foundation 2013］。

　PDRC の参加者の過半数はバンコク在住者であった。ワンナウィパーン・マーナチョーティポンとアピチャート・サティットニラーマイは、そのバンコク在住者に対象を限定して 1,800 名の調査を行った。政治集会の参加や支援の経験を尋ねると、65.4％は関わったことがなかった。関わったものの内訳は、UDD4.4％、PAD3.2％、PAD と PDRC7.00％、PDRC10.6％、横断派（UDD と PAD／PDRC の両方に参加）9.3％となっており、まとめると黄シャツ派 20.7％、赤シャツ派 4.4％、横断派 9.3％であった。2001 年以後の総選挙で投票したことのある政党を尋ねると（複数回答可）、集会非参加者は民主

党49％、タックシン派42％、横断派も民主党49％、タックシン派39％と極端な偏りはないものの、UDDは9割がタックシン派、PDRCでは8割以上が民主党となっていた。大卒以上の学歴を備えたものは、集会非参加者では54.5％であり、PDRCは70.6％、PAD／PDRCは59.9％とそれを上回っていた。これに対して、UDDは35.0％、PADは30.4％と低かった。政治状況によっては民主主義よりも権威主義のほうが好ましいという意見への賛否を問うと、肯定はPADでは36.8％、集会非参加者では38.3％、そしてUDDでは21.3％にとどまるのに対して、PDRCでは51.3％、PAD／PDRCでは52.4％であった。PDRCには権威主義体制に好意的なものが多いことが分かる。政治運動での暴力の行使については、一切容認しないというものは、UDDが53％、集会非参加者が47％、横断派が40％であるのに対して、PDRCは30％、PAD／PDRCは32％、PADは39％であった。どのような場合に暴力行使を容認するかという問いには（複数回答可）、PDRCやPAD／PDRCは半分以上が汚職政権の打倒や国体（王室）防衛をあげている［I Wannawiphang and Aphichat 2017］。PDRCには民主的な手続きを尊重する意識が弱いことが分かる（図6-4参照）。PDRCではバンコク住民が多数を占めるものの、バンコク住民の間ではPDRCはむしろ少数派であること

図6-4 バンコク住民の政治経験と政治的態度（％）

	構成比	投票した政党		大卒以上の学歴	権威主義肯定	政治暴力否定
		民主党	タックシン派			
PAD	3.17	58	32	30.4	36.8	39
UDD	4.44	18	90	35	21.3	53
PADとPDRC	7	94	13	59.9	52.4	32
PDRC	10.61	80	18	70.6	51.3	30
横断	9.33	49	39	50.7	33.3	40
非参加	65.44	49	42	54.5	38.3	47

出所 Wannawiphang and Aphichat［2017: 18,21,32, 36］

が分かる。アジア財団の調査と重ね合わせると、一部の高学歴富裕層が代議制民主主義に反対していたことになる。

　タックシンを悪役に仕立てて、政党政治ではなく、抗議集会やメディア報道という非日常型の政治手法で政権を倒そうとしたという点において、PAD や PDRC はポピュリズムの手法を用いていた。しかし、それらにはポピュリズムとして不可欠なものが欠落していた。第一に、代議制民主主義を否定した。第二に、人民全体に訴えかけようとしなかった。タックシンを支持する農村部住民や都市下層民を最初から射程外に置き、もっぱら都市中間層の動員を試みた。都市中間層は精々のところ国民の 3 割にとどまる。それに傾注したのは、1 つには代議政治の否定では多数派の支持を得られないからであり、もう 1 つには 1992 年以後は首都中間層が民主化勢力であると自明視され、その意見が正論としてまかり通るようになっていたからである［玉田 2003］。一定数の聴衆が集まり、その様子がメディアで好意的に報道されれば、社会の中間層や上層から支持を取り付けやすかった。ここで重要なのは、タックシンがマス・メディアに対して強圧的な姿勢を示し、反発を招いていたことである。「彼はまず広告を圧力に用いた。首相一家は多数の企業を保有しており、中でも携帯電話会社 AIS はマス・メディアにとって最大級の広告主であった。タックシンは政府に批判的なマス・メディアには自社や官公庁（傘下の国営企業を含む）の広告を依頼しないという制裁を突きつけることにより、批判的な報道を封じ込めてきた。第二に、タックシンは経営陣に圧力をかけて編集担当者を更迭させた。2004 年 2 月には英字紙バンコク・ポストの編集者が編集業務から外され、週刊誌サヤーム・ラットの編集長が辞職へ追い込まれた。翌年 9 月には首相と懇意な実業家がバンコク・ポスト紙と有力タイ字紙マティチョンの買収に乗り出した。言論規制を目論む首相の差し金とみなされた。第三に、政府に批判的なジャーナリストや NGO 活動家に対して、不正資金洗浄疑惑で捜査を加えるようたびたび命じてきた。第四に、首相を批判した知識人やジャーナリストを名誉毀損で訴え、巨額の損害賠償を請求して、批判を封じ込めようとした」［玉田 2008:

166］。規制に加えて、首相が繰り出す新しいアジェンダに振り回されて世論形成力を妨げられたことも、メディアを反タックシンの運動に好意的にする一因であった。

（3） プラチャー・ラット

　自称「善人」は、軍隊、裁判所、デモ隊の連携によって、3度政権を握った。2006年のスラユット・チュラーノン政権と2008年の民主党政権は、大衆迎合型のバラマキ政策を踏襲したものの、2007年と2011年の選挙でタックシン派の勝利を阻止できなかった。有権者の評判がさほどよくないのは、正当な権利を持った国民への利益配分ではなく、弱者・貧者への上からの施しという姿勢のゆえであろう。この反省に基づいて、2014年発足のプラユット・チャンオーチャー政権はプラチャー・ラット（pracha rat）政策で新味を出そうとしている。

　「プラチャー・ラット」という語句はタイの国歌に登場する。しかしながら日常的には使われておらず、大方のタイ人には馴染みが薄い。軍事政権がプラチャー・ラットという言葉を用いるのは、プラチャーニヨムというポピュリズムの訳語を強く意識し、それが意味する大衆迎合主義とは違うと訴えるためである。プラチャー・ラットは大衆迎合主義を否定し、それを乗り越えるための表現として、「官民協力」という意味で用いられている。

　プラチャー・ラットを特集した2016年5月15日付けの政府広報誌で、プラユット首相は、次のように説明した[9]。「プラチャー・ラットは、過去の弊害をただす。大衆迎合主義が土壌を改良せず有害物質を残留させ、しかも高価な無機肥料や化学肥料であるとすれば、プラチャー・ラットは土壌を改良し土壌の養分を増加させ自然とのバランスを保ち環境に優しい有機肥料・家畜糞肥料・発酵肥料・生物肥料である。大衆迎合主義は搾取する資本家に依存して稲作を行うような一時しのぎの解決方法であるのに対して、プラチャー・ラットは［プーミポン国王提唱の］知足経済哲学に則った持続性の

ある解決策である。プラチャー・ラットでは、政府予算は、……うわべを取り繕うだけの使われ方をせず、長続きする幸福を生み出し、自立できる強さをもたらすために、体系的に運用される」。

これは農村部や貧困層を強化するために、政府と民が協力しようという政策である。この政策における「民」は意味が広く、民間企業、市民社会、学者、人民・地域共同体を指している。

その政策は、従来のものと大差がない。その一因は、タックシン政権で経済政策を担当したソムキット・チャートゥシーピタック副首相が、責任者に任命されたことにある。タックシン派政権の人気獲得に寄与した政策については、一方では大衆迎合主義と罵倒しながら、他方ではその多くを踏襲している。新たに導入した大衆迎合政策もある。いくつかの例を見てみよう。継続分には30バーツ医療、低価格住宅、高齢者手当、低利融資などがあり、新しいものには子ども手当、貧民登録後の給付金や福祉カードなどがある。これら全体に覆い被さる共通の看板として「官民協力」を掲げたということである。

ただし、一つ大きな違いがある。プラチャー・ラットには代議制民主主義ないしは民選政治家の否定という狙いが込められている点である。王党派ポピュリズムの主たる狙いは、代議制民主主義ひいては国民主権の正当性を稀釈することにあった。官民協力でそれを加速しようとしている。反民主主義の新たな協力者は社会・政治活動に熱心な医療関係者である。「民」を構成する「市民社会、学者、人民・地域共同体」の中心になるのは医療関係者であり、民衆は医療関係者、NGO、学者によって教導される存在に過ぎない。資本主義と代議政治に批判的な医療関係者は、代議政治を抑制するために、資本家と協力して、官民協力政策に積極的に力を貸している。彼らの理想は、政治エリート（政党政治家）を抑え込んで、官僚エリート、財界エリート、市民社会エリート（医療関係者）が協調して支配を行うことである。その思想は選挙を軽視・無視した権威主義的ポピュリズムへ向かおうとしているように思われる。

気鋭の政治学者ピット・ポンサワットによると、医学界の重鎮プラウェート・ワシーが主導し、医療関係者が大小の歯車となって切り盛りし、（内実が何かはさておき）改革に邁進してきたタイの市民社会が、プラチャー・ラット構想の底流に存在しているという。市民社会にとっては、プラチャー・ラットは改革であり、大衆迎合主義や民主主義よりも優れていると受け止められている［Phit 2016］。資本主義と代議政治に批判的な医療関係者は、代議政治を抑制するために、資本家と協力して、官民協力政策に積極的に力を貸している。そのプラチャー・ラットには政治家と選挙制度が入り込む余地がない［Phit 2017］。

4 おわりに

民主化は国民主権の実体化を意味していた。プーミポン体制は主権を君主と国民が共有するという君民共治論に基づいており、国民の取り分が増えると君主の取り分は減ることになる。政権公約を明示し、政権担当後に実行するというスタイルを本格的に導入したのはタックシンが最初であり、有権者の政治観を大きく変えた。多くの有権者が投票で政治を変えられると実感したのである。

しかも、低学歴貧困層も高学歴富裕層も票の重みは同じである。それまでの選挙では、票を候補者が提供する金品と交換していたにすぎず、投票によって政治が変わることはまずなかった。軍事クーデタが起こっても、他人事であった。しかし、2001年以後は有権者が投票の価値に気づいた。ある経済学者の表現を借りると、「臣民から市民へ」という意識の変化が生じた［Aphichat 2011］。それゆえ、クーデタによって投票結果が踏みにじられると、強く反発するようになった。

タックシン派の政権を打倒した後には、同派の勝利を阻止するために、毎回選挙制度が見直されてきた。タックシン派の政党を解党し、党幹部の被選挙権を5年間剥奪したことも2度あった。しかし、タックシン派は選挙が行

われると、いつも勝利してきた。2018年以降と予想される次の選挙でも、自由で公平に実施されるならば、勝利確実ということで衆目が一致している。実のところ、裁判所で無効と判断されたものも含めると、タックシン派は2001年、2005年、2006年、2007年、2011年、2014年と連戦連勝中である。タックシン派が選挙制度を作ったり見直したりしたことは一度もないことにも留意する必要がある。往々にして敵対的な勢力が作った選挙制度のもとでタックシン派は勝利をおさめてきた。2001年、2007年、2011年は政権与党ではなく野にあって、選挙で不正な工作を行ったわけでもない。タックシン派は選挙で圧倒的に強い。これは歴然たる事実である。

タックシン派の強さは、利益や恩恵の配分に発端があるとはいえ、むしろ参政権蹂躙への反発に依拠しているといえよう。2006年、2008年、2014年のタックシン派政権打倒は、多数派有権者の主権を無視した暴挙である。それに対する怒りこそが、タックシン派への投票を促している。

前述したように、大衆迎合主義を批判する人々が異口同音に指摘するのは財政破綻への懸念である。しかし、いつも引き合いに出されるのはラテンアメリカの実例であった。タイではそうした可能性が指摘されるにとどまり、具体的な証拠が示されることはなかった。事実に反していたからである。ラームカムヘーン大学政治学部のクリアンチャイ・プンプラワットが実証したように、大胆な所得再配分政策を導入したタックシン政権下では、政府の財政状態は悪化ではなく改善を記録していた［Kriangchai 2012］。反タックシン派の主眼が財政破綻への真摯な不安ではなく、民選政権への批判だとすれば、財政破綻をめぐる真偽は二の次であろう。

この点で、2011年発足のインラック政権が導入した籾米質入れ政策は逆ざやによって巨額の赤字を生み出すことになったため、「それ見たことか」と大衆迎合主義を批判する格好の材料となった。軍事政権や「善人」が、この政策をめぐって、政治責任のみならず、刑事責任や民事責任を強硬かつ執拗に問おうとするのは、大衆迎合主義批判に油を注ぐためであろう。

政治学者のカシアン・テーチャピーラが指摘するように、大衆迎合主義の

批判者は代議制民主主義批判へと短絡しがちである。「自分たちが嫌いな大衆迎合主義の経済政策と、政治的平等・国民主権・多数決支配に基づく民主主義体制の区分を曖昧にし、両者が不可分で同一と考えがちである」[Kasian 2017]。民主主義を否定することなく大衆迎合主義を批判できるにもかかわらず両者を区別しないのは、大衆迎合主義批判の狙いが代議制民主主義批判にあるからであろう。だからこそ、プラチャー・ラット政策の内実が従来の大衆迎合政策に拍車をかけたものであっても、自分たちが大衆迎合主義というレッテルを貼りつけた「敵」の政策のみを批判することになる。

プラユット首相が各地に出向いて閣議を開催し、公共事業を気前よく約束するのは、人気取りにほかならない。端的な例を一つあげよう。首相は2017年8月28日に東部サケーオ県で経済特区に関する会合に出席した折、当日午後にカンボジア国境に近い村を訪ねて、土地を所有しない貧民に国有地の使用契約書を交付した。農地だけではなく、電気や水道も提供されることになって、住民は大喜びであった[10]。首相は翌日政府官邸で、現地視察は水が不足する農地を放牧地に変えられるかどうかを確認するためであったと説明した[*Thai Rat* Aug. 29, 2017]。しかし、現地ではその交付式典翌日には、電柱・電線は撤去され、蛇口からは水が出なくなっていた。電気や水道は、住民を糠喜びさせ、首相を称えるための虚飾に過ぎなかった。住民を騙すのは大衆迎合とはいえないものの、人気獲得を強く意識していることは間違いない。

人気への拘りは、2017年9月に政府系の機関が、プラユット首相の支持率は2015年に87.5%と非常に高いけれども、2003年のタックシンの92.9%には及ばないと発表すると、プラユットが気色ばんだことから窺える。プラユットは、自身が総選挙に立候補しないにもかかわらず、選挙後に首相続投あるいは軍事政権の関係者の首相就任を目論んでいるため、人気取りに精を出さねばならないことになっている。

大衆迎合型と批判されるポピュリスト(タックシン)、劇場型のポピュリスト(プラユット)、両者の衝突には君主制が絡んでいる。代議制民主主義

によって権威や権力を脅かされるものの一つは、政治への関与を続ける君主制である。9世王は正法王と讃えられ、道徳の権化と見なされていた。PADは、徳性に満ちあふれた国王への敬愛と不道徳な民選政治家への嫌悪を表明するために黄色いシャツの着用を促し、「我々」と「奴ら」を峻別しようとした。応じない人々には「無知蒙昧な衆愚」、「反王制論者」、「タックシンの奴隷」といった著しく不寛容な罵声を浴びせた。これはミュラーが指摘するポピュリズムの核心たる道徳主義的な反多元主義そのものである。

国王の道徳性を際立たせるには、道徳性の不足した敵の存在が好都合である。それは国民主権という原理に基づいて台頭する政党政治家である。政治家の汚職をあげつらって非道徳と非難すれば、国王の道徳性が際立つ。国王は自らに一定程度の道徳性が備わっていれば、政党政治家に国政を委ね、汚職批判などの粗探しによって自らの存在を光らせることが可能である。国王は、仮に政党政治家の民主的正当性を帳消しにできる徳性を備えていなければ、政党政治家に活躍の場を与えないという選択をすることになるかもしれない。政治家の失敗を待つのではなく、そもそも選挙政治を封印してしまうのである。

注

1　なお、二つの異なる社会から成り立っているとするとらえ方はタックシン独自のものではない。すでにアネーク・ラオタムマタットの著作 [Anek 1995] が有名であった。

2　これはダニエル・リアン（Daniel Lian）というモルガン・スタンレー（Morgan Stanley and Co (Singapore)）のエコノミストの造語と報じられている [*The Nation*, June 27, 2001]。

3　SHIN社は、タックシン一家の持ち株会社であり、傘下に携帯電話、不動産、広告、テレビなどの事業があった。社名は名字チンナワットのローマ字表記Shinawatraに由来する。

4　主権が国民ではなく国王にあると考える人々にとっては、大量得票は正当性につながらず [Nithi 2006: 144]、得票の誇示はむしろ不敬行為である。

5 タイは中央集権的であり、多くの省や局が県に出先事務所を構えている。寄り合い所帯に対する内務官僚の県知事の指揮監督権限を強化したのが CEO 県知事である。大使館の場合には CEO 大使である。
6 国内で生産者価格を高める努力のほか、国際的には主要生産国で価格カルテルを締結しようとしてきた。
7 国営貯蓄銀行の 578 支店すべてで 15,000 バーツを上限とする無担保融資を行わせる事業であり、保証人は債務者同士でも可能とされている。高利貸しからの救済が目標である。
8 首相の演説は全文を首相府のホームページで閲覧したりダウンロードしたりすることが可能であった。音声ファイルになっている場合もあった。
9 *Cotmai khao ratthaban phua prachachon*, No. 26 (15 May 2016), p.2
10 ご満悦の首相と喜色満面の住民が写った式典の様子を示す動画がある（https://www.youtube.com/watch?v=BH3OW8RPaBM）。

参照文献

大嶽秀夫［2003］『日本型ポピュリズム』中公新書。
大嶽秀夫［2006］『小泉純一郎ポピュリズムの研究』東洋経済新報社。
加藤和英［1995］『タイ現代史――国王を元首とする民主主義』弘文堂。
島田幸典・木村 幹編［2009］『ポピュリズム・民主主義・政治指導』ミネルヴァ書房。
末廣 昭［2008］「経済社会政策と予算制度改革」玉田芳史・船津鶴代編『タイ政治・行政の変革 1991 年〜 2006 年』アジア経済研究所、237-285 頁。
玉田芳史［2003］『民主化の虚像と実像』京都大学学術出版会。
玉田芳史［2005］「タックシン政権の安定――発足 3 年目にあたって」『アジア・アフリカ地域研究』4-2: 167-194 頁。
玉田芳史［2008］「タイにおける中核的執政の変容」伊藤光利編『比較政治叢書 4 政治的エグゼクティヴの比較研究』早稲田大学出版部、155-174 頁。
玉田芳史［2009］「タイのポピュリズムと民主化――タックシン政権の衆望と汚名」島田幸典・木村 幹編『ポピュリズム・民主主義・政治指導』ミネルヴァ書房、75-96 頁。
玉田芳史［2013］「民主化と抵抗」『国際問題』第 625 号：18-30 頁。
玉田芳史［2014］「ステープの奇々怪々な闘争」『タイ国情報』48 巻 1 号: 4-14 頁。
玉田芳史［2015］「君民共治論と泰政府のタイ政治」『タイ国情報』49 巻 4 号：1-11 頁

永井史男［2008］「地方分権改革」玉田芳史・船津鶴代編『タイ政治・行政の変革 1991年〜2006年』アジア経済研究所、117-158頁。

水島治郎［2016］『ポピュリズムとは何か――民主主義の敵か、改革の希望か』中公新書。

ヤン＝ヴェルナー・ミュラー［2017］『ポピュリズムとは何か』（板橋拓己訳）岩波書店。

Anek Laothamatas (Anek Laothammathat) [1995] *Song nakkhara prachathipatai* (Bangkok: Matichon).

Anek Laothamatas (Anek Laothammathat) [2006] *Thaksina-prachaniyom* (Bangkok: Matichon).

Aphichat Sathitniramai [2011] "Cak phraifa su khwampen phonlamuang (From Subjects to Citizenship)", *Prachathai*, May 13, 2011 (http://prachatai3.info/journal/2011/05/34527).

Asia Foundation [2013] *Profile of the Protestors: A Survey of Pro and Anti-Government Demonstrators in Bangkok on November 30, 2013* (Bangkok: The Asia Foundation).

Kasian Techaphira [2004] "Rabop Thaksin", *Fa Dio Kan*, 2 (1): 36-55.

Kasian Techaphira [2011] "Rabop prachathipatai an mi phramahakasat song pen pramuk", *Fa Dio Kan*, 9(1) : 89-114.

Kasian Techaphira [2017] "Ti prachaniyom krathop prachathipatai", *Matichon Sutsapda*, March 24-30, 2017 (https://www.matichonweekly.com/featured/article_29579).

Kriangchai Pungprawat [2012] "Thaksin and Budget Allocation: A Study in Political Compromise", *Asian and African Area Studies* 11 (2): 166-182.

Pasuk Phongpaichit and Chris Baker [2009] *Populism in Asia* (Kyoto: Kyoto University Press).

Pasuk Phongpaichit and Chris Baker [2016] *Unequal Thailand: Aspects of Income, Wealth and Power* (Singapore: NUS Press).

Phasit Chaiwat [2016] "Ngo_con_cep khrai pen khon tham", *Prachathai*, March 29, 2016 (https://prachatai.com/journal/2016/03/64944).

Phit Phongsawat [2016] "Pracharat", *Matichon*, March 29, 2016 (https://www.

matichon.co.th/news/87359).

Phit Phongsawat [2017] "Phit Phongsawat chuan sangket pracharat khati khwamsamakkhi kap wangwon ratthaprahan", *Prachathai*, Sep 21, 2017 (https://prachatai.com/journal/2017/09/73329).

Supphalak Kancanakhundi [2007] "Bot wikhro phanthamit kon kanratthaprahan 19 kanya" (http://www.midnightuniv.org/midnight2544/0009999755.html).

Supphawan Rotcanapakon [2003] *Khomkhwamkhit Thaksin Chinnawat* (Bangkok: Wannasan).

Tamada, Yoshifumi [2009] "Democracy and Populism in Thailand", Mizuno and Pasuk (eds), *Populism in Asia* (Singapore: NUS Press), pp.94-111.

Wannawiphang Manachotiphong and Aphichat Sathitniramai [2017] (*Rang*) *raingan chabap sombun khrongkan "phunthan thatsanakhati lae kan hai khunkha thang sangkhom watthanatham lae kanmuang khong khon krungthep"* (Nganwicai pen nung nai chut khrongkan wicai kanmuang khon di sanoe to samnakngan kongthun sanapsanun kanwicai).

第7章

「ピープル」の敵は誰か？：
フィリピンにおける腐敗、貧困、犯罪の敵対化

日下　渉

はじめに

　民主主義と資本主義との間には、原理的な矛盾がある。民主主義は平等への希望を喚起する一方で、資本主義は不平等を再生産する。先進国は高度経済成長期に歳入の増加を再配分へと回す福祉制度を拡張し、貧困層を包摂することで、この矛盾を調停できた。しかし、今日の新自由主義のもとでは、増税と福祉よりも、グローバルな市場競争での利潤を優先させざるを得ない。それゆえ、先進諸国でも福祉国家の解体がすすみ、新興国も包括的な福祉政策を実施する余裕がない。民主主義と資本主義との軋轢は、拡大する格差のなかでいかに民主主義を実践するのか、という深刻な課題を多くの国に突き付けている。

　格差の拡大は、社会における分断と敵意を助長する。たとえば、貧困層は彼らに苦難を強いる社会や富裕層に不満を表明したり、彼らよりも「劣等な」存在として移民や外国人に敵意を向けたりすることもある。他方、経済成長の恩恵を受ける中間層も、競争社会のストレスのなかで、政府の福祉や政治家の「ばら撒き」に依存する貧困層に苛立ちを募らせる。しかも社会的

分断と敵意の蓄積は、既存の自由民主政治に対する人々の懐疑を強めさせる。自由や民主主義といった価値や制度は、万人に対する利益を標榜しつつも、実際には一部のエリートの利益に奉仕してきただけではないかというのだ。こうした状況において、既存の政治や価値を批判するポピュリズムが台頭してくる。

　一般にポピュリズムは、「大衆迎合主義」などとも訳され、大衆を扇動するカリスマ的リーダーが制度を軽視して強権をふるうことで民主主義を脅かす政治的病理などとして論じられやすい。しかしマーガレット・カノバンによれば、ポピュリズムは、民主主義の「現実的な」(pragmatic) 面ばかりが強調され、「救済的な」(redemptive) 面が排除されるときに介入してくるという [Canovan 1999]。つまりポピュリズムが台頭するのは、民主主義がその平等性の理念とは裏腹に一部のエリートによって牛耳られ、彼らに奉仕するためのシステムにすぎないと、その「茶番性」が人びとに痛感されるときである。いわばポピュリズムは、一部の既得権益層によって悪用されてしまった既存の民主政治を、今一度「人民」による統治という理念に近づけようとする言説と実践である。

　既存の政治の機能不全や閉塞感が感じられる状況において、人びとは様々なポピュリズム言説を通じて、より善き政治と社会を希求する。その特徴は、政治を善悪で語り、善き「我々」の政治と悪しき「彼ら」の排除という敵対関係に基づいて政治改革を主張することである。こうしたポピュリズムの政治を考える際に、フィリピンの事例は有意義だ。フィリピンは、アメリカの圧倒的な影響力のもとで近代国民国家を形成する一方で、莫大な貧富の差や不平等を抱えて、民主主義の矛盾をきわめて痛切に経験してきたからである。民主主義が約束する平等と、現実の不平等との間の途方もない離齬から生じるフラストレーションこそが、フィリピンにおけるポピュリズムの源泉になっているといっても過言ではない。

　本章では、フィリピン政治において表出した多様なポピュリズムを、「我々／彼ら」の敵対関係に着目して類型化する。そのうえで、複数のポ

ピュリズムがヘゲモニーの獲得をめぐって競合する政治過程を分析したい。

2　ポピュリズムの言説・類型化アプローチ

　ポピュリズムを理解するには、いくつかのアプローチがある。まず「普遍アプローチ」は、多様なポピュリズムを一般化しようとするが、諸現象に見られる共通点の羅列に留まりがちだ。次に「個別アプローチ」は、個々のポピュリズムの特徴を明らかにするが、他の事例への適用は難しい。そこで本章では、エルネスト・ラクラウとカノバンの「言説アプローチ」と「類型化アプローチ」を併用したい。

　ラクラウは、ポピュリズムを階級矛盾の表出とみなす見解を否定する。そのうえで、「ピープル」に言及することによって、「人民・民主主義的審問を、支配的イデオロギーに対して、一つの総合的・敵対的な複合体として提示することを本質とするもの」とポピュリズムを定義した。そして、それを二つに類型化する。「支配階級のポピュリズム」は、支配階級の分派である対抗エリートがヘゲモニーを獲得すべく、大衆に直接訴えかけて国家への敵対を昂進させるものだが、革命的方向に進むことは抑制される。他方、「被支配階級のポピュリズム」は、人民・民主主義的審問に内在する敵対を拡大して、階級言説に接合させ、支配階級のイデオロギーに対して提示するものである［ラクラウ 1985：176］。つまりポピュリズムは支配階級に乗っ取られることもあるし、被支配者階級の武器にもなるというのだ。ラクラウは近年の著作では、「ピープル」という「空虚なシニフィアン」によって、多様な勢力の間に「等価性」の連鎖を築くことによって生まれる変革の契機を強調している［Laclau 2005］。

　カノバンははじめポピュリズムの一般化は不可能だとして類型化アプローチをとった［Canovan 1981］。しかし後にポピュリズムを「既成の権力構造と社会における支配的なアイディアと価値に対抗する『ピープル』へのアピール」と定義し、言説アプローチをとるようになる［Canovan 1999］[1]。

そのうえで、政党や派閥の分断に抗する「団結した人民（united people）」、移民などの他者と差異化する「我々の人民（our people）」、傲慢なエリート、腐敗した政治家、耳障りな少数者派に利益を奪われがちな「普通の人びと（ordinary people）」という三つの理念型を提示して、「ピープル」の類型を説明する［Canovan 2004］。

　以上の議論から、本章ではポピュリズムを、「ピープル」へのアピールによって、既存の権力構造における支配的なイデオロギー、アイディア、価値に敵対を提示する対抗言説として定義したい。そのうえで、ポピュリズムの特徴を規定するものとして、そうした対抗言説が、どのような「我々／彼ら」間の敵対関係を構築するのかに着目する。それは、ある時には階層、階層、民族、宗教といった社会亀裂に沿って構築され、「国民の分断」を助長する。また時には、外国人、腐敗した役人、犯罪者といった「国民の敵」の排除を訴えて「国民の連帯」を強めようとすることもある。こうしたポピュリズム言説は、社会から自発的に噴き出すこともあるし、政治家（ポピュリスト）が不満を抱いた民衆の支持を得るために意図的に作り出すこともある。

　ポピュリズムは、「人民の統治」という民主主義の理念に訴えかけて既存の不平等な関係を争点化する一方で、その敵対性が昂進しすぎると民主主義の制度と複数性を脅かしてしまいかねない。ポピュリズムが民主主義の深化に寄与するのか、それとも民主主義を破綻させてしまうのかは非常に難しい問題だ。ただ、これを考えるうえで、いくつかの着眼点を提示することはできる。

　まず、社会を分断する複数の境界線がどのように交叉しているかである。もし階層、民族、宗教、地域といった複数の境界線が互いに重なり合うかたちで敵対関係が形成されると、特定の社会集団に対する深刻な排除が強まりうるだろう。だが、いくつもの境界線が複雑に交叉して、社会をモザイク状に差異化しているのであれば、個々人は複数の社会集団に同時に所属することになる。それゆえ、たとえ一つの社会亀裂に沿った敵対関係が強まって

も、特定の集団の排除ではなく、むしろ諸集団間の不平等な関係の是正という方向に向かう可能性も高い。

次に、集団間の敵対関係が、資源配分をめぐる利益の対立と、道徳的な善悪の定義をめぐる対立のどちらに根差しているのかである。利益の対立は、既存の不平等な資源配分を改善することによって調停できよう。だが、善悪をめぐる道徳の対立は、妥協不可能で他者を破壊すべき敵とみなしがちなので、多様な勢力間の競合を前提とする民主主義の複数性を脅かす［日下 2013］。

そして、政党や議会が社会集団の利益や価値を代表し、集団間の対立を調整して政策形成するという民主制度の強さである。民主制度がこうした機能を果たしているのであれば、社会集団間における敵対関係の高まりは、民主主義の制度内における利害関係の調整によって調停されるだろう。だが、特定の社会集団が彼らを代表する政党をもてなかったり、既成政党に基盤をもたぬカリスマ的リーダーが支配していたり、政党システムが極端に流動的であったりすると、民主制度の調整機能が弱くなり、政治不安が高まるだろう。

3　フィリピンのポピュリズム

（1）流動化する社会

フィリピンでポピュリズムを論じるのは、奇異にうつるかもしれない。というのは、民主制のもと、伝統的エリートの一族が世代を超えて公職を独占する「エリート民主主義」が、フィリピン政治の支配的な特徴だとされ続けてきたからである。エリート民主主義のもとでは、政治はエリート同士の派閥抗争にすぎず、社会における敵対関係が政治を規定することはない。

しかし、1986年の民主化以降、エリート民主主義を支えた社会的条件が変化し、伝統的エリートによる支配が弛緩してきた。それまで彼らの利益誘導や暴力によって支配されてきた人びとが、より自由に投票できるようにな

り、伝統的エリートの支配に挑戦する対抗エリートが台頭してきたのだ。その結果、社会における敵対関係がより政治過程に反映されやすい状況が生じている。

そうした変化をもたらした要因として、まず経済状況の変化がある。1980年代以降、海外出稼ぎ者が増加し、彼らからの送金が多くの世帯を支えるようになった。しかも出稼ぎ者からの送金に牽引された2000年度以降の経済成長は、エリートの利益配分に依存しなくても良い世帯を増加させている。とりわけ都市貧困層にとってエリートからの資源配分は、選挙時の「お小遣い」ではあっても、もはや生活を向上させるうえで決定的なものではなくなりつつある。

また、メディアの普及も貧困層に情報へのアクセスを与えることで、彼らがより自由に投票することを促した。民主化以前、テレビは高価だったし、その情報もほとんど英語だったので、貧困層は中央政治の情報を直接知ることができず、地域の有力者の指示に従って投票せざるを得なかった。しかし1990年代以降、テレビが貧困層にも普及し、タガログ語のニュース番組が増えた。2010年代以降は、インターネットやスマートフォンの普及も顕著だ。それゆえ、現在はテレビやインターネットを通じて情報を自ら得て、家族や友人たちと議論を重ねたうえで投票できるようになった。

さらに、政党システムの流動化も、有権者のより自由な投票を促した。フェルディナンド・マルコス大統領が戒厳令を敷く以前は、国民党と自由党の二大政党が競合し、有権者はどちらかの派閥に属することを強いられた。しかし民主化後、この二大政党制が崩壊して、きわめて流動的な多党制が形成された。選挙のたびに有力大統領候補の数だけ政党がつくられ、選挙後には国会議員が新大統領の政党に大挙して党籍変更するのがお馴染みになっている。政党システムの流動化に伴って、有権者は二大政党による派閥抗争の制約から解放されて投票できるようになった。

たしかに地方選挙では、政治家による利益配分が、有権者の投票行動にとって大きな意味をもち続けている。しかし、正副大統領・上院議員選挙は

全国を一つの選挙区として争われるので、候補者が利益配分でもって全国の有権者の投票行動を支配するのは不可能だ。それゆえ、伝統的エリートより選挙資金や組織力で劣る対抗エリートでも、有権者からの支持を得られさえすれば、勝利する余地は十分にある[2]。

（2）　フィリピン・ポピュリズム論

こうして台頭してきた対抗エリートは、ポピュリズム批判の文脈で論じられてきた。それらの多くは、1998年に当選したジョセフ・エストラダ大統領ら、対抗エリートの多くが芸能人だったことから大衆映画と貧困層の関係を重視する。

パトリック・フローレスによれば、エストラダは社会改革と正義の希求というタガログ映画のテーマを政治の世界でも再演することで貧困層の支持を得たという［Flores 1998］。ローランド・トレンティーノは、「大衆」が解放への希望をエストラダによって意味づけられ、集合的に主体化＝臣民化された結果、声を奪われ、疎外しあい、周縁化されてしまったと論じた［Tolentino 2010］。またエヴァロッタ・ヘドマンによれば、ポピュリズムは、タガログ映画が貧困層に与える「社会的想像力」と映画スターを欲望するフェティシズムに由来しており、政治改革を妨げているという［Hedman 2001］。アマンド・ドロニラは「パーソナリティ」や「イメージ」に基づくポピュリズムが、イシューや政策に基づく政治改革を阻んでいると批判した［Doronila 1998, 2003］。ベリンダ・アキノも、「スター化現象」（star-ization）が政策やイシューに優先する状況に懸念を示した［Aquino 1998］。

要するに、これらの研究によれば、貧困層は映画と現実の政治を区別できず、ポピュリストに操られているというのである。たが、この想定は正しくない。従来、貧困層は、エリート間の競合に巻き込まれ、それぞれの派閥のクライエンタリズムによって相互に分断させられてきた。だが、1998年大統領選挙では、貧困層はエストラダの呼びかけに応えて、フィリピン選挙史上初めて階層としてまとまった投票行動を示した。不平等の改善を掲げるポ

ピュリズムが、貧困層の集合的な政治参加を可能にしたとも評価できるのだ。

　フィリピン・ポピュリズム論は、2001 年にエストラダが退陣すると下火になるが、2016 年大統領選挙でロドリゴ・ドゥテルテが当選すると、再び盛んになる。ランディ・ダビッドは、ドゥテルテのポピュリズムの特徴として、代表制民主主義を支配してきた寡頭エリートに対する人びとの深い怒りを背景に、周縁から聖戦を挑む真正なるアウトサイダーとして自らを提示したことがあると指摘する［David 2017］。

　このように、エストラダやドゥテルテといった対抗エリートのみにポピュリズム分析を用いるのは、「ポピュリスト」対「伝統的エリート」もしくは「ポピュリスト」対「改革主義者」という対抗図式に基づいている。しかし、これは問題含みだ。実際には、とりわけ正副大統領選挙では、資源配分の有効性が落ちるに従い、あらゆる候補がポピュリズム言説を用いるようになっているからである。

　ポピュリズムの言説は、マニフェストほど体系的な政策の公約ではないし、新自由主義的路線の変更といった既存の経済構造の変革を訴えるわけでもない[3]。ポピュリズム言説の特徴は、むしろ善悪で政治を語り、腐敗・貧困・犯罪といった人びとを苦しめる悪を攻撃し、新しいフィリピンの姿を未来に描くことである。いわば、いかに魅力的な「我々／彼ら」関係を有権者に提示できるのかが、対抗エリートだけでなく、伝統的エリートにとっても決定的に重要になっているのだ。それゆえ、対抗エリート以外が用いてきたポピュリズム言説も含めて分析する必要がある。民主化後のフィリピン政治で顕著な役割を果たしたポピュリズム言説の類型を示すと、次のようになる。

　第一に、腐敗した大統領という「国民の敵」に対抗して、貧富の差を超えて共に戦う「国民の連帯」がある。これは民主化運動や大統領の辞任要求運動を活性化した。第二に、貧困と不平等を争点化し、善き「貧者」と悪しき「金持ち」との対決を掲げる「貧者に優しい政治」だ。これは対抗エリートが、人口の 7 割を占める貧困層にアピールすべく用いてきた。第三に、貧困

層を道徳的に教育して「我々」へと包摂することで、政府腐敗に対抗する政治改革を促進していくという「善き市民の政治」もある。これは改革的な市民社会組織や国家リーダーが主導するものだ。第四に、家父長的なリーダーが国家の法的枠組みの外側で暴力と温情によって彼に忠誠を誓う者を「悪人」から庇護する「義賊の家父長政治」である。この言説が正統性をもちうるのは、国家の公式な法制度が正義を実現していないという広範な認識のためである。

　選挙戦では、こうしたポピュリズム言説が、ポスター、テレビ、ラジオ、インターネットを通じて有権者に投げかけられる。それらがうまく共感を呼ぶと、それを支持する「我々」という集合的なアイデンティティを作り出し、世論調査で候補者の支持率を押し上げる。すると勝ち馬に乗ろうとする企業の献金と地方政治家の支持が集まる。ポピュリズム言説が支持率を高め、支持率が資金と組織を作るのだ。それゆえ、道徳的な正統性を打ち立てることさえできれば、はじめは資金力や組織力で劣っていても、大統領選挙に当選する可能性は十分にある。また大規模な抗議デモなど、社会運動の動員においても、「我々／彼ら」関係の構築は不可欠だ。悪しき「敵」の排除を求めて、人びとの集合行動が可能になるからである。以下では、フィリピン現代政治史に沿って各類型を具体的に検討していこう。

4　階層矛盾の隠蔽と顕在化

（1）「国民の連帯」と民主化運動

　1972年に戒厳令を布告したマルコス大統領は、インフラ整備やコメの自給達成などで成果をあげたが、1980年度以降は経済成長も落ち込み、数々の腐敗疑惑が高まった。1983年、アメリカに亡命していたマルコスの政敵ベニグノ・アキノJr.元上院議員が帰国直後に白昼の空港で暗殺されると、羊のようにおとなしかった民衆がこの不正義に衝撃を受け、アキノの死を悼む葬儀に行列をなして集いだす。彼らは、アキノが帰国前に語った「フィリ

ピン人は命を捧げるに値する」という言葉を通じて、それまで空虚な存在にすぎなかった「フィリピン人」という「想像の共同体」を、命を捧げる価値あるものとして再発見した。その結果、それまで私的生活のなかに閉じていた人までが、彼の死に対する深い共感・共苦を抱くようになったのである［清水 1991］。

　反マルコスの気運が高まるなか、1986年2月にマルコスが繰り上げ大統領選挙を約束すると、反対派はアキノの未亡人コラソン・アキノを対抗候補に擁立する。大統領選挙では、何十万もの市民が票の監視運動を行なったものの、マルコスが勝利を宣言した。不正選挙を訴える市民とマルコス派との対立により政治不安が生じるなか、反乱軍がクーデタを目論んで蜂起する。すると、これをアキノ派の動きと受け取った何十万人もの市民が、マニラ首都圏のエドサ通りで「我々フィリピン人」という連帯感に基づいた反体制デモに身を投じ、非暴力で民主化を実現させたのだった。

　この「ピープル・パワー1」は、都市中間層を中心とする運動だったが、参加した人びとの多くが、階層を超えて誰もが団結し幸福感を共有したと語る。彼らは虐げられた祖国の自由と解放を歌う『バヤン・コ（*bayan ko*）』を街頭で繰り返し歌い、祖国の解放を希求する「国民・ピープル」の一人だという共同性の感覚を深めていった。この希有な連帯感の背景には、マルコスを追放できるかもしれないという不確かな希望と、軍隊によって皆殺しにされるかもしれないという恐怖の共有があった。ある女性は、「たとえ爆弾が投げ込まれようとも、私は恐れなかった。神父も修道女も、社会のすべての人たちがそこにはいた。金持ちたちは進んで食べ物を分け合っていた。誰が金持ちで誰が貧乏人かなんてもう関係がなかった」と語る（ルーイ、大学事務）。

　この一連の出来事は、「国民の連帯」による改革という強烈なイメージを生み出しただけでなく、その戦いを率いた者たちに道徳的正統性を与えた。それゆえ、彼らは民主化後の選挙で、組織力や資金力を超えた道徳性を誇ることができた。コラソン・アキノは、夫の死を想起させながら国民の団結を

訴え続けた。1992年の大統領選挙では、反乱軍のリーダーとして「ピープル・パワー 1」の立役者の一人になったフィデル・ラモスが、「人民の力党」（Lakas）を立ち上げて当選を果たした。

しかし、民主化は深刻な不平等と貧困を改善しなかった。平等を掲げた共産党は、武装闘争にこだわって大統領選挙をボイコットしたために、民主政権に影響力を持てなかった。また、アキノ新大統領は政権を安定させるために、既存のエリート勢力と妥協せざるをえなかった。再開された議会には、マルコス政権下で不遇をかこったエリートが返り咲き、農地改革法案も骨抜きにされた。階層を超えて連帯した「国民」が「革命」の主体になったということは、深刻な不平等の改善という争点を隠蔽したのである。この「革命」の後、スラムに住む、ある若い男性はこう述べたという。「エドサ通りでは金持ちも貧乏人も一緒になったんだ。だけど今じゃそれも終わってしまったみたいだ。彼らが俺たちのことなんて構うわけがない」［Pinches 1992: 186］。

たしかに、非共産党系の社会運動は、新たに獲得した「民主的空間」を活用して、市民の政治参加を制度化し不平等を改善しようとした。アキノ、ラモス政権も、市民の政治参加に協力的な姿勢を示した。アキノ政権期には、NGOや住民組織の参加を制度化した地方政府法（1991年）が制定された。ラモス政権も、周縁化された諸集団の代表と諸官庁が協働して貧困問題に取り組む「社会改革アジェンダ」を打ち出した。だが、こうした取り組みは、必ずしも急激な社会変革をもたらすものではない。アキノとラモスは、ピープル・パワーに言及し、国民の連帯を訴え続けたが、誰の目にも明らかな不平等をいつまでも隠蔽し続けることは不可能だった。

（2）「貧者に優しい政治」

この矛盾を利用して、「貧者に優しい政治」を訴える対抗エリートが台頭してきた。その代表が、「エラップ」の愛称で知られる映画俳優のジョセフ・エストラダだ。彼はマニラ市の貧困街トンドの中上流層の家庭で生まれ、私

立エリート校のアテネオ・デ・マニラ高校に入学したものの除籍され、大学も中退し映画俳優の道を進む。1962 年には、戦後に活躍した実在のギャングを演じた『アション・サロンガ（*Asiong Salonga*）』で大成功を収め、映画スターになった。その後も、エリートや不平等な社会に抑圧され希望を奪われた農民、ジープやタクシーの運転手、露天商、労働者、街角の不良少年たちを演じ、貧困層の間で人気を不動のものとした。

「英雄エストラダ、大義を抱いた反逆者、彼を信じる社会の負け犬のために、残酷で無情な世界を敵にまわして戦う」と評されたエストラダのイメージは、政界に進出するにあたって大いに役立った。1967 年にはマニラ首都圏のサン・フアン町長に当選し、マルコス体制に忠実に尽くした。民主化後の 1987 年選挙では、マルコス派の野党から出馬し、アキノ派が圧倒的人気を誇るなか上院議員に当選する。そして 1992 年選挙では、自ら立ち上げた小政党「フィリピン民衆の戦い（*Partido ng Masang Pilipino: PMP*）」から出馬して副大統領に就任した。

国政の場の躍り出たエストラダのイメージを特徴づけるのは、まず犯罪に対する厳しい姿勢である。上院議員時代には『13 チャンネルへのホットライン』というテレビ番組でホストを務め、未解決事件を取り上げて視聴者に情報提供を呼びかけた。副大統領のときには、ラモス政権の大統領反犯罪委員会の委員長として、捕らえた銀行強盗、麻薬密売者、誘拐犯らをテレビカメラの前につきだし、自らのマッチョさを人びとに誇示した。

次にエストラダは、マルコス政権の忠実な同盟者から、反米民族主義者の政治家へとイメージの転換をはかった。たとえば上院議員をしつつ主演した 1989 年の映画『鷹の爪の中で（*Sa Kuko ng Aguila*）』では、在比米兵の人権侵害を告発し、大衆を民族主義運動へ導くジープ運転手の役を演じた。また 1991 年には、在比米軍基地の契約延長に反対した 12 名の上院議員の一人として名を上げた。

1998 年、エストラダは大統領選挙に出馬し、エリート支配を批判して貧困層のための新たな政治を約束した。彼はタガログ語で語り、「貧者のため

のエラップ」や「大衆の父」といった言葉を貧困層に投げかけていく。エストラダ陣営は、都市貧困地域で彼の映画を上映した後に、犯罪撲滅や貧困層への支援といった彼の実績を宣伝するビデオも流して草の根の組織化を試みた。『エラップのジープ』というラジオ番組では、貧困層が直接エストラダに問題を訴え、それを彼がすばやく解決するという演出がなされた。さらにエストラダは、貧しい出身でありながらスペインからの独立闘争を始めた英雄アンドレス・ボニファシオに自らをなぞらえ、スペインからの独立100周年にあたる「百年目の大統領」として、貧困や不平等から解放されたフィリピンを実現すると訴えた。

「貧者に優しい政治」を訴えた彼のポピュリズムはきわめて有効で、大統領選挙では7人の候補が乱立したにもかかわらず、貧困層の票の過半数近くを獲得する。組織力と資金力で勝った与党候補に2倍近い差をつけ、40%の得票率で圧勝した。そして彼は史上初めて英語ではなくタガログ語で就任演説を行い、「長い間人びとは新しい朝を待っていた。今こそフィリピン大衆の時代の到来なのだ」と宣言した。

(3) 分断と連帯を繰り返す「国民」

エストラダは貧困の解決を主張したが、親しい企業家や政治家と酒を飲みながら政策決定をするなど、適切な統治に失敗した。彼の貧困対策も限られた貧困世帯への「ばら撒き」にすぎない。彼がメディアを通じて貧困層に届けたのは、彼らとともに手づかみで食事をして物資を与える「貧者に優しい」イメージのみであった。それでも、長らくエリートに支配されてきた政治の表舞台で、エストラダが彼らを気遣う仲間の一人であるかのように振る舞ったことは、貧困層の心に深く響き、彼らは熱烈な支持を送った。

他方で、エストラダに反発を抱いたエリート、財界、教会、中間層は、彼の「品性と知性の低さ」を批判した。そして2000年末に、公金横領、違法賭博の上納金の着服といったスキャンダルが次々と暴露されると、都市中間層を中心とする数十万人もの人びとが彼の退陣を求めて「ピープル・パワー

2」を連日展開し、エストラダの辞任を叫んだ。その規模は最大で20万人以上に膨れ上がった。その結果、エストラダ政権は崩壊し、2001年1月20日、グロリア・マカパガル・アロヨ副大統領が大統領に就任した。

3か月後の4月25日、アロヨ政権は約2千人の警官隊が催涙ガスと放水でエストラダ支持者のバリケードを突破しエストラダを逮捕した。すると、これをきっかけに「エラップを大統領に戻せ」と要求する貧困層の「ピープル・パワー3」が始まる。エストラダ派の政治家は、輸送車、食事、金を提供してデモに加わる人を増やし、ピープル・パワー3を選挙や政権奪取に利用しようとした。デモは連日連夜繰り広げられ、その規模はピープル・パワー2のデモ隊をしのぐ30万人にも達した。

そして5月1日未明には、4、5万人のデモ隊が警察の設置したバリケードを突破し、大統領府へと迫る。このときエストラダの息子や野党議員は、群衆を散々煽っておきながら途中で姿をくらました。そして午前5時過ぎから大統領府前で、投石、銃撃、催涙ガスが入り乱れたデモ隊と警察・国軍の激しい衝突が始まる。7時間後にデモ隊は制圧されたが、デモ隊の4人が死亡し、113人が重軽傷を負った。アロヨ政権はかろうじて窮地を脱したものの、深刻な政治不安が生じたのである。

ピープル・パワー3は、貧困層の「傷つけられた尊厳」の反映でもあった。長年エリートによって支配されてきた国でエストラダが大統領になったことは、貧困層の人びとにとって、傷つけられた尊厳の回復としての象徴的な意味があった。しかも貧困層は、エリート出身ではないエストラダが大統領職から追い出されたことは、自らの社会的上昇の限界、社会的排除の象徴として受け取った［David 2002］。この出来事は貧困層の間に、侮辱の共有に裏付けられたエストラダへの深い感情移入と不正義の感覚を呼び起こした［Gutierrez 2002］。

その後、アロヨは貧困層の不満を懐柔しようと、彼らへの「ケア」を強調して「ばら撒き」を行った。だが、貧困層はマカパガル元大統領の娘であるアロヨに親近感を抱くことはできず、その不満はくすぶり続けた。2001年

中間選挙では、エストラダ派の上院議員が多数派を獲得した。2004年大統領選挙では、貧困層の多くはエストラダの親友でやはり映画スターのポーを支持した。これに対して、富裕・中間層は、高校中退で政治的経歴のないポーの勝利を恐れて、経済学博士号をもつアロヨに投票した。結局、アロヨが辛勝したものの、後に彼女の不正選挙疑惑が暴露されたため、ポーが当選していた可能性も高い。

　このように、「貧者に優しい政治」を訴えるポピュリズムが台頭したのに対して、中間層が強硬に反発した結果、かつてマルコスを追放した「国民の連帯」は、階層亀裂に沿って見事なまでに解体した。「説明責任」や「良い統治」を支持する中間層にとって、「貧者に優しい政治」とは、腐敗した政治家が自らの納めた税金を貧困層にばら撒くようなものだからである。こうして、不平等を争点化した「貧者に優しい政治」は民主主義を深化するというよりも、階層間の道徳的反目と政治参加の分極化を助長し、民主政治を深刻に不安化したのである。

　だが、この階層間の敵対関係は、アロヨ政権下で曖昧化する。アロヨの腐敗疑惑が次々と明らかになり、また暴力が多発した結果、彼女は「国民の敵」として位置づけられたからである。左派は抗議デモを、国軍改革派はクーデタ未遂事件を繰り返し、アロヨに退陣を迫るピープル・パワーを呼びかけた。だが、人びとが街頭に繰り出すことはなかった。その後の政権構想が不明だったし、ピープル・パワー2によって政権に就いたアロヨへの幻滅から、人びとはピープル・パワーに対する信頼を失ったからである。

　むしろアロヨを「国民の敵」とする敵対関係は、2010年大統領選挙で、アキノ夫妻の長男ベニグノ・アキノ三世上院議員を支持する方向に向かった。当初、彼は立候補を予定していなかったが、2009年8月に母コラソンが死去すると、アロヨに強い不満を抱いていた人びとは、道徳的に高潔だと評価されていたコラソンへの感情移入を深めた。そして、マルコスの腐敗に立ち向かったピープル・パワーの記憶が蘇るなかで、多くの有権者が「国民の連帯」という言説に共感し、道徳によって汚職を根絶すると訴えた彼女の息子

に希望を託したのだった。

　この選挙では、貧困地域出身ながら不動産業で億万長者になったマニュエル・ビリャール上院議員が「貧者に優しい政治」を訴えて、途中までアキノと接戦を繰り広げた。だが、彼には多くの不正疑惑が付きまとったため、道徳的な高潔さを求める声のなかで劣勢に追いやられた。大地主で伝統的エリートのアキノが「国民の連帯」を語り、「貧者に優しい政治」を打ち破ったのだった。

5　善き市民と義賊の挑戦

（1）　善き市民の政治

　1986年のピープル・パワーを結実させた「国民の連帯」は、マルコスという「国民の敵」の悪魔祓いには成功したものの、国民の不平等を改善できず、「貧者に優しい政治」に足元を救われた。2010年選挙で当選したアキノは、同じ過ちを繰り返さぬよう、「善き市民の政治」による変革を掲げ、実践していくようになる。

　まず、ライバルの対抗エリートの腐敗疑惑を追及して政界から追放していった。2013年、行政監察院は、「ポークバレル」と呼ばれる議員裁量経費を不正に還流していたとして現職の上院議員、元下院議員を含む関係者51名を起訴した。その対象となった野党の上院議員3名のうち2人は「貧者に優しい政治」を訴えた映画俳優だ。「貧者に優しい政治」を約束して当選したジェジョマール・ビナイ副大統領も腐敗追及の対象となった。ビナイは1986年以来、一族でマカティ市長を独占し続け、2016年大統領選挙への野心も隠さずアキノ政権と対立していた。

　同時にアキノ政権は、貧困層を「善き市民」へと包摂していく社会政策も実施する。その代表は、世界銀行などから援助を受けて実施した条件付現金給付「フィリピン家族の架け橋プログラム」である。アキノ政権は2010年からこれを本格化し、435万世帯を対象に実施した。受益者は、貧困地域に

住む 14 歳以下の子供をもつ母親と妊娠中の女性のなかから、貧困状況などに基いて選定される。男性に受給資格がないのは、女性のエンパワメントという表向きの理由と、男性は現金を飲酒や賭博に浪費してしまいやすいという暗黙の想定のためだ。女性は 30 人ほどのグループを作り、社会福祉開発庁から派遣されるソーシャルワーカーの指導のもと、妊娠検診、公衆衛生、教育義務、責任ある親子関係などに関する「家族開発講座」を受講する。そして賭けビンゴなどをやめて、子供を毎日学校に通わせるなど責任ある家族形成に従事することを条件に、健康栄養費として月 500 ペソ、教育費として子供ひとりあたり月 300 ペソを最大 3 人まで給付される。

関恒樹が指摘するように、この現金給付は貧困層にとって生活の支えになっても、貧困から脱却するには少額すぎる。むしろ、その本当の目的は、子供たちのより良き教育と健康を促進し、貧困の世代間連鎖を断つべく、自らの状況を内省し、近隣住民との協力を通じて責任ある「善き市民」へと貧困層を変容させる人的資本への投資にある［Seki 2015］。また条件付現金給付は、中間層と貧困層との対立を回避するものともいえる。貧困層を「善き市民」へと規律化することを貧困層支援の条件にすれば、中間層からの反発をある程度かわせるからだ。

貧困層の大多数は現金給付を好ましく思っているし、自身がより道徳的に生まれ変わったと語る者たちもいる。しかし関は、これを人びとの欲望、希望、信念を鋳造し、「彼らを責任ある自由な存在」として「主体化／臣民化」し、監視し、評価し、支配する新自由主義の統治だと主張する。そして、自身の生活を不道徳だと批判し、少額の現金と引き換えにそれを変えるように説教してくる道徳的介入に反発を覚える人びとがいることを例証する［Seki 2015］。このプログラムは、すべての貧困層を「善き市民」へと変容できておらず、貧困層のなかに分断を生み出しているようだ。

同様の問題は、「性と生殖に関する健康・権利法」（2012 年）にも見出せる。この法案は、貧困女性に対する医療サービス、情報、避妊具の提供だけでなく、未成年の妊娠や女性と子供の権利、責任ある未成年の行動規範、責

任ある親子関係などに関する価値形成教育の実施を規定した。

　この立法化に向けて長年にわたる政策提言を行ったのは、市民社会の知識人たちだ。そのなかの経済学者によれば、貧困女性は望まぬ妊娠をしがちで教育を受けられない多くの子供を生み出し、貧困を再生産し、公教育や保健の出費を賄う納税者の負担を増やしている。それゆえ、貧困層の女性らに家族計画の手段と情報を与えることで貧困の再生産を止めさせようというのである［Pernia Ernesto M., Stella Alabastro-Quimbo, Maria Joy V. Abrenica, et al. 2012］。だが、カトリック教会は避妊による家族計画は道徳的な罪だと強く反発した。それゆえ、女性団体はロビー活動の焦点を、「女性の性と生殖に関する健康・権利」へと移し、貧しい女性に身体を尊重する権利と子供の数を決める「実質的な選択の自由」を与えることが貧困解決の鍵だと訴えた。

　こうした道徳を介した貧困対策は、表向きには女性のエンパワメントを掲げる。しかし、その背後には、「貧困層が貧しいのは彼らが不道徳な生活を送っているからだ」との国家と中間層による暗黙の想定がある。貧困層は自堕落で、賭け事、酒、タバコといった悪癖に浸りきって、無責任にも多くの子供をつくりすぎるのが悪いというのである。それゆえ、これらのプログラムは、まず貧困層の女性を道徳的な主体に変容させ、今度は彼女らが家庭内で子供や夫を規律化することに期待する。いわば貧困世帯の女性を、家庭と社会を規律化し変革するための道徳的エージェントにしようとするのだ。

　これらの道徳的介入は、貧困層を、自ら市民的道徳を受け入れて自己変容をはかる「見習い善き市民」と、そうした自己変容を拒絶する頑迷な「悪しき貧者」へと分断した。このことは、次のロドリゴ・ドゥテルテ政権誕生の背景として大きな意味をもつ。

（2） 2016 年大統領選挙

　2016 年大統領選挙では、世の混乱を直す厳格な「規律」を与えると訴えたドゥテルテが勝利した。

　ビナイは「貧者に優しい政治」を訴え、貧困層への学用品の無料支給、医

療の無償化、高齢者福祉の拡充、所得税の免除などを打ち出したが、惨敗した。その理由としてビナイの汚職疑惑を指摘するのは容易だ。しかし、これまで貧困層の多くは、腐敗していても貧者に優しい政治家を選ぶことが大事だと考えてきたので、ビナイの敗北を腐敗疑惑からだけでは説明できない。従来の大統領選挙では、「貧者に優しい政治」が大きな影響力を持ってきたことを考えると、ビナイの惨敗は興味深い。スラムで話を聞くと、選挙のたびに叫ばれる「貧者に優しい政治」に貧困層も飽きてきたようだ。「ビナイに投票すれば腐ったシステムを継続させてしまう。腐敗した政治家からおこぼれをもらうよりも、自分たちを苦しめる腐ったシステムそのものを変革しなくてはならない」というのだ。こうした言葉の背景には、経済成長のなかで一部の貧困層の生活が改善していることもあるし、そこから取り残された人びとの苛立ちもあろう。

アキノの後継マニュエル・ロハス前内務自治大臣は、「誠実な道」を掲げ、腐敗と戦う「善き市民の政治」を引き継ぐと約束した。アキノ政権は数々の政治改革を実施し、海外投資家からの信頼も得てGDPで平均6％という高い経済成長を達成した。国民からの支持率も、民主化後の政権のなかでもっとも高い水準を維持した。だが、この改革路線の継続に支持が広がらなかった。たしかに、エリート一族出身のロハスは大衆的な魅力に欠ける。台風ハイエンの復興支援やミンダナオ島和平で実績を上げようとアピールしようとするほど空回りして、失敗も目についた。だが、ロハスの不人気だけでは、アキノの改革路線が支持されなかった理由にはならない。

人びとは、アキノらの改革が正しい方向に向かっているのは知っているが、その進展があまりに遅いと語る。アキノとロハスの掲げた「誠実な道」による改革も、遅々として進まず渋滞中だと揶揄された。またアキノ政権は、政敵の腐敗疑惑を執拗に追及していったが、大きな腐敗のネットワークは温存され、自身の所有する巨大な農地の土地改革にも手をつけられなかった。その結果、道徳的高潔さを語るアキノやロハスの偽善性に対する認識が深まった。社会がより劇的な変革を求めていたときに、偽善的な正しさの継

続を訴えたことも不利に働いたようだ。

　では、なぜ規律と強権を訴えたドゥテルテが支持されたのだろうか。一言で言えば、腐ったシステムへの不満と怒りだ。支持者に聞くと、フィリピンでは民主化後、人びとが自分勝手な放縦に走り、政治家や役人の腐敗、違法賭博、犯罪、麻薬が蔓延するなど、きわめて混乱した社会ができあがってしまった。この「自由と民主主義の過剰」が生み出した混乱を根底から変革するには、家父長的強権によって国家と社会に規律を植えつけなくてはならないというのだ。

　もっとも、規律を訴える候補者は、これまで正副大統領選挙で落選してきた。それにもかかわらず、2016年に規律と強権に支持が集まった理由として、非効率で腐敗したシステムに対する不満が広範な人びとの間で広まっていったことを指摘できる。経済成長が続き「新興国フィリピン」となった今、かつて「しょせん途上国」として諦めていた問題に、もはや耐えられなくなってきたとも言える。しかも国民の10人に1人が海外に出稼ぎに出て海外旅行者も激増するなかで、フィリピンの問題は他国と比較されていっそう鮮明に浮かび上がった。

　ドゥテルテは、こうした人びとの多様な不満や怒りを一身に引き受けて結集させ、根深い階層・地域・宗教の分断を乗り越えて、変革を望む「私たち」という共同性を作り上げた。しかもその際、悪徳警官や政治家が関与してきた麻薬ビジネスを、フィリピンの腐敗した非効率なシステムの象徴として定義することに成功した。こうして排除すべき「悪しき他者」と守られるべき「善き市民」という敵対関係を構築することによって、ドゥテルテは選挙戦に勝利したのだった。

（3）義賊の家父長政治

　ドゥテルテは「麻薬戦争」を宣言し、麻薬容疑者に対する超法規的処刑を黙認・奨励してきた。警察は銃で抵抗してきた麻薬容疑者を正当防衛で射殺したという説明を繰り返し、その犠牲者数は数千人にのぼる。それにもかか

わらず、世論調査では 8 割近い人びとがドゥテルテを支持し続けている。

マーク・トンプソンは、このドゥテルテ人気を自由民主主義の理念が失敗してきたことから説明する［Thompson 2016］。ウォルデン・ベリョにいたっては、「民主主義、人権、法の支配といった理念」の挫折から生まれたファシストとしてドゥテルテを評する［Bello 2017］。だが、ファシズムはドゥテルテへの全階層的な支持を説明するが、一般民衆による権威への自発的服従を強調するので、ドゥテルテ支持者の主体性を十分に捉えられない。

他方ニコル・クラトは、ドゥテルテの超法規的な暴力に対する人びとの支持を、「刑罰ポピュリズム」の概念で説明する［Curato 2016］。これは、犯罪者の処罰を司法エリートの難解な手続きと判断から、一般民衆の感情に近づけようとするものである。そして、ドゥテルテに触発された人びとが、コミュニティのなかで彼らを悩ましてきた麻薬使用者を「悪しき他者」として排除するようになったと論じる。

ただし、ドゥテルテの登場によって「悪しき他者」が急に構築されたわけではない。前述のように、新自由主義的な貧困対策は、貧困層を「善き市民」へと変革することで貧困を改善しようとしたが、それは市民的道徳を受け入れ「善き市民」になるべく自己変革する者たちと、救済の余地のない「悪しき他者」との分断を生んだ。その結果、中間層だけでなく貧困層のなかでも、「殺されているのは、更生の余地のない麻薬犯罪者だから仕方ない」、「犯罪者の命はフィリピンが発展するために払わなくてはならぬコストだ」といった言説が支配的となった。だからこそ、被害者の多くが貧困層であるにもかかわらず、麻薬戦争は貧困層からも支持されるのである。

また、ドゥテルテの超法規的な正統性は、フィリピン社会における義賊の想像力に由来している。現地では、大学教授、NGO ワーカー、スラムの住民、農家など異なる社会的背景をもつ人びとが、「彼はまるで民衆の英雄のようだ」と語った。フィリピンには、植民地期や戦後の混乱期に活躍した義賊に関する豊かな民間伝承がある。それらは、権力者からの理不尽な抑圧から野山に逃れた者たちが、不死身のお守りを手にして超人間的な力を身につ

け、手下を率いつつ国家の警察や軍隊、他の盗賊団たちと戦った武勇伝を語る。彼らは、「盗賊（*tulisan*）」や国家の法的枠組みからの外在性を示唆して「外の人間（*taong-labas*）」と呼ばれる。フランシス・ギアロゴによると、義賊は植民地国家による支配と「文明化」を拒絶し、法の外側で自らの家父長的な正義の感覚に基づく「もう一つの秩序」を打ち立てたという［Gealogo 1990, 2000］。フィリピンの義賊は、金持ちから盗んで貧者に再配分したからというよりも、正義の喪失が強く認識された混乱期に、国家の法に代わる秩序を提供したことで、庶民の英雄になったのだった。

　現代フィリピン政治では、こうしたもう一つの秩序を求める民衆の想像力が、大衆映画で義賊を演じた俳優を政治家として成功させた。ラモン・レヴィリャ Sr. はギャングのナルドン・プティックを演じて人気を博し、上院議員に当選した。エストラダが大統領まで登り詰めるきっかけとなったのも、ギャングのニカシオ・サロンガを演じたことだった。このように、政治に義賊的な人物が希求されるのは、圧倒的な不平等のなか、法は所詮エリートのためのものにすぎず、法を畏れぬアウトローでないとこの国は変えられないという認識が受け継がれてきたからである。

　ただし 2016 年選挙では、映画ではなく、ドゥテルテに関する真偽の入り混じった様々な都市伝説がフェイスブック等インターネットを通じて共有されることで、合法性を超えた義賊ドゥテルテのイメージが構築された。フィールド調査中に聞いた印象深い都市伝説をいくつか紹介してみよう。

　　(1)ドゥテルテは、禁煙条例を破ってレストランでタバコを吸っているアメリカ人を見かけて、拳銃を抜きつつこう言った。「お前には三つの選択肢がある。股間を撃ち抜かれる、投獄される、そのタバコを飲み込む」。彼は慌ててタバコを口の中に放り込んだ。（ヴィンス、大学教員、ダバオ市）
　　(2)彼は麻薬に厳しいけど、3 回までは許される。1 回つかまっても 2 回つかまっても、牢屋から出るときに厳しく叱って 1 万ペソのお小遣

いをくれる。だから本当は優しい。でも3回目までやってしまうと殺されてしまう。(ベス、主婦、マニラ首都圏マラボン市)
(3)土地シンジケートが、土地の偽造証書を貧しい不法占拠者に買わせた事件があった。市長はその犯人を捕まえると、その偽造証書を食べさせた。政府の人権委員会に批判されると、「奴はガムを噛んでいただけだ」と答えた。(アレックス、ジャーナリスト、ダバオ市)

　(1)はドゥテルテ派の政治家がフェイスブックで紹介して広まったものだが真偽は定かではない。(2)は真実ではない。(3)はテレビでも放送された事実だ。こうした都市伝説は、法の外側において温情と暴力で秩序を維持する家父長的なボスの義賊的道徳を表象している。ドゥテルテの義賊的道徳は、都市中間層的な市民的道徳から外れた貧困層や農村生活者の文化に対しても包摂的である。しかし、ドゥテルテを支持する「我々」は、麻薬関係者に代表される「悪しき他者」の暴力的な排除に基づいて構築された。
　国家の外側で活躍するはずの義賊的リーダーが、国家権力の頂点を奪取したのは、大きな矛盾に思われる。義賊が柔軟で属人的で不文律の非公式な制度でもって社会秩序を維持するのなら、国家は厳格で非属人的で明文化された公式の法の支配によって統治する。だが、近代国家の特徴は、自ら定義する危機において、恣意的に法の執行を停止する「例外状態」を作り出すことにあるというジョルジョ・アガンベン［2007］の議論を思い起こせば、義賊と国家の相性は意外に良いのかもしれない。義賊的リーダーは、自らの恣意的な決定によってこの近代国家の特質を最大化できるからだ。しかも、両者の結合に基く政治は、多くの国民の支持を呼んだ。例外状態を作り出すことによって、法制度の悪用によって作られた腐ったシステムに風穴を開け、そこから国家も国民も解放してくれると期待を集めたのだ。
　逆説的なことだが、多くの麻薬関係者さえも、ドゥテルテに変革の契機を見出した。ドゥテルテの大統領就任から10カ月間で、全国で実に126万人以上もの麻薬関係者が警察に自首している。これだけの人びとが自首したの

は、単に恐怖に駆られただけではなく、彼に進んで投降し服従を誓った者は許され、守られるに違いないという家父長的な義賊の道徳を信頼したからである。ドゥテルテは、多くの麻薬使用者に家族や地域に迷惑をかけない「善き人間」に生まれ変わろうとする自己変革の契機を与えた。しかし麻薬戦争では、自己変革を誓う麻薬使用者さえも警察によって殺害されてきたので、ドゥテルテの義賊的道徳は真実ではなく、彼に裏切られたと感じる人びとが増えている。

このことは、義賊と国家の結合による超法規的な権力の脆さを示している。義賊の恣意的な意思決定が、国家制度をいっそう弱体化し、現場レベルで警察の暴走を助長しているのだ。もとより、末端の貧しい麻薬関係者をいくら殺しても、非常に多くの利害関係が絡まりあって作られた腐ったシステムを改善できるわけではない。しかも自ら任命した関税局長官や自身の長男が中国からの麻薬密輸に関与していた疑いさえ指摘されている。ドゥテルテの統治は合法的な正統性を重視しないため、国民を更生させるための規律という義賊的道徳が信頼を失えば、政権の正統性も深刻に蝕まれかねない。

おわりに

フィリピンでは、1986年、ピープル・パワー革命によって民主化が実現した。しかし、その主体となった「国民の連帯」を侵食するかのように、1990年代後半には不平等を争点化する「貧者に優しい政治」の言説が台頭し、国民を分断した。2010年以降は、それに代わって、腐敗や犯罪といった「国民の敵」に対抗して「国民の連帯」を訴える諸言説がヘゲモニーを握ってきた。

ただし、これらの連帯の基盤は多くの問題を含んでいる。1986年のピープル・パワーと2010年大統領選挙で成功した「国民の連帯」は、もっぱら腐敗した大統領への敵対のみに依拠しており、不平等を改善する再配分も、意見の対立を調停する討議も促進しない。それゆえ、「国民の敵」の排除に

成功すれば、連帯の基盤だけでなく、この言説を用いた政治家への支持も解消してしまいかねない。

この危険を回避すべく、ベニグノ・アキノ三世は「善き市民の政治」を掲げ、「貧者に優しい政治」を訴えるライバルの腐敗を追及しつつ、貧困層を「善き市民」へと包摂することで、その支持基盤を切り崩そうとした。だが、道徳によって貧困を解決しようとする試みは、貧困の原因を個人の不道徳な生活様式に帰すことによって、構造的な要因を隠蔽する。しかも、貧困層を「善き市民」へと包摂しようとする道徳的介入は、救うに値する「善き市民」と、排除するのもやむを得ない「悪しき他者」という分断を生み出した。また、改革が遅々として進まぬなか、フィリピンの富と権力を100年以上にわたって独占してきた伝統的エリートのアキノが、「善き市民」の代表を標榜する偽善性も人びとに意識されるようになった。

2016年大統領選挙では、より劇的な変革を実現するためとして、法制度を超越して「悪しき他者」を排除する「義賊の家父長政治」を訴えたドゥテルテが当選した。彼は、麻薬犯罪者を「悪しき他者」の象徴に設定し、「善き市民」を救うためとして、その超法規的な殺害さえ推奨する。ただし、末端の麻薬関係者を抹殺しても、複雑な要因の絡まり合った様々な社会問題を一気に解決できるわけでもない。しかも、超法規的な処刑の横行は、法や政策を社会の隅々まで適切に実施できない「弱い国家」というフィリピンの課題をさらに悪化させている。

このように、フィリピンのポピュリズムは多様な形態をとってきたが、いずれも「我々／彼ら」の道徳的な敵対関係を構築し、敵の排除を訴えることによって正統性を得ようとする点で共通している。「ピープル」の正統性に訴えるポピュリズムを民主主義から取り除くことはできないし、その敵対関係は既存の不平等を否定し、民主化や政治改革を促進することもある。しかし、ポピュリズムが道徳の複数性を否定したり、特定の人びとへの法執行を停止するのは、民主主義にとって非常に危険な事態である。ポピュリズムの敵対関係を、異なる道徳を抱く他者の排除ではなく、「彼ら」とのより開か

れた競合・闘争を生み出すものへといかに変容させていけるのかが問われている。

注

1　Yannis Stavrakakis［2004］の指摘による。
2　1960 年代から、映画俳優らショー・ビジネス界の著名人たちが選挙に立候補する現象が生じた。ただし、彼らは二大政党制の下で国民党か自由党のいずれかから立候補せざるを得ず、伝統的エリートと協力関係を結んだ。
3　あらゆる候補が既存の経済構造のなかで富を得る実業家から選挙資金を得ているので、経済政策の変更よりも、どの派閥や勢力が国家のビジネス規制権限（レント）を独占するのかが激しく争われることになる。

参考文献

アガンベン、ジョルジョ［2007］『例外状態』上村忠男訳、未来社。
日下 渉［2013］『反市民の政治学――フィリピンの民主主義と道徳』法政大学出版局。
清水 展［1991］『文化のなかの政治――フィリピン「二月革命」の物語』弘文堂。
ラクラウ、エルネスト［1985］『資本主義・ファシズム・ポピュリズム』大阪経済法科大学法学研究所訳／横越英一監訳、拓殖書房。
Aquino, Belinda［1998］"Filipino Elections and 'Illiberal' Democracy." *Public Policy* 2 (3): 1-26.
Bello, Walden［2017］"Duterte Fascism and Naked Force Ruling Philippines." *Asia Pacific Report*. March 8. Retrieved April 15, 2017 (http://asiapacificreport.nz/2017/03/08/walden-bello-duterte-fascism-and-naked-force-ruling-philippines/).
Canovan, Margaret［1981］*Populism*. London: Harcourt Brace Jovanovich.
―――［1999］"Trust the People!: Populism and the Two Faces of Democracy." *Political Studies* 47 (1): 2-16.
―――［2004］"Populism for Political Theorists?" *Journal of Political Ideologies* 9 (3): 241-252.
Curato, Nicole［2016］"Politics of Anxiety, Politics of Hope: Penal Populism and Duterte's Rise to Power." *Journal of Current Southeast Asian Studies* 35 (3):

91-109.

David, Randy [2002] "The Hidden Injuries of the Poor." *Philippine Daily Inquirer.* July 29.

―――― [2017] "Duterte, Trump, and Populism." *Philippine Daily Inquirer.* March 5.

Doronila, Amando [1998] "1998 Polls Did Away with Old Nations." *Philippine Daily Inquirer.* May 18.

―――― [2003] "Popularity Neither Policy nor Program." *Philippine Daily Inquirer.* December 15.

Flores, Patrick [1998] The Illusions of a Cinematic President. *Public Policy* 2 (4): 101-119.

Gutierrez, Eric [2002] "Gloria Should Talk to Estrada Loyalists." *Philippine Daily Inquirer.* May 2.

Hedman, Eva-Lotta E. [2001] "The Spectre of Populism in Philippine Politics and Society: Artista, Masa, Eraption." *South East Asia Research* 9 (1): 5-44.

Laclau, Ernesto [2005] *On Populist Reason*, London: Verso.

Pernia, Ernesto M., Stella Alabastro-Quimbo, Maria Joy V. Abrenica, et al. [2012] "Population, Poverty, Politics and the Reproductive Health Bill." University of the Philippines School of Economics Position Paper. July 29. Retrieved August 24, 2017 (http://www.econ.upd.edu.ph/perse/?p=1282).

Pinches, Michael [1992] "The Working Class Experience of Shame, Inequality and People Power in Tatalon, Manila." in *From Marcos to Aquino*. Kerkvliet, Benedict and Rasil Mojares (ed.). Hawaii: University of Hawaii Press.

Stavrakakis, Yannis [2004] "Antinomies of Formalism: Laclau's Theory of Populism and the Lessons from Religious Populism in Greece." *Journal of Political Ideologies* 9 (3): 253-267.

Thompson, Mark R. [2016] "Bloodied Democracy: Duterte and the Death of Liberal Reformism in the Philippines." *Journal of Current Southeast Asian Studies* 3: 39-68.

Tolentino, Roland B. [2010] "Masses, Power, and Gangsterism in the Films of Joseph "Erap" Estrada." *Kasarinlan* 25 (1-2): 67-94.

第8章

トルコ：
エルドアンのネオポピュリズム

間　寧

はじめに

　新自由主義的改革を手がけたラテンアメリカのネオポピュリズム政権は長続きせず、より資源配分的な左派ポピュリズム政権に取って代わられた[1]。にもかかわらずトルコにおいて、ネオポピュリズム的なレジェップ・エルドアン政権が15年以上続いてきたのはなぜだろうか。

　エルドアンのネオポピュリズムの特徴は、①「エリート対大衆」言説において対抗軸とした社会的亀裂が中心対周辺であって社会階級のそれではなかったこと、②他のポピュリスト指導者のように政党を迂回するのではなく、トルコで最も大衆政党に近い「公正発展党（AKP）」を最大限に利用したこと、③新自由主義的改革を導入したのではなく前政権から継承したことである。

　これらの特徴は、エルドアン政権のネオポピュリズムに三つの面で持続性をもたらした。第一に、新自由主義的改革は財政拡張を許さなかったものの、公的な場での宗教活動や表現が自由化されたことで、AKPの支持基盤である「大衆」は政権を強く支持した。しかも非民選の世俗主義国家エリー

トが民選の AKP 政権に執拗に抵抗したことは、エルドアンの反エリート言説に信憑性を与えた。第二に、トルコで最もポピュリスト的政党である AKP は大衆への奉仕活動を日常的に行うことで信頼を獲得し、一党優位制で長期安定政権が確立した（図 8-1）。第三に、改革初期の国民的犠牲の責任を前政権に負わせ、改革進行期の経済成長をエルドアン政権の成果と見せることを可能にした。また、社会的保護制度改革が全体的拡充ではなく格差是正と未組織貧困層への支援に重点を置いたことは総支出を抑制し、政策の持続を可能にした。

　本章の構成は以下の通りである。まず第 1 節でエルドアン政権のネオポピュリズムの特徴をポピュリズム論の枠組みに従って概観し、以降の各節ではなぜそのような特徴が生まれたのかを考察する。すなわち、第 2 節で反エリート言説における対抗軸と戦略を明らかにする。第 3 節では AKP の大衆政党（mass party）的な機能を、台頭の経緯、イデオロギー（党綱領）、組織の面から概観する。そして第 4 節で新自由主義的改革のタイミングと内容が政権支持に与えた影響を考察する。

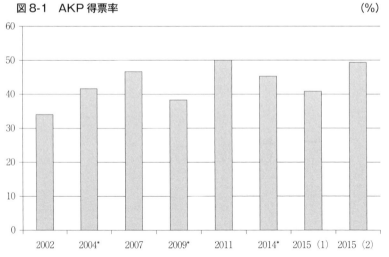

図 8-1　AKP 得票率　　　　　　　　　　　　　　　　　　（％）

出所：Yuksek Seçim Kurulu（http://www.ysk.gov.tr/）データより筆者作成。
注：無印は総選挙、＊印は統一地方選挙。2015 年の(1)は 6 月、(2)は 11 月。

1 ポピュリズム概念とエルドアンのポピュリズム

ポピュリズムの定義には、イデオロギーに限定する最小限定義と、イデオロギーと組織の両方を含む拡張定義がある。最小限定義は普遍性があるため、すべてのポピュリズムについておおまかな比較を可能にする。これに対し、拡張定義は特にラテンアメリカの大統領制の分析から発展した定義で、組織や動員の構造の違いによる類型化を可能にする。本節ではエルドアンのポピュリズムを、最小限定義、拡張定義からその特徴を明らかにするとともに、常用語句や言説例からポピュリズムの傾向を概観する。

（1） 最小限定義

ポピュリズムの最小限定義を用いるカス・ミュドとクリストバル・カルトワッサーによれば、ポピュリズムというイデオロギーの中核的概念は①人民、②エリート、③一般意思である［Mudde and Kaltwasser 2015: 500-512］。人民は、主権者、一般人ないし国民（あるいはこれらすべて）を意味する。人民とエリートとを区別するのは、人民の真性、社会経済的地位、国籍という性質である。その結果、農業ポピュリズム、社会経済的ポピュリズム、排外的ポピュリズムが生まれる。エリートは、純粋な人民と腐敗したエリートとの対比に使われる。一般意思は、人々が共同体を形成し、共通利益を追求するための法律を制定することを意味する。

この最小限定義によれば、エルドアンのポピュリズムでの人民は、一義的にはトルコの世俗主義体制で宗教的自由を制約されてきた人々である。トルコ共和国の世俗主義は、オスマントルコにおいて宗教が国家体制に影響を与えたことが国の発展を阻害したとの認識から、法律や政治から宗教的要素を排除することを原則としている[2]。公的な場での宗教的表現が禁じられたため、宗教心の強い人々の公的機関への所属や雇用が制約された。たとえばムスリムが宗教的理由から被るスカーフの着用者は、政府機関への就職や国立

大学への入学ができなかった。宗教心の強い人々は農村から都市に移住すると、インフラ整備の遅れた地域に住み、行政への申請や陳情にも苦労した。AKPが野党全体と比べて信仰心が強く、所得が低い人々の支持を受けていることは、直近2015年6月総選挙での投票先を尋ねたアンケート調査結果からもわかる（図8-2と図8-3参照）。

エルドアンは宗教心の強いこれらの人々を「黒トルコ人」、トルコの厳格な世俗主義を擁護する国家エリートとその支持者を「白トルコ人」と呼ぶ言説［Bora 2013］を援用した[3]。そして黒トルコ人が社会階層でより下位に属するのは、世俗主義により社会的上昇が阻まれてきたからだと主張した。近代化志向勢力と伝統志向勢力との間にある潜在的対立軸は、中心・周辺亀裂と呼ばれ［Lipset and Rokkan 1967］、トルコ社会で最も顕著な亀裂である［Mardin 1971］。エルドアンはこの中心・周辺亀裂を反エリート言説に取り入

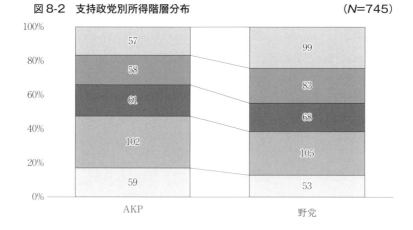

図8-2　支持政党別所得階層分布　　　　　　　　　（N=745）

　□第Ⅰ五分位　■第Ⅱ五分位　■第Ⅲ五分位　■第Ⅳ五分位　□第Ⅴ五分位

出所　Comparative Study of Electoral Systems (CSES) -Module 4 (2011-2016) に収納された2015年6月トルコ総選挙直後のアンケート調査データセットを用いて筆者作成。

注　グラフ上の数字は回答数。所得階層は第Ⅰ五分位が最貧層、第Ⅴ五分位が最富層。投票棄権者と、無回答を除く。五分位とは、可処分所得で序列化した家計を、全家計に占める割合で20％ごとに区切った層。

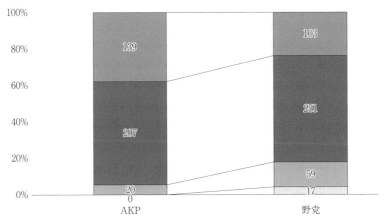

図 8-3　支持政党別信仰度　　　　　　　　　　(N=765)

出所：Comparative Study of Electoral Systems (CSES) -Module 4 (2011-2016) に収納された2015年6月トルコ総選挙直後のアンケート調査データセットを用いて筆者作成。
注：数字は回答数。信仰心は「ない」から「強い」までの4段階。投票棄権者と無回答を除く。

れたことから、彼のポピュリズムは社会経済的ポピュリズムといえる。

　ただし、2013年以降にはエルドアンの反欧米の民族主義的言説が強まったのも事実である。このためエルドアンのポピュリズムには排外的ポピュリズムの要素も加わった。その理由は第一に、2013年夏の市民抗議運動への政府弾圧以降、欧米のエルドアン政権への批判が強まったことである。また欧州連合(EU)での通貨危機を目の当たりにしたトルコでEU加盟への支持がかつてない水準に落ち込んだことも、エルドアンの反欧言説を助長した(図8-4)。第二に、軍部や司法府という国家エリートをエルドアンがギュレン派（後述）を利用して粛正したために、もはや攻撃の標的とならなかったことも理由として挙げられる。

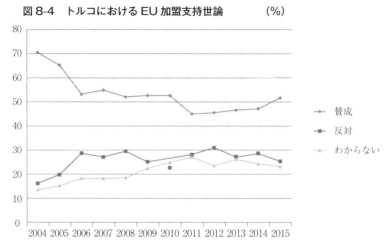

図 8-4　トルコにおける EU 加盟支持世論　　　（％）

出所：TurkStat, Life Satisfaction Survey, 2004-2015（http://www.turkstat.gov.tr）より筆者作成。
注：EU 加盟のための国民投票があれば加盟に賛成するか反対するかを尋ねた質問への回答比率。LSS 調査の標本規模は年を経るにつれて大きくなっており、2015 年の場合、9,397 人。EU 加盟賛成世論が大きく下がったのは、EU 加盟交渉が部分凍結された 2006 年、およびユーロ危機直後の 2011 年である。後者は、EU 経済に対するトルコ国民の評価が下がったことと関連している。

（2）　拡大定義

　ラテンアメリカや東欧をモデルとする拡大定義を用いる研究者のうちケネス・ロバーツは、ポピュリズムを市民社会組織化と政党組織化の度合いにより四つに分けた［Roberts 2006］。そのうえで、近年の傾向が、市民社会組織化と政党組織化がともに低く、政治指導者と有権者が代表制度を経ずに、特に選挙において直接結びつくペルーのアルベルト・フジモリ政権やヴェネズエラのウゴ・チャベス政権のような選挙ポピュリズムであると主張した。ロバート・バーもポピュリズムを、非主流派ないし一匹狼が反体制派アピールと直接代表制的繋がりを用いて権力を獲得ないし維持することを目指す大衆運動と定義した［Barr 2009］。ネオポピュリズムに限定して論じたカート・ウェイランドは、経済危機を背景として新自由主義志向のポピュリズム

指導者が台頭する条件は、①既存政党が弱い（組織としての制度化が遅れている）か、②強いポピュリスト政党を支配するかのどちらかであると論じた［Weyland 1999: 384-386］。

　拡大定義で示された組織的条件は、エルドアンのポピュリズムには当てはまらない。指導者が政党のような既存の仲介組織を迂回して支持者に直接ないし擬似個人的方法（たとえばテレビやアンケート調査）で接するという点ではあまり対応していない。確かにエルドアンはAKP党首として、聖職者のような抑揚をきかせた演説を頻繁に行い、大衆への直接的接触を図ってきた。またイスタンブル市長時代から毎月アンケート調査を行って世論動向を逐次把握してきた。しかしエルドアンはAKPという強力な政党を迂回するのではなくそれを動員装置として最大限に利用してきた。ポピュリスト指導者が政党を利用する場合、政党は脱制度化し指導者のための道具となるという点は［Weyland 1999: 384-386］、エルドアン政権の第二期以降に当てはまる。

　ポピュリズムは市場制度を導入して当面の経済危機に対処することはできるがその制度を定着させられないとのウェイランドの指摘［Weyland 1999: 398］は、トルコにも当てはまる。同様に、トルコでエルドアンより前の新自由主義的かつポピュリズム的指導者のトルグット・オザルやアルゼンチンのカルロス・メネムも、経済活動の自由化を推進しつつも市場制度の透明化やガバナンス確立には貢献しなかった［Öniş 2004］。

（3）　常用語句と言説例

　最小限定義と拡大定義のいずれもポピュリストにとってイデオロギーの訴求力が欠かせないことを示している。エルドアンは言説の巧みさで知られ、多様な端的な表現を用いて国民に直接語りかける。エルドアン言説での常用語句のうち、人民、エリート、一般意思というポピュリスト最小限定義の三つの要素のいずれかに関するものを図8-5に示した。これらは、(1) エルドアンとの直接対話や一体感およびその庇護を感じさせる、(2) 反エルドアン

勢力を排外または蔑視する、反対勢力の陰謀を証拠無しに匂わす、または(3) 多数派民主主義を主張するものという3種類である。

図 8-5　エルドアンが常用したポピュリスト的語句

日本語訳：トルコ語	含意	種類
私の国民：Benim milletim	トルコ国民を擁護する表現。	1
我々：Biz	AKP支持者、AKP組織、政権を支持する個人や組織。	1
心からの：En kalbi	集会や演説で誠実性を強調する表現。	1
召使い：Hizmetkar	AKPが国民との間に築いた関係の性格を表す。宗教的奉仕や謙虚さを含意する。	1
兄弟：Kardeşlerim	集会や演説で用いられる呼びかけ。特定の民族・宗教集団への親近感を示すことも。	1
国粋の：Milli／Yerli	トルコ国家・国民の伝統的性格を持つとの意味。	1
一部の者：Birileri	政権の業績を快く思わない個人ないし組織。	2
これら：Bunlar	AKP支持者、AKP組織、政権を支持する個人や組織以外。	2
大きな策略：Büyük oyun	トルコ共和国、政権、国民に害を与えるべく外部勢力により計画された包括的長期的計画。	2
おい！：Eyy!	集会や演説で対抗・野党勢力に向けて最も頻繁に用いられる呼びかけ。	2
金利ロビー：Faiz lobisi	外国為替の大量売買でトルコ経済から金利を稼ぐためにトルコを不安定化させることをもくろむ街頭行動の背後にいる個人や組織。	2
ガジ・ムスタファ・ケマル：Gazi Mustafa Kemal	トルコ共和国初代大統領への言及で、建国の父の称号（アタテュルク）を省いている。軍人の最上称号ガジを冠して軍人としての性格を強調。	2
誰も気を悪くしないでほしい：Kimse kusura bakmasın	政治的議論で人物や組織を批判する前に用いられる表現。	2
明らかな者：Malum zat	日常的政治事件ないし発言で言及された政治家や関係者の名前を言わずに用いられる蔑視表現。	2

意味深い：Manidar	政治的出来事や発言が陰謀を匂わすとの文脈で用いられる。	2
最愛の人（仏語）：Monşer	トルコ国民を政治的に理解できない、西洋的、エリート的生活様式のために人民から乖離した人物。	2
おまえは何だ：Sen kimsin ya	政治的対抗勢力へ向けた抗議、対決、軽蔑の表現。	2
黒幕：Üst akıl	トルコ国家や政権に対する「大きな策略」のために国内外の勢力が形成した連合。	2
国民の意思：Milli irade	民主的共和国を構成する基本的構造の基礎。政治的意味では権力の神聖かつ正当性の根源。	3
投票箱：Sandık	国民の意思、権力の根源が示される場所。	3
庇護：Vesayet	民選政権の裁量を無視して政治介入する個人や組織。	3

出所：Erdoğan Sözlüğü – 140Journos（https://140journos.com/erdogan-sozlugu-5a68b82c39cb ［2017年9月4日アクセス］）をもとに筆者作成。
注：含意は、出所での説明に筆者の解釈を加えている。

　これらの常用語句が用いられるエルドアンのポピュリスト言説には、いくつかの定型がある（以下の引用では、常用語句に下線表示）。第一に、何らかの主張を展開するのではなく、「我々」や「国民」などの常套句を反復して用いることで、特定の集団あるいは大衆の一体感を高め、感情を高揚させる演説である。たとえば以下の2011年6月総選挙遊説での演説である。「我々はこの旅をあなたたちと始め、我々はこの旅を我々の国民と始めた。我々はいつも我々の国民とこの道を歩いてきた、我々はギャングから我々の力を得たのではない。我々はエリートから我々の力を得たのではない。我々は我々の国民から我々の力を得たのだ、我々は我々の国民が我々に示した方向にまっすぐ歩いてきた」［Küçükali 2015: 67］。

　第二に、自らや政府に対する批判がおきると、国民の側にある「我々」に対して少数派である「一部の者」が攻撃ないし陰謀を試みているという言説で対抗する。たとえば三権分立が弱められるとの批判に対する、「司法は、

一部の者の裏庭であることから脱し、国民の司法になる道を歩み始めた。…（野党第一党 CHP 党首の）クルチダルオール氏よ、司法は政府の命令下に入ってはいない。司法は、あなたの過激な態度から浄化されつつある。」との国会 AKP 議員団会議での発言（2012 年 2 月）や[4]、「我々は国家と国民を融合しようとしているのに、これらは敵対的国家のイメージを強めようとしている。我々は我々の国民を抱擁し、連帯と一体性をもたらそうとしている。これらは不平と嫌悪を流布している。我々は民主化と軍部の脱政治化を進めようとあらゆる分野で努力している。これらは国家組織が互いに対立するように扇動している」[Küçükali 2015: 70] との AKP 県連会長会議での発言（2012 年 1 月）である。

　第三に、自らへの批判・対抗勢力に対して、政策ではなく個人への中傷材料を用いて攻撃することである。たとえば、「クルチダルオールはどうして恥も知らず私の国に来られたのか。CHP に心を開いた私の兄弟は、なぜ彼の嘘を信じたのか。私の兄弟よ、何が行われたかは明白だ。この男は社会保障制度を破産させた。…彼の親戚は、あちこちからテロリストである人間を受け入れた。これはすべて国会で話された。これは彼の面前にぶちまけられた、面前に。…それでも彼は面の皮がとても厚い」[Küçükali 2015: 67] との AKP 県連会長会議（前掲と同じ）での発言は、政策や主義主張の議論とはほど遠い。

2　エルドアンの反エリート・多数派主義

　エルドアンのポピュリズムの最大の特徴は、反エルドアン勢力の存在や総選挙での連続勝利が、エルドアンの言説に信憑性を与えていたことである。第一に、AKP 政権第一期には世俗主義的国家エリートが同政権に強く抵抗し、大統領選挙への介入や AKP 解党訴訟が起こされた。第二期以降にそのエリートが粛正される過程でエルドアンは反エリート言説を確立した。第二に、AKP の総選挙得票率が 2002 年に 34％だったのが 2007 年には 46％、

2011年には49％にまで伸びたことで、国民の多数派を代表しているとの主張が成り立つようになった。

（1） 非民選国家エリートと排他的世俗主義

　トルコにおいて、非民選の国家エリートが民選政権に対して非常時に拒否権を行使することは庇護的民主主義（これ以降、庇護主義と記す）と呼ばれてきた [Esen and Gümüşçü 2016]⁵。トルコでは共和国樹立の主導者だった軍部や官僚という非民選国家エリートが、政権や政党政治に長らく影響力を行使してきた⁶。トルコで最初の政権交代を実現した民主党（DP）政権が独裁傾向を強めると、軍部は1960年にクーデタで政権を転覆、翌年に新憲法を成立させて民政移管した。1961年憲法では、多数派による独裁を防ぐために比例代表選挙制度、国会上院、違憲立法審査を導入した。1961年憲法はトルコ史上最も民主的との評価もされたが、軍部の政治介入は終わらなかった。1971～1973年と1980～1983年には治安維持を理由にしたクーデタで軍部が政権を握り、憲法体制の非民主化に関与した。

　軍部の次に影響力が強かったのが司法官僚である。憲法裁判所は現行憲法を堅持するあまり憲法改正法にさえ違憲判決を下してきた。最高検察庁は親イスラム政党やクルド系政党がそれぞれ世俗主義に反したり分離主義を掲げたりしているとの理由で解党を請求、憲法裁判所もこれを認めてきた。軍部と司法府が特に重視してきたのは世俗主義である。一般大衆はより宗教的であるため、庇護主義は一般大衆を疎外することにも繋がる。

　トルコの厳格な世俗主義は、国家制度から宗教的要素を排除してきた。宗教に依拠した政党はもちろん、ムスリムが被るスカーフに代表される宗教的衣装の公共機関での着用さえ原則として禁じてきた⁷。しかし1979年のイラン革命以降、スカーフ着用を擁護する運動がトルコ全国の大学に広まった。民政移管後の祖国党（ANAP）政権（1983～1991年、中道右派で穏健イスラム）は学生の服装を自由化する法律や政令の成立を試みたが、国軍参謀総長出身のケナン・エヴレン大統領の拒否権発動や司法審査（憲法裁判所・

行政裁判所）での違憲判決により成功しなかった。

　エヴレン大統領が1990年に退任したのを契機にスカーフ着用が各大学の独自の判断に任せられると、スカーフ取り締まりは無くなった。しかしスカーフ着用の事実上の自由化は、1990年代後半に再度覆されることになる。1996年に、親イスラムである福祉党（RP）のネジメッティン・エルバカンが中道右派政党の正道党（DYP）との連立政権で首相になった。しかし世俗主義勢力との対立によって1年未満で退陣し、それに代わる世俗主義的な連立政権（1997～1999年）が樹立されると、高等教育委員会はすべての国立大学についてスカーフ着用者の入校を禁止する通達を出した。この通達はAKP政権第二期まで施行された[8]。

（2） エリートのAKPへの挑戦

　この庇護主義は、2002年にトルコで初めてAKPという親イスラム政党による単独政権が樹立されたことでさらに顕在化した。軍部と司法府に加え、三権の調整役である大統領職（国会間接選挙で選出）を握る非民選国家エリートが、トルコの政治体制がイスラム化することを恐れ、AKP政権に公然と異議を申し立てるようになった。軍部は国家安全保障会議で政府に世俗主義遵守を強く求め、憲法裁判所前長官のアフメト・セゼル大統領は法案の差し戻しや任官拒否を繰り返した。AKPはスカーフ問題の解決を党の政策課題の一つにしていたものの、政権第一期目（2002-2007年）には世俗主義勢力を刺激するのを避けるため、政権のイスラム色を抑えていた。

　にもかかわらず2007年4月、国会が行なう大統領選挙を控えてエルドアンの立候補が予想されると、宗教色の強い国家元首が誕生することを危惧した軍部や世俗主義市民は、世俗主義を擁護する記者会見や大衆行動を行った。エルドアンはこのような圧力に屈して立候補を断念、代わりにアブドゥラー・ギュルを候補に選んだ[9]。一般世論はエルドアンより穏健なギュル候補を穏当と受け止めたが、ギュル夫人もスカーフを被っていることから軍部は抵抗、クーデタの可能性を暗示する声明をウェブサイト上で発表した。さ

らに憲法裁判所も、野党第一党 CHP が欠席した第一回大統領選挙投票結果は議決定足数不足のため無効であるとの判決を下した。

　こうした非選民国家エリートの介入に対し、国民の意を問うとしてエルドアンが繰り上げ総選挙を 7 月に実施すると AKP が 46％の得票率で大勝、8 月にはギュルが CHP の抵抗もなく国会で大統領に選出された。軍部はその後、後述の理由で声を上げなくなったが、司法府による政治介入は続いた。2008 年 3 月に最高検察庁が、AKP 議員らの言動が世俗主義に反するという理由で AKP の解党を求める訴訟を憲法裁判所に対して起こしたのである（憲法裁判所判事の意見が割れて解党には至らず）。また憲法裁判所は AKP 政権が大学でのスカーフ着用を自由化するために成立させた憲法改正を、CHP の訴えに応じて違憲とする判決を 6 月に下した。ただし、当時の世論調査を見ても、一般国民の大多数は大学でのスカーフ着用に賛成していたことからすると[10]、AKP は一般国民により近い位置にあったと言える［間 2008］。結局、公共機関でのスカーフ着用が完全に自由化されたのは以下に見る国家エリート粛清後の 2013 年 9 月の通達によってだった。

（3）　反エリート・多数派主義へ

　エルドアンは、非民選国家エリートの影響を削ぐため、もともと国家機構への浸透を図っていたイスラム組織のギュレン派を後押しした。ギュレン派は警察と下級裁判所をまず影響下に収めると、架空のクーデタ容疑で軍部や他の世俗主義者を標的にした陰謀裁判を 2008 年に開始した。大量の退役・現役軍人が政権転覆未遂容疑で逮捕・長期勾留されたことで、軍部への国民の信頼は失墜した。AKP 政権は 2010 年 9 月には、司法府への与党の任命権限を強める憲法改正を、軍部への文民統制強化に見せかけた改正と組み合わせて、国民投票にかけて成立させた。エルドアンはこれにより「あらゆる庇護主義的考えは敗北した」と、勝利演説した[11]。司法府においても、2010 年の憲法改正を利用したギュレン派の浸透が司法人事機関にまで達していた。2011 年にも総選挙で 49％得票するとエルドアンは「民意に対する庇護、違

法性、エリートの独裁はまたしても議論の余地なく敗北した」と勝利演説した[12]。このような庇護主義への言及は、エリート粛正が始まる前の 2007 年総選挙での勝利演説では無かった[13]。

　非民選国家エリートの粛正後、エルドアンの言説は多数派主義の傾向を強めた。2013 年 5 月～ 6 月のゲジ公園抗議運動で表現の自由と少数派の権利を主張した市民に対し、エルドアンは抗議者を「略奪者」と呼ぶとともに、抗議への弾圧を欧米のメディアや政府が批判すると、「金利ロビー（図 8-5 参照）と外国勢力が抗議運動を後押ししている」と主張した。そして「民主主義は選挙にあり、多数派の意思が尊重される」と述べた。非民選国家エリート失墜後の仮想敵が外国勢力に変わったことで、エルドアンのポピュリズムには排外的要素が加わったといえる。また 2013 年末、それまでエルドアンと連携していたかに見えたギュレン派がエルドアンを標的にして検察と警察を使って AKP 政権の汚職疑惑に関する調査を開始すると、エルドアンは検察や警察で大量の人事異動を行ない、捜査を抑え込んだ。その後も大幅な異動や法改正などにより、司法府と警察に対する政権の掌握を強めた。

　エルドアンは 2014 年 8 月に、議院内閣制の大統領に直接選挙で選出された。2007 年憲法改正によって大統領選挙が間接から直接に変更されていたからである。ただし大統領の権限内容や政治的中立義務規定はそのままだった。にもかかわらず、彼は国民に選ばれたという理由で、政府を主導すると公言し、実質的な執行大統領制を既成事実化しようとした[14]。大統領就任後は大統領府組織を大統領令により拡大、局数を 13 に倍増、各部局を担当する大統領筆頭顧問たちが閣僚のように振る舞って政策上の発言を行った。こうした新設局の一つである投資監視局では、大統領筆頭顧問で前建設相のビナリ・ユルドゥルムが局長を務め、首相が有していた投資に関する最終許認可権限の一部を譲り受けた。

　2015 年 6 月の総選挙戦最中には、エルドアンが大統領制導入を盛り込んだ憲法改正を国会で成立させるために必要な与党安定多数を公然と求めた。また、全国遊説では野党を批判し、アフメト・ダウトール首相と揃い踏みす

るなど、大統領の無党派規定を完全に踏みにじった。これに対して有権者がAKPへの支持は大統領制導入に繋がると警戒したこともあり、2015年の選挙でAKPは第一党の座を維持したもののその議席は過半数割れした［間2015a］。しかしエルドアンは総選挙後の組閣過程を様々な遅延工作により時間切れにさせて11月には再総選挙に持ち込み、AKPは過半数議席を回復した［間2015b］。さらに2016年7月、軍部に浸透したギュレン派によるクーデタ未遂が鎮圧された後は、国家機構や市民社会組織に浸透したギュレン派を逮捕拘束したのみならず、政府に批判的な勢力の粛正をも図った［間2017a］。

3　組織政党としての公正発展党

　エルドアンはAKP初代党首であることからその影響力は圧倒的であったが、結党当初は集団的意思決定がなされた。しかしAKPが圧勝した2007年以降、党内有力者が次第に影響力を失い、党運営がエルドアン一人に握られるようになったことで党の制度化の度合いは低下した。構造改革で導入された市場監視独立機関も与党支配強化のために利用された。エルドアンは2014年に大統領に選出されて憲法規定に従い離党してからは、直接代表制的傾向を強めた。

（1）　台頭の経緯
　AKP台頭の理由は、伝統的親イスラム政党が大衆政党化したことと、イデオロギー的穏健化に求められる。AKPの起源は1970年にネジメッティン・エルバカンが結党した親イスラム政党である国民秩序党（MNP）にまで遡れるが、AKPの雛形は1990年代半ばに得票率を伸ばした福祉党（RP）で作られた。RPはエルバカンが依然として党首だったものの1990年代初めに戦略転換を行い、敬虔なムスリムのみならず社会的疎外感を持つ大衆へと支持基盤を広げた。

RPは第一に、「公正な経済秩序」という資本主義、社会主義、イスラム主義の折中的な綱領を発表して、所得格差是正など社会民主主義的主張をも取り上げた。RPは第二に、トルコの政党では初めて選挙活動のためにコンピュータシステムを導入、有権者との人間関係構築を基本とした組織的選挙運動を展開した。運動員は選挙の翌日から次の選挙のための運動を開始した。各人が町内の通りごとの担当となり、戸別訪問して日常的問題を聞き出し、解決を手助けするなどして人間関係を築いた後にRPの思想や政策を紹介するのである。このような手法は、農村から大都市に移動してきたものの都市生活に慣れない人々に対して特に有効だった［間 1995］。

RPは1994年の統一地方選挙で実質的な勝利を収め、最大都市イスタンブル、首都アンカラを初めとする大都市においてRP市政が誕生した[15]。RP市政は、親イスラム派を職員に採用したり、支持者の多い低・中所得者地区へ食料や燃料の配給を行ったりするなど、同党の政治的マシーンとして機能し［Çakır 1994］、1995年12月総選挙で同党が勝利するための条件を整えた。また、RP市政下での大都市の公共事業入札において、親イスラム派企業の落札が相次ぎ［Bulut 1999: 50-52］、イスラム運動への資金が提供されるとともにそのかなりの部分がRPに還元された。

エルバカンは1996年に中道右派正道党（DYP）とトルコで初めてのイスラム派首班政権を樹立したが、イスラム主義を強調する路線が仇となって1年足らずで崩壊した。さらにRPが憲法裁判所により解党させられた後は美徳党（FP）を結成させて自らは無所属としてFPを指揮したが、これも解党措置に追い込まれた。FPの後継政党の結党を巡り、エルバカンの個人支配と彼の世俗主義との対立を厭わない対決路線に反対した刷新派が、エルバカンの息のかからない新党として結成したのがAKPである（伝統派は至福党（SP）を結党）。

（2） イデオロギーと組織

親イスラム政党の改革派がトルコの厳格な世俗主義を考慮して結党した

AKPは当初、親イスラム主義ではなく保守民主主義と自称した。民主主義、人権、多元主義という普遍的規範の一部として、宗教的自由を間接的に求めた。またエルバカンの独裁制を教訓に、党内民主主義のため党首の5選と国会議員の4選を党規約で禁じた。また、地方自治体での強さをも反映して地方分権を唱えた。経済では自由市場と民営化を他の政党よりも主張した。社会的正義についての考えは、党名の「公正」に反映されている。ただし組織労働者の権利を擁護するよりは組織化されてない人々（たとえば生活困窮者、寡婦、身障者、負傷兵とその家族など）を扶助することを優先した。

選挙公約からすると、AKPの自由市場経済というイデオロギーは、政権が長期化するにつれ弱まった（図8-6）。これはAKP政権の意思決定方法が、市場や国際社会との関係を重視する閣僚らとそもそも構造改革に消極的だったエルドアンとの間での合議から、エルドアンの独断に代わっていったことと関係している。また、自由市場志向の低下は所得再分配への傾倒には必ずしも繋がらなかった。平等への言及は2015年総選挙で初めて、しかも小幅

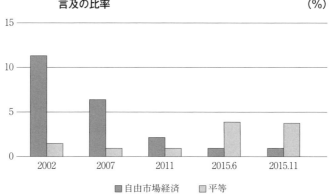

図8-6　AKP選挙公約における「自由市場経済」と「平等」への言及の比率　　　　　　　　　　　　　　　　　　(%)

出所：Manifest Project Dataset より筆者作成。
Website: https://manifesto-project.wzb.eu/
注：選挙公約の全文節数に占める「自由市場経済」ないし「平等」に言及した文節の比率。横軸は、選挙年。2015年は総選挙がやり直されたため、6月と11月に実施。

に増えたにすぎない。

　組織の点では、AKP は RP が築いた日常的選挙活動に加え、党支部ごとに設置された陳情窓口を党本部で統合した情報伝達システム（AKİM）を構築し、有権者の陳情を担当官庁に伝達、対応と解決までを追跡することを可能にした。また有権者との関係を築くには在宅主婦に日常的に接触することが効果的であるため、AKP 女性委員会がその役を果たしている。AKP が与党であることと党費が無料という理由もあるが、有権者の 8 人に 1 人が同党党員になっている。

（3）　エルドアンによる党支配

　エルドアンは AKP 結党から一貫して最有力指導者であったものの、当初は彼以外にも数名の有力者が存在した。なかでもアブドゥラー・ギュルは 1996〜1997 年の RP-DYP 連立政権では外務担当副首相だったし、AKP 政権第一期最初の 4 ヶ月間は首相を務めた。AKP 政権発足時、ギュル首相は IMF 主導の改革の継続をエルドアンに強く進言、その推進役として経済運営の実務家であるアリ・ババジャンを経済担当国務大臣として入閣させた。ババジャンは AKP 政権で二期にわたり経済政策の司令塔の役目を担った。

　ギュルは政府方針で、経済では IMF 主導の経済改革、外交では EU 加盟推進と NATO との協力関係維持を前面に押し出し、国内外の不安の軽減に努めた。ギュル内閣の閣僚 25 名のうち、1997 年に軍部と対立した経歴のある RP の出身者は 7 名のみで、それ以外は 2002 年総選挙直前に中道右派諸政党から AKP に鞍替えして当選を果たした政治家だった［間 2003］。他方、AKP の有力者の一人であるビュレント・アルンチュはギュルと対照的に世俗主義国家エリートとの対立も辞さない原則主義者で、スカーフ問題を巡って軍部や大統領との摩擦を生じさせた。エルドアンはアルンチュよりは慎重な言動を選んで、世俗主義国家エリートとの対立を回避した［間 2011］。

　AKP 第二期以降、党内有力者の影響力は低下した。エルドアンは国会議員の 4 選を禁じる党規約をそのままにすることで党内の有力者を引退に追い

込む一方、自らは大統領となり権力を維持することを狙った。それは彼が党首の5選を禁じる党規約を2011年に廃止し、党首継続ないし返り咲きの道を確保したことにも表れている。国会議長を務めたアルンチュの役割はAKP政権第一期で終わり、第二期以降は閣僚となり閣内に封じ込められた。最有力者の一人であるギュルは、2007年に大統領になり憲法規定に従い党籍離脱したことで政権との関わりは薄くなっていた。エルドアンはギュルの再選を阻止するための法改正を試み、これが違憲判決を受けると2014年大統領選挙前のギュルとの直接会談で立候補を断念させた。

エルドアンは2014年の大統領当選直後、無党派規定（憲法第101条）を無視して大統領選出日と就任日との間にAKP党大会を開催させてギュルの総裁選挙参加を阻んだうえ、学者出身で党内基盤が弱いアフメット・ダウトール外相を総裁候補に「指名」して単独候補として総裁に就任させた[16]。その後、ダウトールが土建業中心経済から製造業中心経済への転換、汚職撲滅、構造改革、EU協調外交などを志向してエルドアンとの間に距離を生じさせると、エルドアンは大統領府側近に登用したAKP元議員を使って党大会に次ぐ意思決定機関である中央決定執行委員会を支配し[17]、2016年5月にダウトールを党首・首相辞任に追い込んだ。エルドアンは後任に自分に忠実なビナリ・ユルドゥルムを指名したことで、内閣への支配を強化した。

4　修正的新自由主義的改革

AKP政権下での新自由主義的改革は同政権が導入したのではなく、前政権から引き継いだものである。そのため反エリート主義の標的にされなかった。またラテンアメリカの事例のような国内の自由市場主義者との連帯は無しに、IMFという国際機関とのスタンドバイ取極に基づいて実施された[18]。AKP政権はこのIMFとの取極を維持することを総選挙前から明言しており、アルゼンチンのメネム政権やペルーのフジモリ政権が大統領当選後に新自由主義へ転換したような公約違反［Stokes 2001］ではなかった。このよ

うな AKP のイデオロギーと実施政策の政権初期における整合性は、同党の制度化を促進する効果があった[19]。また新自由主義的改革の内容が、2000年代には1990年代の経験と反省を踏まえて所得分配をより重視するようになっていたことも、社会的反発をあまり招かなかった理由である。

（１） 経緯と概観

　AKP 政権の誕生の要因として、先に分析したものに加えて、2001年2月に起きたトルコ史上最悪の金融・通貨危機も挙げられる。当時連立政権を構成していた3党は、2002年11月総選挙で経済危機の責任を問われて全議席を喪失した[20]。代わりに AKP が単独過半数政権を樹立、前政権が2001年6月に開始した経済再建プログラムを引き継いだ。

　同プログラムは、IMF スタンドバイ取極にもとづく構造調整改革で、外需依存成長、財政規律、中央銀行独立性の三つの柱からなっていた。前政権は経済危機直後から完全変動相場制移行（トルコ・リラ大幅切り下げ）、緊縮財政や特別消費税導入など国民の痛みを伴う改革をすでに実施していた。そのため AKP 政権は、新自由主義的改革開始に伴う国民負担増加の責任を問われなかった。他方、リラ切り下げによる輸出増加と経済成長の効果はすでに2002年後半に現れていたが、改革の成果は前政権ではなく AKP 政権に帰された。

　その後経済は高成長を遂げ、2007年総選挙で AKP の大勝利を導いた。AKP 政権は2008年5月で IMF スタンドバイ取極を終了して構造調整に事実上の終止符を打った。構造調整で重要な役割を果たした市場管理機関はその後独立性を失い AKP 政権の影響下に入ったが、経済活動から国家を撤退させる方針は変わらず、税制、政府支出、貿易、投資、金融を中心とする領域で経済自由化が進んだ。

　新自由主義的改革が行われた AKP 政権期の経済成長については、世界的金融緩和という外的要因に支えられており、経済の構造変化を伴っていないと指摘されている。また、所得分配の改善も2010年以降は頭打ちになって

いる。そのような留意点はあるものの、AKP 政権の経済業績は、経済成長率の高さ（図 8-7）および所得不平等の低下を見る限り、メネム政権とフジモリ政権に勝っている（図 8-8）[21]。

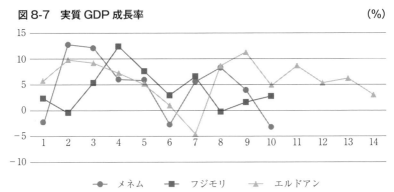

図 8-7　実質 GDP 成長率　　　　　　　　　　　　　　　　　　　　(%)

出所：World Bank Open Data（https://data.worldbank.org/）より筆者作成。
注：横軸は政権樹立からの年数（樹立年は政権の経済への寄与度が少ないので含めず）。メネム、フジモリ、エルドアン政権の発足（1989 年、1990 年、2002 年）から 10 年間の実質 GDP 成長率年平均はそれぞれ、4.5％、4.0％、5.7％。エルドアン政権のそれは 14 年間でも 5.7％である。

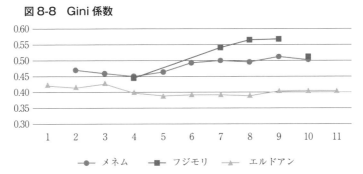

図 8-8　Gini 係数

出所：World Bank Open Data（https://data.worldbank.org/）より筆者作成
注：Gini 係数は所得分配の不平等の度合いを示す（1 ＝完全不平等、0 ＝完全平等）。横軸は政権樹立からの年数。メネム政権とフジモリ政権についてはデータの無い年もある。

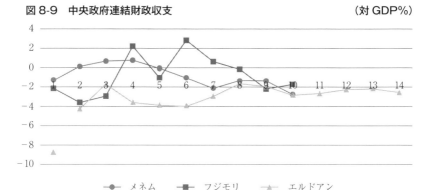

図 8-9　中央政府連結財政収支　　　　　　　　　　　　　　（対 GDP%）

出所：International Monetary Fund, Government Financial Statistics Yearbook 各年、World Economic Outlook Database, April 2017 より筆者作成。
注：一般会計予算と一般会計外予算を合わせた連結財政収支。エルドアン政権はメネム政権やフジモリ政権に比べて遙かに深刻な赤字財政を前政権から引き継いだが、政権成立 8 年後までに財政収支はメネム政権やフジモリ政権と同じ水準までに回復した。しかもトルコは中央集権国家であるため、その中央政府連結財政赤字（ないし黒字）の GDP 比は連邦国家であるアルゼンチンやペルーに比べて大きくなりがちである。

（2）　持続可能な理由

　両政権と AKP 政権の時期が異なることを認めたうえでも[22]、AKP 政権の特に第一期の新自由主義的改革は IMF 処方箋に忠実に実行され、市場の信頼を高めた。AKP 政権は IMF スタンドバイ取極については不本意な引き継ぎ役として振る舞い、増税などの負担を感じる国民と目線を合わせる一方、一般大衆が恩恵を感じる保健医療改革や年金統合などを同政権の政策として国民に宣伝した。これらの社会保障改革が低所得で組織力を欠く層を対象としたことは、AKP 政権への支持の拡大に貢献した［Özden 2014, Öniş 2012, 141-142］。

　トルコにおける新自由主義経済プログラムは 1990 年代の実践経験を反映した改良版で、修正ワシントン合意に基づいていた。修正ワシントン合意は成長と同時に分配をも重視する。その象徴は世界銀行が計画・資金援助しトルコ政府が実施した保健医療改革である。無料医療サービスを拡充するのに

加え、低所得者の保険料を国が肩代わりする国民皆保険制度を 2008 年に導入した。また IMF が求めた年金改革は年金支給年齢引き上げという負担増があったものの、現役世代は影響を受けなかった。他方、三つの異なる年金制度を一本化することで、公務員と民間との間の支給格差を是正することにつながった。AKP 政権は、財政再建を進めながら（図 8-9）社会的保護を徐々に拡充したことで（図 8-10）持続可能な所得再分配機能が確立した。健康保険制度でも受益者負担の拡大や民間健康保険による保険金上乗せ（公的保険の抑制が狙い）などの市場化も進展している［Üçkardeşler 2015］。

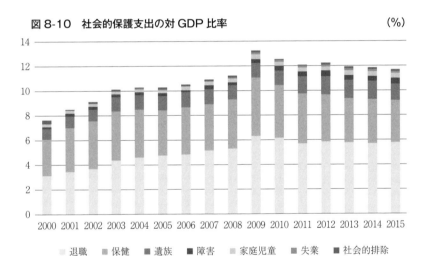

図 8-10　社会的保護支出の対 GDP 比率　　　　　　　　　(%)

退職　保健　遺族　障害　家庭児童　失業　社会的排除

出所：TurkStat（http://www.turkstat.gov.tr）データより筆者作成。
注：保健の一部、障害、家庭児童、社会的排除は、社会支援に含まれる。

（3）　AKP 支持層への効果

　エルドアンのネオポピュリズムは、AKP の支持基盤に実感できる恩恵を与えたのだろうか。エルドアンのポピュリズムは、中心・周辺亀裂の周辺勢力を基盤としていた。周辺勢力は第 2 節で見たように、宗教心が強く経済階層では相対的に下位に位置する。これらの人々を特定しかつその実感を測ることは容易でないため、ここではあくまでも輪郭をなぞるにとどまる。

まず周辺勢力を五分位所得層で最低の家計（最貧層）と操作的に定義し[23]、精神的および物質的な満足度の指標として幸福度を用いた。トルコ国家統計局が毎年で実施している「生活満足度調査」（2015年の対象者数9,397人）にある幸福度を問う質問への答えで「とても幸福」と「幸福」を合わせた比率（他のカテゴリーは「中間」、「不幸」、「とても不幸」）で測っている。

このような最貧層と上位4層について、AKP政権成立以降、直近までの幸福度の変化を示したのが図8-11である。これによると、AKP政権発足当初は周辺勢力の幸福度はそれ以外の国民の幸福度の平均を20パーセント近く下回っていたのが、2015年はその差は10パーセント程度にまで縮まった。特に上位4層の幸福度が2011年以降に下降傾向にあるのに対し[24]、最貧層ではほぼ同じ水準で推移している。幸福度への宗教的自由化による効果は検証できないが、少なくとも社会的保護の漸進的拡充は周辺勢力により多くの恩恵を感じさせたと考えられる。

出所：TurkStat, Life Satisfaction Survey, 2003-2015（http://www.turkstat.gov.tr）より筆者作成。

注：「とても幸福」と「幸福」を合わせた比率。所得階層は可処分所得で序列化した家計を全家計に占める割合で20％ごとに区切った層。その他層平均は最貧層を除く上位4層の幸福度を平均したもの。

おわりに

　これまで見てきたように、反エリート政治、動員インフラ、修正的新自由主義という三つの構成要素がいずれも効果的ないし効率的だったため、エルドアン政権はネオポピュリズムを持続できたと考えられる。しかし、その「ネオ」である所以の市場経済志向は第4節の選挙公約分析で見たように政権第二期年以降影を潜るとともに市場監視機関の信頼性が低下した。またエルドアンのネオポピュリズムの最大の特徴は組織政党の活用による大衆の支持獲得だったが、エルドアンによる党支配が強まることで組織は活性を失いつつある。2017年4月に集権的大統領制のための憲法改正を成立させたエルドアンの行動からは、与党を大衆奉仕のための公器よりは自分への従属機関にしていることがより明白になった［間 2017b］。

　エルドアンは憲法改正で大統領の無党派規定が無くなったことを受け[25]、復党して党首に返り咲いた。そして2019年11月に予定されている大統領・国会同時選挙の準備として、党組織と同党市政の刷新を図っている。彼がこれらの組織を「金属疲労を起こしている」と批判して人材の入れ替えを予定したことに対し、与党内から組織のモラルを低下させるとの不満も出た。「金属疲労」の判断基準と考えられるのが憲法改正での各組織の働き具合や該当選挙区での賛成票率などであり、AKP組織や市政の住民へのサービス提供状況ではないからである。また党中央決定執行委員会は2017年10月、党県連会長の任免権を党首に与える決定を行った。さらにエルドアンは10月以降、2019年11月の大統領選挙の前哨戦である同年3月の統一地方選挙をより有利に戦うためとの口実で、イスタンブル、アンカラ、ブルサなどの大都市を含む6市の市長を任期途中で辞任させた。

　憲法体制が議院内閣制から集権的大統領制へ2019年11月に移行することで政党制が退行することはそもそも予想されていた。AKPをはじめとする政党はこれまで議会過半数を獲得すべく政策を掲げて選挙を戦ってきた。そ

れが今後は、政権は総選挙ではなく大統領選挙で決まり、閣僚も国会議員からは選ばれないため、政党の政策志向は低下する。これに加えて与党と国家へのエルドアンによる個人支配が強まると、政治体制はポピュリズムにとどまらず競争的権威主義体制［Levitsky and Way 2010］にまで変質する可能性は否定できない［Esen and Gümüşçü 2016］。

注

1 しかし実際には、ポピュリスト政権はそれが右派（ネオポピュリズム）・左派であるかにかかわらず、非ポピュリスト政権に比べて所得を平等化できていないことが指摘されている［Houle and Kenny 2016; Lopez-calva and Lustig 2010］。
2 アフメット・クルはトルコの従来の世俗主義をフランスのそれとともに積極的世俗主義と形容し、米国のように宗教的多元主義を認めることで特定の宗派の政治的影響力を抑える消極的世俗主義から区別した［Kuru 2007］。
3 エルドアンは黒海沿岸地方からイスタンブルの下町、カスムパシャに移住した家庭に生まれた。最終学歴は高等専門学校卒業だが、同校が後に大学に改変された。
4 http://www.haberturk.com/gundem/haber/711672-dindar-bir-genclik-yetistirmek-istiyoruz-
5 政治学では庇護的民主主義と呼ばれてきたが、トルコでは一般的に庇護主義と呼ばれるため、後者を用いる。
6 トルコでは第一次世界大戦敗戦後、連合国による占領に対して軍人ムスタファ・ケマルが解放闘争を開始、1923 年に共和制が樹立された。ケマルは軍人や官僚出身者からなる共和人民党（CHP）による一党制を樹立、世俗主義やトルコ国民国家などの国家原則を定めた。その後、土地改革をめぐる党分裂から民主党（DP）が結党されたことでトルコは 1946 年総選挙から複数政党制を適用、1950 年総選挙で経済・宗教自由化を掲げる DP への政権交代が起こった。
7 共和国初期の世俗主義改革の一環として 1929 年に成立した通称「衣装法（法律第 2596 号）」は、（宗教指導者を除いて）宗教的衣装の着用を禁じるとともに、公務員の服装が国際的慣行に従うことを義務づけた。伝統的スカーフも宗教的衣装と見なされた。なお、宗教的衣装の着用禁止は実際には公的機関に限って適用されてきた。

8 http://www.hurriyet.com.tr/turban-yasaginin-gecmisi-8201449.

9 エルドアンは自分の代わりとして、スカーフ問題を起こさない候補を立てるつもりだったが、党内有力者であるビュレント・アルンチュ国会議長が自分より知名度の低い人物が大統領になることに反対し、自分かギュルのどちらかを選ぶように迫った。

10 世論調査会社 KONDA（http://www.konda.com.tr）が 2007 年 9 月 8 日から 9 日に全国階層別無作為抽出による 5,291 家計を対象に行った世論調査によると、まず、回答者の 78.0% が大学でのテュルバン（耳や喉元までをしっかりと覆う大判のスカーフ）の解禁に賛成している。おそらくその最大の理由は、トルコの女性にとって頭を覆うことは全く普通のことになっていることである。回答者女性（回答者が男性の場合はその妻）の 69.4% が外出の際に頭を何らかの形で覆っている。

11 http://www.hurriyet.com.tr/erdogandan-ikinci-balkon-konusmasi-15766077

12 https://yesilgazete.org/blog/2011/06/12/erdoganin-balkon-konusmasi-tam-metin/

13 エルドアンが 2007 年総選挙勝利後に首相府のバルコニーで国民融和的な勝利宣言を行って以降、選挙勝利のたびに行われる演説は「バルコニー演説」と呼ばれている。

14 大統領選挙勝利宣言でエルドアンは、民主主義に対する庇護の手段だった大統領府が民意の主権に委ねられたと述べ、反エリート言説をも維持している。

15 1994 年からイスタンブル市長だったエルドアン（RP 所属）は、宗教的対立を煽る詩を詠んだという理由で 1998 年から 1999 年の時期に 4 か月間禁固刑に服している。

16 大統領の無党派規定は、選出直後から任期終了まで適用される。そのためこの党大会にはギュルのみならずエルドアンも憲法上参加できないはずだった。

17 エルドアンは、2015 年 9 月の AKP 党大会でダウトール首相がギュル派勢力と連携して党を掌握することを阻止するため、ダウトールが作成した中央決定執行委員候補 50 名の名簿を、大統領府筆頭顧問らから成る名簿と差し替えさせた。従わなければユルドゥルムを総裁候補に立てるとのエルドアンの脅しは嘘ではなく、ユルドゥルムに代議員の圧倒的多数の支持署名が集まった。

18 スタンドバイ取極とは、国際通貨基金（IMF）加盟国が外貨準備不足で対外決済が困難になったときに、IMF から短期間（通常 3 年以内）の融資支援を受け

19　経済危機に対応する政策が政党のイデオロギーと整合的だと政党は政策志向的になり（programmatic）、制度化が進む［Roberts 2013］。
20　議席獲得必要な 10 パーセントの得票率をあげられなかったためである。
21　なお 2000 年代の同時期におアルゼンチンとトルコでそれぞれ中道左派（ネストル・キルチネル政権）と中道右派（エルドアン政権）のポピュリズムが生まれた理由をエルデム・アイタチとズィヤ・オニシュは、(1)経済危機の「責任者」（国際金融機関、旧政権）、(2)外資の必要性（弱い、強い）、(3)労働組合の影響力（強い、弱い）、(4)域内の政治経済趨勢（左傾化、拡大 EU）の違いに求めた［Aytaç and Öniş 2014］。アルゼンチンは所得再分配を積極的に進めたのに対し、トルコは新自由主義政策の制約下で貧困者に限定した再分配を実施した。
22　両政権は 1997 年の世界通貨危機の影響を受けているが、AKP 政権も 2008 年（図 8-7 の横軸 6）のリーマンショックを経験している。2009 年（同図の横軸 7）にはその余波として対 EU 輸出が落ち込んだことの影響が大きい。2010 年（同図の横軸 8）は前年落ち込みの反動として経済が急回復した。
23　五分位とは、可処分所得で序列化した家計を全家計に占める割合で 20％ごとに区切った層。
24　幸福度の 2008 年と 2009 年の落ち込みは、リーマンショックの波及影響によると見られる（図 8-11 参照）。
25　集権的大統領制のための憲法改正後の最初の大統領・議会選挙は 2019 年 11 月であるのにも関わらず、いくつかの規定はすでに現職大統領に適用されている。

参考文献

間寧［1995］「世俗主義トルコのイスラム政党（トレンドリポート）」『アジ研ワールド・トレンド（7 月）』：30-31。

間寧［2003］「現状分析——トルコ 2002 年総選挙と親イスラム政権の行方」『現代の中東』(35)：69-79。

間寧［2008］「スカーフの解禁、与党の解党——トルコ」『現代の中東（7 月）』：43-50。

間寧［2011］「トルコにおける国家中心的公共圏認識の定着——言説分析」（特集

トルコの「公共」再考）『アジア経済』52 巻 4 号、アジア経済研究所。

間寧［2015a］「2015 年 6 月トルコ総選挙――公正発展党政権の過半数割れと連立政権模索（トレンドリポート）」『アジ研ワールド・トレンド（10 月）』：48-51。

間寧［2015b］「2015 年 11 月トルコ総選挙――議会過半数を取り戻した公正発展党政権」〈http://www.ide.go.jp/Japanese/Research/Region/Mid_e/Radar/Turkey/20151117.html〉

間寧［2017a］「浸透と排除――トルコにおけるクーデタ未遂とその後（分析リポート）」『アジ研ワールド・トレンド（3 月）』：36-43。

間寧［2017b］「中東情勢分析：トルコにおける大統領制への移行」『中東協力センターニュース（5 月）』：8-16。

Aytaç, S. Erdem, and Ziya Öniş. 2014. "Varieties of Populism in a Changing Global Context: the Divergent Paths of Erdoğan and Kirchnerismo." *Comparative Politics* no. 47(1):41-59.

Barr, Robert R. 2009. "Populists, Outsiders and Anti-Establishment Politics." *Party Politics* no. 15(1):29-48.

Bora, Tanıl. 2013. "Notes on the White Turks Debate." In *Turkey between Nationalism and Globalization*, edited by Riva Kastoryano. Abingdon: Routledge.

Bulut, Faik 1999 *Tarikat Sermayesi, II: İslamcı Şirketler Nereye, Gelistirilmis 4. Basım*, İstanbul: Su Yayınevi.

Çakır, Ruşen 1994 *Ne Şeriat Ne Demokrasi: Refah Partisini Anlamak*, İstanbul: Metis.

Esen, Berk, and Şebnem Gümüşçü. 2016. "Rising Competitive Authoritarianism in Turkey." *Third World Quarterly*:1-26.

Houle, Christian, and Paul D. Kenny. 2016. "The Political and Economic Consequences of Populist Rule in Latin America." *Government and Opposition*: 1-32.

Kuru, Ahmet. 2007. "Passive and Assertive Secularism: Historical Conditions, Ideological Struggles, and State Policies towards Religion." *World Politics* no. 29 (4): 568-594.

Küçükalî, Can. 2015. Discursive Strategies and Political Hegemony, Discourse Approaches to Politics, Society and Culture. Amsterdam: John Benjamins Pub.

Levitsky, Steven, and Lucan A. Way. 2010. Competitive Authoritarianism.

Cambridge University Press.

Lipset, Seymour Martin, and Stein Rokkan. 1967. "Cleavage Structures, Party Systems, and Voter Alignments: An Introduction." In *Party Systems and Voter Alignments: Cross-National Perspectives*, edited by Seymour Martin Lipset and Stein Rokkan. New York: Free Press.

Lopez-calva, Luis F., and Nora Lustig. 2010. "Explaining the Decline in Inequality in Latin America: Technological Change, Educational Upgrading, and Democracy." In *Declining Inequality in Latin America: A Decade of Progress?*, edited by Luis F. Lopez-Calva and Nora Lustig, 1-24. Washington, D.C. and New York: Brookings Institution Press and United Nations Development Programme.

Mardin, Şerif A. 1971. "Ideology and Religion in the Turkish Revolution." *International Journal of Middle East Studies* no. 2(3): 197-211.

Mudde, Cas, and Cristobal Rovira Kaltwasser. 2015. "Populism." In *The Oxford Handbook of Political Ideologies*, edited by Michael Freeden, Lyman Tower Sargent and Marc Stears, 493-512.

Öniş, Ziya. 2004. "Turgut Özal and His Economic Legacy: Turkish Neo-Liberalism in Critical Perspective." *Middle Eastern Studies* no. 40(4): 113-134.

Öniş, Ziya. 2012. "The Triumph of Conservative Globalism: The Political Economy of the AKP Era." *Turkish Studies* no. 13(2): 135-152.

Özden, Barış Alp. 2014. "The Transformation of Social Welfare and Politics in Turkey: A Successful Convergence of Neoliberalism and Populism." In *Turkey reframed*, edited by İsmet Akça, Ahmet Bekmen and Barış Alp Özden, 158-173. London: Pluto Press.

Roberts, Kenneth M. 2006. "Populism, Political Conflict, and Grass-Roots Organization in Latin America." *Comparative Politics* no. 38(2): 127-148.

Roberts, Kenneth M. 2013. "Market Reform, Programmatic (De)alignment, and Party System Stability in Latin America." *Comparative Political Studies* no. 46 (11): 1422-1452.

Stokes, Susan Carol. 2001. *Mandates and Democracy*. Cambridge: Cambridge University Press.

Üçkardeşler, Emre. 2015. "Turkey's Changing Social Policy Landscape, Winter 2015." *Turkish Studies Quarterly* (Winter): 149-161.

Weyland, Kurt. 1999. "Neoliberal Populism in Latin America and Eastern Europe." *Comparative Politics* no. 31(4): 379-401.

あとがき

　本書は、冒頭に示したアジア環太平洋叢書のシリーズの第一巻をなすものである。同シリーズの「刊行にあたって」で述べたように、今日の世界は様々なレベルでの変動を経験している。その例にもれず、今世紀に入り、編者の所属先も、組織再編という荒波に何度となく洗われてきた。実は、現在も、一つの再編過程を終了し、新たな段階に入っているところである。

　そうした目まぐるしく変動する組織の面での状況において、今日の状況を正面から見据えつつ、学術研究の新たな方向性を打ち出せないかと、何名かの仲間とともに、ここ数年、試行錯誤を続けてきた。その試みの過程での認識や視角を、今後の展開にむけてまとめて出発点とすることを手始めに行おうとしているのが、アジア環太平洋叢書の第一期ともいうべき本書ならびに今後、出版を計画している数冊の続巻の研究書である。

　そうした意味では、十分に研究会を重ねて方法論や分析枠組みについても一定の結論に達したうえでの研究集大成としてのシリーズというわけではない。現在、外部資金の獲得についても努力しているところであり、いずれ、一定の時間をかけて実施した研究活動の成果が本シリーズに現れることもあるはずである。ただ、少なくとも最初の数巻は、試行錯誤の過程から生まれた考えや視点を、いずれ研究が進んで検証できる段階になった際に、あらためて振り返ることを目的としてまとめてみることを主眼としている。

　以上のような実験的な試みを、出版事情の厳しい現在において理解していただくことは困難を伴う。実際、本シリーズの元になった計画は、別の出版社と話をし、一定の理解が得られたと考えていたものが、結局は理解が得られていなかったことが判明して頓挫してしまった。

　その窮状を救っていただいたのが、国際書院の石井彰社長である。石井社

長には、シリーズの趣旨を理解していただいたのみならず、そうした試みを鼓舞する心強いお言葉をかけていただいた。我が国の今後をふくめ将来の展開はまだまだ見えない時期が続くが、そうした状況においても、少しでも希望の未来を拓く学術的な営為を積み重ねていく道筋をともにつけて行っていただけることに対し、厚くお礼を申しあげたい。

　ただそうはいっても、一定の学術的な水準を確保することは必要であると考えている。そこで、本シリーズに登場する作品は、京都大学東南アジア地域研究研究所が、旧京都大学地域研究統合情報センター（旧地域研）の研究機能を引き継いだ際に継承した、旧地域研の査読制度を経たうえで刊行されている。勤務先の業務に追われているにもかかわらず、関わっていただく匿名の査読者の方々に対しても、心よりお礼を申しあげる。

2018 年 2 月

村上　勇介

[編者・執筆者紹介]（編著：村上勇介）

村上勇介（むらかみ・ゆうすけ）　序章、第3章
1964年生　京都大学東南アジア地域研究研究所教授　博士（政治学）
ラテンアメリカ地域研究、政治学専攻
最近の業績は『秩序の砂塵化を超えて──環太平洋パラダイムの可能性』（帯谷知可との共編）（京都大学学術出版会、2017年）、『21世紀ラテンアメリカの挑戦──ネオリベラリズムによる亀裂を超えて』（編著）（京都大学学術出版会、2015年）他。

岡田　勇（おかだ・いさむ）　第1章
1981年生　名古屋大学国際開発研究科准教授　博士（政治学）
ラテンアメリカ地域研究、政治学専攻
最近の業績は『資源国家と民主主義──ラテンアメリカの挑戦』（名古屋大学出版会、2016年）、「ボリビアにおける国家と強力な市民社会組織の関係──モラレス政権下の新鉱業法の政策決定過程」（宇佐見耕一・馬場香織・菊池啓一編著『ラテンアメリカの市民社会組織──継続と変容』アジア経済研究所、2016年所収）他。

新木秀和（あらき・ひでかず）　第2章
1963年生　神奈川大学外国語学部教授　修士（地域研究）
ラテンアメリカ地域研究、現代史専攻
最近の業績は『先住民運動と多民族国家──エクアドルの事例研究を中心に』（御茶の水書房、2014年）、「運動と統治のジレンマを乗り越える──エクアドルのパチャクティック運動と祖国同盟の展開過程を手がかりに」村上勇介編『21世紀ラテンアメリカの挑戦──ネオリベラリズムによる亀裂を超えて』（京都大学学術出版会、2015年）他。

大津留（北川）智恵子（おおつる・きたがわ・ちえこ）　第4章
1958年生　関西大学法学部教授
アメリカ地域研究、政治学専攻
最近の業績は『秩序の砂塵化を超えて──環太平洋パラダイムの可能性』（村上勇介・帯谷知可共編、京都大学学術出版会、2017年）、『戦後アメリカ外交史（第3版）』（佐々木卓也編、有斐閣、2017年）、『アメリカが生む／受け入れる難民』（関西大学出版部、

2016年）他。

仙石　学（せんごく・まなぶ）　第5章
1964年生　北海道大学スラブ・ユーラシア研究センター教授
比較政治学、中東欧政治経済専攻
最近の業績は、*The Great Dispersion: The Many Fates of Post-Communist Society*（編著）（Slavic-Eurasian Research Center, Hokkaido University, 2018）、『脱新自由主義の時代？――新しい政治経済秩序の模索』（編著）（京都大学学術出版会、2017年）他。

玉田芳史（たまだ・よしふみ）　第6章
1958年生　京都大学大学院アジア・アフリカ地域研究研究科教授　博士（法学）
タイ地域研究、比較政治学専攻
最近の業績は、「枢密院の人事と政治」『年報タイ研究』17: 1-23、2017、「タイにおける政治の司法化と脱民主化」『日本法學』82(3)：627-651、2017、「タイのクーデタ：同期生から『東部の虎』へ」酒井啓子編『途上国における軍・政治権力・市民社会』晃洋書房、49-72頁、2016。

日下　渉（くさか・わたる）　第7章
1977年生　名古屋大学大学院国際開発研究科准教授　博士（比較社会文化）
フィリピン地域研究、政治学専攻
最近の業績は *Moral Politics in the Philippines: Democracy, Inequality and Urban Poor* (National University of Singapore Press and Kyoto University Press, 2017)、"Bandit Grabbed the State: Duterte's Moral Politics", *Philippine Sociological Review* 65: 49-75, 2017 他。

間　寧（はざま・やすし）　第8章
1961年生　アジア経済研究所主任研究員　博士（政治学）
トルコ政治経済、政治学専攻
最近の業績は "Economic and Corruption Voting in a Predominant Party System: The Case of Turkey," *Acta Politica* 53(1): 121-148, January 2018、"Legislative Agenda Setting by a Delegative Democracy: Omnibus Bills in the Turkish Parliamentary System," coauthored with Seref Iba, *Turkish Studies* 18(2): 313-333, June 2017 他。

索引

アルファベット

MAS　54, 55, 57, 59-63, 66

あ行

アイデンティティ　53, 55, 62
アフリカ　147
アンドリュー・ジャクソン　141
イスラム教徒　152
インフォーマル　48, 49, 56, 57, 64-69
エボ・モラレス　47, 50, 51
オキュパイ　154
穏健左派　23

か行

寡頭支配層　15
カリスマの日常化　22
急進左派　23
グローバル化　133
経済投票理論　56
決定的契機　18
権威主義　37
権威主義体制　16
限定的多元性　16
抗議デモ　48, 49, 52, 57
国民投票　51-54
古典的ポピュリズム　15

さ行

社会運動　49, 54
社会主義運動（MAS）　53, 68
社会的な民主化　17
社会の原子化　20
新自由主義　18, 47, 52, 54
人民党　135
成功のパラドックス　22
先住民　47-50, 52-55, 59-62, 65, 68

た行

第三政党　134
ティーパーティ　154
デモ　50
テロリズム　152
ドナルド・J・トランプ　133

な行

二大政党制　134
ネオポピュリズム　18, 48

は行

白人労働者　133
バーニー・サンダース　154
非合法滞在者　144

ヒスパニック　147
ヒラリー・クリントン　133
ビル・クリントン　139
貧困層　48, 50
ファン・リンツ　37
ポピュリスト　47, 68
ポピュリズム　12, 47, 48, 49, 68, 133

ま　行

マイノリティ　147
民主主義　37
モラレス　48, 49, 52-55, 57, 59-68

| アジア環太平洋研究叢書 | 1

「ポピュリズム」の政治学：
深まる政治社会の亀裂と権威主義化

編者　村上勇介

2018年3月31日初版第1刷発行

・発行者——石井　彰

印刷・製本／モリモト印刷
株式会社

ⓒ 2018 by Yusuke Murakami

（定価＝本体価格 3,500 円＋税）
ISBN978-4-87791-287-1 C3031 Printed in Japan

・発行所

KOKUSAI SHOIN Co., Ltd.
3-32-6, HONGO, BUNKYO-KU, TOKYO, JAPAN.

株式会社 **国際書院**
〒113-0033 東京都文京区本郷 3-32-6-1001
TEL 03-5684-5803　　FAX 03-5684-2610
Eメール：kokusai@aa.bcom.ne.jp
http://www.kokusai-shoin.co.jp

本書の内容の一部あるいは全部を無断で複写複製（コピー）することは法律でみとめられた場合を除き、著作者および出版社の権利の侵害となりますので、その場合にはあらかじめ小社あて許諾を求めてください。

国際政治

NIRA／中牧弘允共編
現代世界と宗教
87791-100-6　C3014　　　　A5判　295頁　3,400円

グローバル化、情報化の進展、紛争に関わる「宗教」現象といった今日の国際社会において、宗教学を始め、政治学や社会学、文化人類学など様々な領域から新しい世紀の「宗教」を巡る動向のゆくへを探る。　　　　　　　　　　（2000.9）

中園和仁
香港返還交渉
――民主化をめぐる攻防
906319-85-8　C3031　　　　A5判　270頁　2,800円

イギリスの植民地統治は終わりを告げ香港は中国に返還された。「香港問題」が形成された歴史的背景をたどり、香港の特殊な地位および返還交渉の舞台裏を検討することによって、香港の「民主化」が持つ意味を探る。　　　　　　（1998.7）

堀江浩一郎
南アフリカ
――現代政治史の鳥瞰図
906319-55-6　C1031　　　　A5判　345頁　3,398円

南アのコミュニティ運動、対外関係などの政治分析を通して、南ア社会の変革と民主化へのダイナミズムを考察する。第三世界の壮大な実験である「市民社会」の建設へ向けての運動は、現代国際社会の課題に示唆するものも大きい。　　（1995.4）

宇佐美　慈
米中国交樹立交渉の研究
906319-64-5　C3031　　　　A5判　601頁　8,252円

1979年のアメリカ合衆国の中華人民共和国との国交樹立と中華民国との断絶について、その政策決定と交渉過程とこれに影響を及ぼした内外の様々な要因及び国交樹立後の様々な関連事項の処理について、主として米国の側から分析した。
　　　　　　　　　　　　　　　　　　（1996.1）

泉　淳
アイゼンハワー政権の中東政策
87791-110-3　C3031　　　　A5判　309頁　4,800円

中東地域政治の特質を踏まえ米国の政策形成・決定過程さらに米国の冷戦政策を顧み、「アイゼンハワー政権の中東政策」の再評価を試みた本書は現在の中東地域政治、米国の中東政策を理解する上で大きな示唆を与える。　　　　（2001.6）

鈴木康彦
アメリカの政治と社会
906319-89-0　C1031　　　　A5判　233頁　2,800円

アメリカ特有の政治、経済、法律、社会制度、国の成り立ち、文化に亘る、内部から見た解説書である。滞米年数30年を越す筆者のアメリカ的思考を加味しながらの記述はアメリカの全体像を知る上で格好の書である。　　　　　　　（1999.4）

岩下明裕
「ソビエト外交パラダイム」の研究
906319-88-2　C3032　　　　A5判　263頁　3,200円

本書は、「ソビエト国家」の対外関係をめぐる数々の「説明原理」の変遷を、「国家主権」と「社会主義体制」の概念に焦点を当てて分析し、ソ連外交史あるいは国際関係史の研究を進める上で有用である。　　　　　　　　　　　　　　（1999.7）

宮本光雄
国民国家と国家連邦
――欧州国際統合の将来
87791-113-8　C3031　　　　A5判　361頁　3,800円

「連邦主義的統合論」及び「政府間主義的統合論」を軸に、第一次世界大戦後に始まる欧州国際統合運動を分析し、21世紀における欧州国民国家とEUの将来が検討され、アジアとの地域間関係も分析される。　　　　　　　　　（2001.7）

宮脇　昇
CSCE人権レジームの研究
――「ヘルシンキ宣言」は冷戦を終わらせた
87791-118-9　C3031　　　　A5判　333頁　3,800円

冷戦期の欧州国際政治史の中でそのターニングポイントとなったCSCE（欧州の安全保障と協力に関する会議）の人権レジームに見られる東西間の対立と協調が織りなす国際関係の研究書である。
　　　　　　　　　　　　　　　　　　（2002.2）

国際政治

武者小路公秀
人間安全保障論序説
―グローバル・ファシズムに抗して

87791-130-8　C1031　　　　A5判　303頁　3,400円

グローバル覇権の構造と行動、人間安全保障と人間安全共同体、文明間の対話による共通の人間安全保障という三つの角度から本書は、「人民の安全保障」へ向けて「もうひとつの世界」への道筋を探る作業の「序説」である。　　(2003.12)

篠田英朗／上杉勇司
紛争と人間の安全保障
―新しい平和構築のアプローチを求めて

87791-146-4　C3031　　　　A5判　307頁　3,400円

「人間の安全保障」に纏わる、論点が持つ意味と可能性の探究、紛争下での争点の提示、実践上での限界を超える可能性、外交政策における課題などを示しながら、「人間の安全保障」が「現実」の要請であることを明らかにする。　　(2005.6)

田畑伸一郎・末澤恵美編
CIS：旧ソ連空間の再構成

87791-132-4　C1031　　　　A5判　253頁　3,200円

独立国家共同体CISを、旧ソ連空間に形成されたひとつの纏まりとして捉えようとする本書は、その多様化を見据え、国際関係の観点からも分析する。類例のないこの共同体は今世紀のひとつの行方を示唆している。　　(2004.3)

赤羽恒雄・監修
国境を越える人々
―北東アジアにおける人口移動

87791-160-×　C3031　　　　A5判　319頁　6,000円

ロシア極東への中国人移民、日本のロシア人・中国人・コリアンコミュニティ、朝鮮半島とモンゴルにおける移民などを通して北東アジアの人口動態傾向と移民パターンを探り、越境人流が提示する課題を明らかにする。　　(2006.6)

M・シーゲル／J・カミレーリ編
多国間主義と同盟の狭間
―岐路に立つ日本とオーストラリア

87791-162-6　C3031　　　　A5判　307頁　4,800円

アジア太平洋地域に属する日本とオーストラリアは超大国アメリカとの同盟関係を基盤に安全保障政策を築いてきた。これまでの同盟政策を批判的に検討し、日豪が地域と世界の平和に貢献できる道を多国間主義に探る。　　(2006.9)

山本吉宣・武田興欣編
アメリカ政治外交のアナトミー

87791-165-0　C1031　　　　A5判　339頁　3,400円

冷戦後「唯一の超大国」となったアメリカをわれわれはどう理解すればよいのか。国際システム、二国間関係、国内政治過程に注目し、政治学者、国際法学者、地域研究者が複雑なアメリカの政治外交を解剖する書（アナトミー）。　　(2006.12)

ピーター・H・サンド　信夫隆司／髙村ゆかり訳
地球環境管理の教訓

906319-44-O　C1031　　　　四六判　187頁　2,136円

地球環境管理にとってこれまで蓄積されてきた経験と制度上のノウハウを詳細に検討し、地球環境問題を解決するための効果的なルール、国際社会制度を如何に構築するか、どのように世界に普及させ、遵守させるかを論ずる。　　(1994.5)

信夫隆司編
地球環境レジームの形成と発展

87791-092-1　C3031　　　　A5判　288頁　3,200円

地球環境問題に国際政治理論がどのような解決の枠組みを提示できるのか。国家間の相克、国際機関、NGOといったアクターを通しての「地球環境レジーム」の形成プロセス、維持・発展過程を追究する。　　(2000.5)

山内　進編
フロンティアのヨーロッパ

87791-177-5　C3031　　　　A5判　317頁　3,200円

歴史的意味でのフロンティアを再点検し、北欧、バルト諸国、ウクライナなどとの関係およびトラフィッキングの実態にも光を当て、内と外との「EUのフロンティア」を多岐にわたって考察する。　　(2008.3)

国際政治

堀内賢志吾
ロシア極東地域の国際協力と地方政府
—中央・地方関係からの分析—

87791-179-9　C3031　　　A5判　323頁　5,400円

北東アジアの国際協力に大きな期待が寄せられているロシア。極東地域での対外協力に消極的な姿勢から変化が生まれている背景を、中央・地方関係の制度的側面から分析し、政治学的なアプローチを試みる。　　　　　　　　　　　(2008.3)

上杉勇司・青井千由紀編
国家建設における民軍関係
—破綻国家再建の理論と実践をつなぐ—

87791-181-2　C1031　　　A5判　341頁　3,400円

民軍関係の理論的考察をおこない、文民組織からおよび軍事組織からの視点でみた民軍関係の課題を論じ行動指針を整理する。そのうえに立って民軍関係の課題に関する事例研究をおこなう。(2008.5)

大賀哲・杉田米行編
国際社会の意義と限界
—理論・思想・歴史—

87791-180-5　C1031　　　A5判　359頁　3,600円

「国際社会」を、規範・法・制度あるいは歴史、思想、文化といった分野との関連で広く政治学の文脈で位置づけ、個別の事例検証をおこないつつ「国際社会」概念を整理・体系化し、その意義と限界を追究する。　　　　　　　　(2008.6)

貴志俊彦・土屋由香編
文化冷戦の時代
—アメリカとアジア—

87791-191-1　C1031　　　A5判　283頁　2,800円

新たなアジア的連帯を形成するうえで、20世紀半ばの文化冷戦の歴史的考察は避けて通れない。世界規模で進められた米国の広報・宣伝活動のうち、本書では日本、韓国、台湾、フィリピン、ラオスでのその実態を考究する。　　(2009.2)

小尾美千代
日米自動車摩擦の国際政治経済学
—貿易政策アイディアと経済のグローバル化—

87791-193-5　C3031　　　A5判　297頁　5,400円

経済のグローバル化、国際化論をベースに、輸出入・現地生産・資本提携など自動車市場の変化、その調整過程を分析し、これまでの日米自動車摩擦の実態を国際政治経済学の視点から政治・経済領域での相互作用を追跡する。　　(2009.3)

黒川修司
現代国際関係論

87791-196-6　C1031　　　A5判　313頁　2,800円

大学のテキスト。事例研究から入って理論的思考ができるようにし、国際関係政治学の基礎的な概念、理論、歴史的な事実を把握できるようにした。多様なテーマが物語りのように書かれ、親しみやすい書になっている。　　　　　(2009.6)

吉村慎太郎・飯塚央子編
核拡散問題とアジア
—核抑止論を超えて—

87791-197-3　C1031　　　A5判　235頁　2,800円

日本、韓国、北朝鮮、中国、インド、パキスタン、イラン、イスラエル、ロシアなど複雑な事情を抱えたアジアの核拡散状況を見据え、世界規模での核廃絶に向けて取り組みを続け、取り組もうとする方々へ贈る基本書。　　　(2009.7)

佐藤幸男・前田幸男編
世界政治を思想する　Ⅰ

87791-203-1　C1031　　　A5判　293頁　2,800円

「生きる意味」を問い続ける教科書。国際政治理論の超え方、文化的次元での世界政治の読み解き方、歴史的現代における知覚の再編成、平和のあり方を論じ日常の転覆を排除せず「生きること＝思想する」ことを追究する。(2010.1)

佐藤幸男・前田幸男編
世界政治を思想する　Ⅱ

87791-204-8　C1031　　　A5判　269頁　2,600円

「生きる意味」を問い続ける教科書。国際政治理論の超え方、文化的次元での世界政治の読み解き方、歴史的現代における知覚の再編成、平和のあり方を論じ日常の転覆を排除せず「生きること＝思想する」ことを追究する。(2010.1)

国際政治

永田尚見
流行病の国際的コントロール
―国際衛生会議の研究

87791-202-4 C3031　　　　A5判　303頁　5,600円

人間の安全保障、国際レジーム論・国際組織論、文化触変論の視点から、さまざまなアクターの関与を検討し、国際的予防措置の形成・成立を跡づけ、一世紀に亘る国際衛生会議などの活動が各国に受容されていく過程を追う。　(2010.1)

浜田泰弘
トーマス・マン政治思想研究 [1914-1955]
―「非政治的人間の考察」以降のデモクラシー論の展開

87791-209-3 C3031　　　　A5判　343頁　5,400円

「政治と文学という問い」に果敢に挑戦した文学者トーマス・マンの政論は、二度の世界大戦、ロシア革命とドイツ革命、ファシズムそして冷戦を経た20世紀ドイツ精神の自叙伝として21世紀世界に示唆を与える。　(2010.7)

美根慶樹
国連と軍縮

87791-213-0 C1031　　　　A5判　225頁　2,800円

核兵器廃絶、通常兵器削減の課題を解決する途を国連の場で追求することを訴える。通常兵器・特定通常兵器、小型武器などについて需要側・生産側の問題点をリアルに描き出し核兵器・武器存在の残虐性を告発する。　(2010.9)

鈴木　隆
東アジア統合の国際政治経済学
―ASEAN地域主義から自立的発展モデルへ

87791-212-3 C3031　　　　A5判　391頁　5,600円

国際システム下における途上国の発展過程、とりわけASEANを中心に国家・地域・国際システムの三つのリンケージ手法を用いて分析し、「覇権と周辺」構造への挑戦でもある東アジア統合の可能性を追う。　(2011.2.)

金　永完
中国における「一国二制度」とその法的展開
―香港、マカオ、台湾問題と中国の統合

87791-217-8 C3031　　　　A5判　363頁　5,600円

北京政府の「「一国二制度」論について、香港、マカオ問題の解決の道筋をたどりつつ、法的諸問題に軸足を置き、国際法・歴史学・政治学・国際関係学・哲学的な視点から文献・比較分析をおこない解決策を模索する。　(2011.3.)

宮本光雄先生
覇権と自立
―世界秩序変動期における欧州とアメリカ

87791-219-2 C3031　　　　A5判　377頁　5,600円

発展途上諸国の経済発展および発言権の増大という条件のなかで欧州諸国では欧米間の均衡回復が求められており、「均衡と統合」、「法の支配」を柱とした「全人類が公正に遇され」る世界秩序を求める模索が続いている。　(2011.3)

鈴木規夫
光の政治哲学
―スフラワルディーとモダン

87791-183-6 C3031　　　　A5判　327頁　5,200円

改革・開放期における市場経済化を契機とする農村地域の社会変動に対応して、基層政権が下位の社会集団、利益集団といかなる関係を再構築しつつあるかを跡づけ、農村地域の統治構造の再編のゆくへを考察する。　(2006.3)

鈴木規夫
現代イスラーム現象

87791-189-8 C1031　　　　A5判　239頁　3,200円

1967年の第三次中東戦争から米軍によるバグダッド占領までの40年に及ぶ「サイクル収束期」の位置づけを含め、20世紀後半の〈イスラーム現象〉が遺した現代世界における被抑圧者解放への理論的諸課題を探る。　(2009.3)

森川裕二
東アジア地域形成の新たな政治力学
―リージョナリズムの空間論的分析

87791-227-7 C3031　　　　A5判　435頁　5,400円

東アジア共同体を遠望することはできるのか。方法論的理論の探求、定量研究、事例研究をとおして地域形成と地域主義がどのような関係をもつのか、地域協力によって積み上げられてきたこの地域の国際関係論を探求する。　(2012.5)

国際政治

紛争後平和構築と民主主義
水田愼一

世界各地では絶えず紛争が発生している。紛争後における平和構築・民主主義の実現の道筋を、敵対関係の変化・国際社会の介入などの分析をとおして司法制度・治安制度・政治・選挙制度といった角度から探究する。

87791-229-1　C3031　　A5判　289頁　4,800円　　(2012.5)

平和構築における治安部門改革
上杉勇司・藤重博美・吉崎知典編

内外の安全保障、国内の開発を射程に入れた紛争後国家再生の平和支援活動の工程表を展望した「治安部門改革」における理論と実践の矛盾を率直に語り、鋭い問題提起をおこないつつ平和構築を追求した。

87791-231-4　C3031　　A5判　225頁　2,800円　　(2012.8)

安全保障の政治学
―表象的次元から見る国際関係
野崎孝弘

横領行為や悪用に対抗する意志を持たない「人間の安全保障」。表象分析によって特定の表象や学術的言説が現行の権力関係や支配的な実践系を正当化し、常態化している姿を本書は白日の下にさらす。

87791-235-2　C3031　　A5判　249頁　5,000円　　(2012.9)

北東アジアの市民社会
―投企と紐帯
大賀哲編

日本・中国・韓国・台湾などの事例研究を通して、国家の枠内における市民社会形成と国家を超えた北東アジアにおけるトランスナショナルな市民社会との相互作用を検討し、「アジア市民社会論」を展開する。

87791-246-8　C1031　　A5判　233頁　2,800円　　(2013.5)

大国の不安、同盟国の影響力
―ベルリン危機をめぐる米独関係
今田奈帆美

大国と同盟関係にある相対的弱小国が一定の条件の下で大国の外交政策に影響力を持つことを、冷戦下でのベルリン危機をめぐる米独関係を1次、2次、3次にわたる経緯をつぶさに追って検証する。

87791-245-1　C3031　　A5判　267頁　5,600円　　(2013.5)

国連による経済制裁と人道上の諸問題
―「スマート・サンクション」の模索
本多美樹

国連が、集団的安全保障の具体的な手段である「非軍事的措置」、とりわけ経済制裁を発動し継続して科していく際にどのようなモラルを維持し、国際社会に共通する脅威に取り組んでいくのか、その過程を考察する。

87791-252-9　C3031　　A5判　319頁　5,600円　　(2013.9)

21世紀の思想的課題
―転換期の価値意識
岩佐茂・金泰昌編

近世、近代から現代にかけての世界の歴史を、こんにち、グローバルな転換期を迎えている世界の思想的な挑戦と捉え、日本、中国の哲学研究者が総力をあげて応える手がかりを見出す試みである。

87791-249-9　C1031　　A5判　427頁　6,000円　　(2013.10)

イメージング・チャイナ
―印象中国の政治学
鈴木規夫編

〈中国〉は未だ揺らいだ対象である。21世紀においてこの〈中国〉というこの名辞がどのようなイメージに変容していくのか。本書では、「印象中国」から視覚資料・非文字資料への分析・批判理論構築の必要性を追究する。

87791-257-4　C3031　　A5判　245頁　3,200円　　(2014.4)

国家間対立に直面する地方自治体の国際政策
―山陰地方における地方間国際交流を事例として
永井義人

北朝鮮江原道元山市との友好都市協定に基づく経済交流をおこなっていた鳥取県、境港市における国際政策・政策決定過程をつぶさに見るとき、国家間対立を乗り越えるひとつの道筋とその方向性を示唆している。

87791-256-7　C3031　　A5判　199頁　4,800円　　(2014.4)

国際政治

武者小路公秀
国際社会科学講義：
文明間対話の作法
87791-264-2 C1031　　　　A5判　347頁　2,500円

現代世界の問題群・存在論的課題の解明のために「螺旋的戦略」を提起する。技術官僚のパラダイム偏向を正し、形式論理学を超えた真理を求めるパラダイム間の対話、声なき声を聞きここに新しいフロンティアを開く。　　　　　　　　（2015.2）

鈴木規夫編
エネルギーと環境の政治経済学：
「エネルギー転換」へいたるドイツの道
87791-266-4 C3031　　　　A5判　424頁　4,600円

ドイツのエネルギー政策の転換を生み出すに至る第二次世界大戦後の政治的・経済的・法制的・社会的プロセスな分析し、再生可能エネルギーの供給体制確保を中心に、将来エネルギーの全体像を明らかにする。　　　　　　　　　　（2015.11）

大隈 宏
ミレニアム・チャレンジの修辞学：
UN-MDGs-EU
87791-281-9 C3031　　　　A5判　488頁　6,400円

現在進行中のSDGs（持続可能な開発目標）の前提としてのMDGs（ミレニア開発目標）の「人間開発」という人類の包括的核心をなす作業をEUの積極的関わりを通して追求した本書は人類に大きな示唆を与える。　　　　　　　　　　　（2017.3）

宮島美花
中国朝鮮族のトランスナショナルな移動と生活
87791-284-0 C3031　　　　A5判　247頁　3,400円

国際的な社会保障の枠組みの不在・不備を補うために国境を越えて移動先を自ら選び取り日常を生きる移動者・移民の実態を中国朝鮮族のトランスナショナルな移動と生活を通して追究する。
（2017.9）

宇野重昭／鹿錫俊編
中国における共同体の再編と内発的自治の試み
―江蘇省における実地調査から
87791-148-0 C3031　　　　A5判　277頁　2,800円

現代中国における権力操作との関係のなかで、民衆による自治・コミュニティというものの自発的・内発性がどのように成長しているか、合同調査チームによる江蘇省における実地調査を通して追跡する。　　　　　　　　　　（2004.6）

江口伸吾
中国農村における社会変動と統治構造
―改革・開放期の市場経済化を契機として
87791-156-1 C3031　　　　A5判　267頁　5,200円

改革・開放期における市場経済化を契機とする農村地域の社会変動に対応して、基層政権が下位の社会集団、利益集団といかなる関係を再構築しつつあるかを跡づけ、農村地域の統治構造の再編のゆくへを考察する。　　　　　（2006.3）

張 紹鐸
国連中国代表権問題をめぐる国際関係（1961-1971）
87791-175-1 C3031　　　　A5判　303頁　5,400円

東西冷戦、中ソ対立、ベトナム戦争、アフリカ新興諸国の登場などを歴史的背景としながら、蒋介石外交の二面性に隠された一貫性に対し、アメリカ外交政策の決定過程を貴重な一次資料にもとづいて跡付けた。　　　　　　　（2007.12）

宇野重昭・別枝行夫・福原裕二編
日本・中国からみた朝鮮半島問題
87791-169-3 C1031　　　　A5判　303頁　3,200円

課題を歴史的・世界的視野からとらえ、軍事的視点より政治的視点を重視し、理念的方向を内在させるよう努めた本書は大胆な問題提起をおこなっており、こんごの朝鮮半島問題解決へ向けて重要なシグナルを送る。　　　　　　（2007.3）

宇野重昭／増田祐司編
北東アジア地域研究序説
87791-098-0 C3031　　　　A5判　429頁　4,500円

北東アジア地域の経済開発と国際協力の促進を目ざし、出雲・石見のくにから発信する本書は、全局面でのデモクラシーを力説し社会科学を中心に人文・自然諸科学の総合を実践的に指向する北東アジア地域研究序説である。　　　　（2000.3）

国際政治

増田祐司編
21世紀の北東アジアと世界
87791-107-3　C3031　　　　　A5判　265頁　3,200円

北東アジアにおける国際関係の構造、世界経済、経済開発と中国、豆満江開発の事例研究さらに市民交流・文化交流などを論じ、21世紀における北東アジアの地域開発と国際協力の具体的可能性を探る。　　　　　　　　　　　　　　(2001.3)

宇野重昭編
北東アジア研究と開発研究
87791-116-2　C3031　　　　　A5判　581頁　5,800円

北東アジア研究、中国研究、開発研究、国際関係・国際コミュニケーション研究といった角度から、本書ではグローバリゼーションの開放性とローカリゼーションの固有性との調和・統合の姿を追究する。　　　　　　　　　　　　　　　(2001.6)

宇野重昭編
北東アジアにおける中国と日本
87791-121-9　C3031　　　　　A5判　273頁　3,500円

日本、中国それぞれのナショナル・アイデンティティ及び北東アジアを中心とした国際的責務を再認識する観点から日中間を、世界史・人類史の一環として位置づけることが重要となる視点を様々な角度から提示する。　　　　　　　(2003.3)

宇野重昭／勝村哲也／今岡日出紀編
海洋資源開発とオーシャン・ガバナンス
――日本海隣接海域における環境
87791-136-7　C1031　　　　　A5判　295頁　3,400円

海の環境破壊が進む今日、本書では「オーシャン・ガバナンス」として自然科学はもとより社会科学の諸分野も含め、課題をトータルに取り上げ、人間と海との共存という変わらない人類のテーマを追究する。　　　　　　　　　　(2004.6)

宇野重昭・唐　燕霞編
転機に立つ日中関係とアメリカ
87791-183-3　C3032　　　　　A5判　375頁　3,800円

中国の台頭により、北東アジアにおける旧来からの諸問題に加え、新たな諸課題が提起され再構成を迫られている今日の事態を見すえ、アメリカの光と影の存在を取り込んだ日中関係再構築の研究である。　　　　　　　　　　　　(2008.5)

宇野重昭編
北東アジア地域協力の可能性
87791-199-7　C3031　　　　　A5判　273頁　3,800円

日中の研究者により、「グローバリゼーション下の『北東アジア地域協力の可能性』を模索する」。「歴史認識問題」認識の重要性を確認し、アメリカの存在を捉えつつ「国際公共政策空間の構築の可能性」を探る。　　　　　　　　(2009.10)

飯田泰三・李暁東編
転形期における中国と日本
――その苦悩と展望
87791-237-6　C3031　　　　　A5判　321頁　3,400円

東アジアにおける近代的国際秩序を問い直し、中国の市場主義の奔流・日本の高度成長の挫折、この現実から議論を掘り起こし「共同体」を展望しつつ、日中それぞれの課題解決のための議論がリアルに展開される。　　　　　　(2012.10)

環日本海学会編
北東アジア事典
87791-164-2　C3031　　　　　A5判　325頁　3,000円

国際関係、安全保障、共同体秩序論、朝鮮半島をめぐる課題、歴史問題とその清算、日本外交、学術交流、局地経済圏構想、市場経済化と移行経済、人の移動と移民集団、文化・スポーツ交流など現代北東アジアが一望できる。　　　(2006.10)

飯田泰三編
北東アジアの地域交流
――古代から現代、そして未来へ
87791-268-0　C3031　　　　　A5判　299頁　3,800円

文明論的論争・歴史認識など、歴史と現在について具体的知恵が創出されてくる具体的事例から学びつつ、グローバル・ヒストリーとしての現在・未来への鍵を見出し、北東アジアの今後の協力・発展の道をさぐる。　　　　　　　(2015.7)